曾巩文化丛书

曾布研究

熊鸣琴 著
Xiong Mingqin

江西人民出版社
Jiangxi People's Publishing House
全国百佳出版社

图书在版编目（CIP）数据

曾布研究 / 熊鸣琴著.— 南昌：江西人民出版社，2019.6

（曾巩文化丛书）

ISBN 978-7-210-11340-9

Ⅰ. ①曾… Ⅱ. ①熊… Ⅲ. ①曾布（1036-1107）—人物研究 Ⅳ. ①K827=441

中国版本图书馆CIP数据核字（2019）第095431号

曾布研究
ZENGBU YANJIU

熊鸣琴 著

策划编辑：王一木
责任编辑：陈子欣
封面设计：上尚装帧设计
出版发行：江西人民出版社
经　　销：各地新华书店
地　　址：江西省南昌市三经路47号附1号
编辑部电话：0791-88612505
发行部电话：0791-86898815
邮　　编：330006
网　　址：www.jxpph.com
E-mail：jxpph@tom.com　web@jxpph.com
2019年6月第1版　2019年6月第1次印刷
开　　本：787毫米×1092毫米　1/16
印　　张：18
字　　数：255千字
ISBN 978-7-210-11340-9
定　　价：66.00元
赣版权登字—01—2019—193

承 印 厂：南昌市红星印刷有限公司
赣人版图书凡属印刷、装订错误，请随时向承印厂调换。

总序：向来一瓣香，敬为曾南丰

王水照

宋代的江西是文化辉煌、群星璀璨的地区，所谓“两宋文人半江西”。其时人文鼎盛，堪与汉唐比肩，给后世留下丰厚的精神遗产，江西的才俊们做出很大的贡献。唐宋八大家，宋占其六，而江西又占宋之半壁。在这些熠熠群星间，曾巩是炫人眼目的存在，用朱熹的评价就是：“公之文高矣，自孟、韩以来，作者之盛未有至于斯。”

曾巩早年求学期间，家庭频遭变故，以致他以单弱之身“经营食众口，四方走遑遑”，但“艰难困苦，玉汝于成”，终于进士及第，走上仕途。在馆阁九年，校勘、编定了多种史书。馆阁之后自求外放，转徙七州，政务处理精敏清廉，政声流芳千古。在曾巩的著述生涯中，于文学、理学、史学、金石学等文化领域均有重大的建树，王安石对他的成就推崇备至：“曾子文章众无有，水之江汉星之斗。”这是曾巩的生前之名。

从南宋朱熹的崇奉开始，历元、历明、历清，数百年间，他的声望一日高于一日。明初的朱右创《八先生文集》，嗣后就形成了绵延不绝的“八大家”选本系统。到清初被誉为“天下清官第一”的张伯行编《唐宋八大家文钞》，此书共选曾巩文章 128 篇，几等于同书其余宋五大家选文的总和。曾巩的声誉到达顶点，几乎无人可以颉颃。也就是说，在八九百年的时间内，曾巩在文学上的声望是不亚于欧、苏、王的，甚至某些方面、某个时期还受到过特别的褒扬。作为中国文学史两宋期间承上启下的代表性人物，曾巩被誉为“上续孟子，下启濂洛”，也因此，他被视为“千古醇儒”。

后世对曾巩这样的尊奉，可用陈师道的诗来形容：“向来一瓣香，敬为曾南丰。”这是曾巩的身后之名。

五四狂飙突起，曾巩的历史命运遭遇重大转折。提倡科学、民主，高呼“打倒孔家店”口号的新文化运动，对于素以“醇儒”面世的曾巩，自然处在横扫之列；他的“古文”以说理为主，提供了我国古典散文审美体系中别具一格的类型，但与其时新文学运动提倡文学革命、张扬以抒情性、形象性为核心的西方“纯文学”观念，发生严重冲突，曾巩和其他文学先贤一起，跌落到被冷落、被贬抑的低谷。虽有不同的声音，但甚为微弱。这不仅是对历史人物的不公，更是不利于深刻认识曾巩遗产对于当下社会的精神价值，不利于文化选择的多样性，不利于民族性的坚守。我们不能自弃取径，自毁宝藏。

1983 年，江西省在曾巩故里南丰县举办了曾巩逝世 900 周年的纪念活动。学界重新审视曾巩，对曾巩的文学、史学的存在致以相当隆重的敬意。从此曾巩重新进入现代人的视野，他的文本被重新阅读，重新评价。曾巩自然是经得起重新阅读和重新评价的。

2019 年是曾巩诞辰 1000 周年，江西各地举行隆重的纪念活动。这是一次盛会，也是一股东风，我们要借此更深入地研究曾巩，拿出更多的成果来，以慰藉这位曾一度备受冷落的大家。曾巩诞辰千年之际，江西省及曾巩故里南丰及早谋划，推出这套《曾巩文化丛书》，一共 8 册，从曾巩的诗、文、传记、家族、年谱、生平事迹、仕历等方面着手研究，力图全方位展示曾巩整体的完满形象。丛书作者既有省内外曾巩资深研究学者、专家，也有本地新的研究人员，《曾巩文化丛书》墨香浓郁，琳琅满目，深耕细作，推广了曾巩文化，又培养了后继人才，可谓一举数得。

传承中华优秀的传统文化，探寻两宋江右文化繁荣兴盛的原因，必须以深刻分析研究人物个案为切入点。这套《曾巩文化丛书》便是一次很好的践行，值得细读精研。

是为序。

（王水照，复旦大学首席教授，博士生导师，中国宋代文学学会原会长）

目录

第三章
策位枢府：赞助“绍述”与曾布章惇蔡卞之争

第四章
“龟鹤宰相”：曾布与宋徽宗初立政局

第五章
书香传家：南丰家学与曾布的文苑风采

第六章
曾布交游考

第七章
身后是非：子孙后裔与曾布“奸臣论”辨析

绪论

曾布（1035—1107），字子宣，谥文肃，北宋建昌军南丰（今江西南丰）人，唐宋八大家之一曾巩之弟，王安石变法的忠实支持者，宋徽宗朝官至宰相。

南丰曾氏是宋代江西最负盛名的衣冠望族之一，其中即以曾巩、曾布、曾肇三兄弟为著，号称“南丰三曾”。曾氏兄弟不仅以文名于当世，在政治上亦颇有建树，曾布更是一度身居“枢密”“宰相”等高官要职，南丰曾氏在此时文化上臻于辉煌，政治上也达到极盛。但随着曾布、曾肇兄弟同入元祐党籍，曾氏的兴盛告一段落。可以说，曾布是南丰曾氏崛起过程中的关键人物，所起作用不在其兄曾巩之下，不仅政治成就居三曾之首，在学术上亦有可书之处，如：曾布有词《水调歌头》七首传世，不仅开金元曲套数先河，而且因其叙事性又开金元杂剧与南戏先河；前人又称其书法之妙不减苏、黄（苏轼、黄庭坚）等等。

曾布在北宋政坛上的影响力更加不容小觑。北宋中后期[①]党争的激烈程度为历代罕见。它萌芽于宋仁宗景祐、庆历年间，盛行于宋神宗熙宁以后，历哲、徽、钦三朝，直至北宋灭亡。这场长达半个多世纪之久的朋党之争，将北宋君臣均卷入其中，将宋王朝引向衰败之路。置身其中的士大夫，有志在当世的忧患精神，变法图治的宏图伟愿，但最终又因政见相左而分野，陷入党同伐异、无休无止的交争中，演绎出一场时代与个人的双重悲剧。曾布即是陷身党争漩涡中的一个典型人物。他不仅生活在北宋党争最激烈的时期，且投身其中（主要指王安石变法引发的北宋后期的新旧党争），不能自已，其政治上的波折和性格中的多面性颇具典型意义，值得宋史研究者去大力探

① 关于北宋历史分期问题，业师张其凡先生在《两宋历史文化概论》（广东人民出版社 2002 年版，第 61 页）一书中将北宋历史分为三个阶段：太祖、太宗、真宗三朝六十二年，为北宋前期；仁宗、英宗两朝四十五年，为北宋中期；神宗、哲宗、徽宗、钦宗四朝六十年，为北宋后期。本书从此说。

讨：他既有敢于直言的一面，又有玩弄权术的一面；他积极倡导新法，为旧党所不容，但同时又与新党的某些成员格格不入，互相攻击，势同水火（先后有同吕惠卿、章惇、蔡京之争）；他身为新党，却入元祐党籍，生前已见证了自己政治上的失败，死后更为后人所鄙夷，与蔡京之流同入《宋史·奸臣传》。然而，考察曾布一生的所作所为，却也不至于如《宋史》描绘的那样不堪，他在宋徽宗当政初期首倡建中之政，虽然以失败告终，却曾经给长期陷入朋党之争的北宋政局带来一线生机，生前与之交游者不乏苏轼之类的正直之士，身后宋元以来为其鸣不平者亦大有人在。

作为一个较有争议的人物，曾布已经引起了宋史研究者的兴趣，近年屡屡有专论他的文章发表，但大多是停留在对曾布某一时期的阶段性研究这一层面，将其作为一个整体去考察的研究仍属罕见。① 本书主体就是对曾布生平交游、家族姻亲、政治作为、学术成就等作一全面考察，但也无意写成单一的曾布评传，重点是将曾布与特定的时代背景相结合，探析在党争的特殊背景下，特定人物（在本书即是曾布）的政治心态、交游及学术取向，以及这种心态和取向反过来对时局产生的影响，以期达到从时代看个人，从个人看时代的双重效果。

---

① 对曾布的考察尚无学术专著问世，笔者所见相关学术论文有：刘子健《王安石曾布与北宋晚期官僚的类型》（载台湾《宋史研究集》[第三辑]，台北中华书局 1966 年版），此文搜集了大量其他史料，对《宋史·曾布传》的内容作了修正和补充，并以曾布为个案，深入地探讨了北宋晚期官僚的类型，从中对曾布作了一个新的评价，是现有研究曾布的最全面的一篇文章。但不够深入，对曾布同党争的关系也未展开论述。俞兆鹏《论所谓曾布“反对市易法”的问题》（载《中国史研究》，1985 年第 4 期）、李涵《从曾布根究市易违法案的纷争看新党内部的矛盾与问题》（载邓广铭等主编《宋史研究论文集》，浙江人民出版社 1987 年版）二文详细地分析和探讨了曾布“反对市易法”事件的起因、经过、结果及性质。裴汝诚、顾宏义《宋哲宗亲政时期的曾布》（载漆侠、王天顺主编《宋史研究论文集》，宁夏人民出版社 1999 年版），此文对曾布在哲宗亲政时期的所作所为作了评述，认为他是一个政治品质不良而又善于权术的宰执。张邦炜《关于建中之政》（载《四川师范大学学报》[社会科学版]，2002 年第 6 期）一文以徽宗建中之政为契点，对曾布在徽宗初期为相时的作为进行了分析和讨论。罗家祥《向后垂帘与“建中初政”》（载张其凡主编《历史文献与传统文化》[第十集]，兰州大学出版社 2003 年版）、《曾布与北宋哲宗、徽宗统治时期的政局演变》（载《华中科技大学学报》[社会科学版]，2003 年第 2 期）、汪天顺《章惇与曾布、蔡卞交恶及其对绍述政治的影响》（载《中国史研究》，2009 年第 1 期）三文分析了曾布在绍圣、元符及建中靖国时期的政治行为及其对当时政治格局产生的重大影响。此外，笔者在暨南大学古籍所攻读硕士学位时，曾撰写学位论文《曾布与北宋后期党争》（暨南大学历史学硕士学位论文，2004 年），主要侧重曾布的政治生活层面，本书在前者的基础上，不仅利用学界最新研究成果，修正了对某些问题的认识，且扩大了视角，内容涉及曾布其人其事各个方面。

第一章

曾氏家族与曾布生活的时代

第一节　变革与党争：曾布生活的北宋中后期时代特征

曾布生活的时代恰值北宋中后期，这是一个集多种矛盾于一身的时代。一方面是社会经济文化较之前代有了长足发展；另一方面，社会危机感在士大夫中日益蔓延，“庆历新政”“熙丰变法”相继而起，意图进行变革，但却由此引发了北宋政坛激烈的党争。在无休止的党争中，新政和变法都归于失败，却致使北宋前中期运作良好的政治文化逐渐遭受破坏。公元 1127 年，在党争的余波中，金军南下，北宋王朝宣告灭亡。

一、积贫积弱乎：北宋前中期历史面貌的新认识

宋朝是经过唐末五代的社会大动乱之后建立的，疆域较之汉唐小了不少，并未实现真正的大一统，与之先后并立的政权有辽、西夏、金、蒙元等，给宋朝统治造成很大困扰。或许正因为此，在很多教科书中，宋朝给人的印象就是“积贫积弱”。钱穆先生便认为北宋初立即已陷入贫弱，在《国史大纲》第六编“两宋之部”中，他使用了“贫弱的新中央北宋初期”之类的标题，且在“宋室内部之积贫难疗”中说：“宋代对外既如此不振，而内部又终年闹穷。而且愈闹愈凶，几于穷得不可支持。”在此基础上，钱穆先生进一步

指出，正是这种危机激发了士大夫变革求新的“自觉精神”。[①]

近年来，关于宋朝“积贫积弱”的认识受到越来越多的质疑。[②]学者们普遍意识到，宋朝是当时世界上经济和文化最发达的国家，其经济较之唐代有显著增长。如，宋朝疆域虽比唐小，但它的开垦面积（511万顷）高于唐（485万顷），一说唐代337万顷，宋代472万顷；就单位面积产量而言，宋也高于唐，唐代富饶的关中地区亩产稻谷二石，而宋代许多地区亩产米已达到二至三石，并在较大范围内实现了稻麦两熟制。唐玄宗天宝年间，铜钱产量为32.7万贯，北宋一般年产量则为100万至300万贯，最高纪录为506万贯。至于“积弱”，说宋朝军事“落后”也是不准确的。在军事技术上，古代黑火药的应用主要是在宋朝。战争具有进攻和防御两个战略方面，宋朝在防御战上具有相当强的作战能力，与辽、金对峙，进攻之力不足，防守则有余；和西夏比，实力还略强一些；而对横扫欧亚大陆的蒙古军而论，最顽强的抵抗对手就是南宋。

与之相应，宋朝政府的中央财政收入也高于唐朝，至庆历新政前夕已超过了唐朝的四倍，据《建炎以来朝野杂记·国初至绍熙天下岁收数》载：“国朝混一之初，天下岁入缗钱千六百万，太宗皇帝以为极盛，两倍唐室矣。天禧（笔者注：宋真宗统治后期年号）之末，所入又增至二千六百五十余万缗。”[③]但北宋中央财政支出亦颇大，素有“三冗”之说，熙宁二年（1069），大臣苏辙在上书总结以往弊政时，将之概括为“冗吏、冗兵、冗费”。[④]其中以冗兵费用最为突出，治平三年（1066），处理财政事务的三司使蔡襄上《论兵十事疏》，对当时的军费开支和财政岁入的情况作了详细的计算和对勘，并

---

① 钱穆：《国史大纲》（修订本），商务印书馆2014年版，第523、527、558页。

② 以下相关论述参见赵永红《北宋“积贫”问题初探》，《河南师大学报》（社会科学版），1983年第4期；李裕民《宋代“积贫积弱”说商榷》，《陕西师范大学学报》（哲学社会科学版），2004年第5期；邓小南《宋代历史再认识》，《河北学刊》，2007年第5期；王曾瑜《正确评价宋朝的历史地位》，《北京日报》，2007年12月10日第019版；李裕民《破除偏见，还宋代历史以本来面目》，《求是学刊》，2009年第5期；李华瑞《宋朝“积弱”说再认识》，《文史哲》，2013年第6期。

③ ［宋］李心传撰，徐规点校：《建炎以来朝野杂记》甲集卷14《国初至绍熙天下岁收数》，中华书局2000年版，第289页。

④ ［宋］苏辙撰，曾枣庄、马德富点校：《栾城集》卷21《上皇帝书》，上海古籍出版社1987年版，第464页。

得出结论:"一岁所用，养兵之费常居六七，国用几无矣。"[①] 不过，根据学者们的研究，北宋财政大致能够达到收支平衡。赵永红先生曾归纳了北宋前中期真、仁、英三朝的几个财政收支数字，列表如下：[②]

项目 年号	总收入	总支出	余（歉）	史料来源
天禧末	150850100	126775200	24074900	《宋史》卷一七九《食货志》
庆历八年	103596400	89383700	14212700	《长编》卷一六七
皇祐元年	126251964	而所出无余		《长编》卷一七二
治平元年	101905764	100399449	1506315	《蔡忠惠公文集》卷一八《论兵十疏》
治平二年	116138405	120343174 其他 11521278	歉 15726047	《宋史》卷一七九《食货志》

上表显示，从真宗天禧末到英宗治平元年（1064）的几个时间点里，北宋国家财政结余都在一百万以上，只有治平二年（1065）出现了财政赤字，好像是财政困竭了。但据《宋史》卷 179《食货志》"治平二年条"记载:"是岁诸路积一亿六千【零】二十九万二千【零】九十三，而京师不预焉。"这一年户部赤字一千五百多万，地方却积储了一亿六千多万。单看中央的情况是入不敷出，但加上地方财政收入，则还是收入大于支出。也就是说，庆历新政前后的仁宗时期，北宋财政收入一直大于支出；至王安石变法前夕的英宗治平年间，中央财政出了一点问题，但民间和地方财政还是比较好的。李裕民先生认为，王安石变法时期生产工具、生产关系并没有本质变化，但王安石一实行变法，财政赤字马上得到解决，正是因为有雄厚的民间和地方财力做支撑，说得简单些，变法主要是将民间和地方财政上的一部分钱装进了中央政府的腰包里。[③]

至于说北宋因为要付给契丹岁币而导致财政紧张，那更不是事实。宋廷每岁所输之币虽多，但通过榷场互市，完全能够弥补回来。仅河北边境，宋辽榷场贸易的总值就逼近一百五十万贯，宋每年可以从中获得四十余万的利

① ［宋］蔡襄：《蔡忠惠公文集》卷 18《论兵十事疏》，《宋集珍本丛刊》影印清雍正甲寅刻本。
② 见赵永红《北宋"积贫"问题初探》，《河南师大学报》（社会科学版），1983 年第 4 期。
③ 李裕民：《宋代"积贫积弱"说商榷》，《陕西师范大学学报》（哲学社会科学版），2004 年第 5 期。

润。[1] 宋徽宗朝大臣宋昭表示："臣窃料议者谓岁赐浩瀚，虚蠹国用，是不知祖宗建立榷场之本意也。盖祖宗朝赐予之费皆出于榷场岁得之息，取之于虏而复以予虏，中国初无毫发损也。"[2]

然而，北宋大臣奏章中又确实屡屡透露出对国家财政的忧虑。于此，程民生先生《论北宋财政的特点与积贫的假象》一文给予了解释，指出北宋存在四大财政系统：计司系统、朝廷系统、内库系统、地方系统，各个部门之间缺乏统一规制，还存在财政上隐瞒的问题，导致各部门在向皇帝上章报告时，大都认为财政收支不平衡，给人以国库空虚的错觉。[3]

基于以上新认识，有必要重新检讨一下范仲淹改革与王安石变法的背景。传统观点认为，两次革新都与北宋中期严重的社会危机有关。李裕民先生在《范仲淹变法新论》[4] 一文中进行了全面驳斥。首先，前已揭示，北宋并不存在严重的财政危机。其次，政治上，宋朝在太宗之后皇权是相当稳定的，虽然存在一些吏治问题，但还没有严重到危机的程度。再次，军事上，澶渊之盟后，宋辽关系比较稳定，仁宗时期西夏多次与宋交战。就宋夏双方兵力而言，西夏骑兵较强，机动性强，进攻力强；宋方兵多，防御能力较强。在阵地战、运动战中西夏处于优势，在城寨的攻守战中，西夏不能占到多少便宜。如果相持下去，双方的优势与劣势就会转化。宋夏庆历和议之后，双方军事局面逐渐向有利于宋方转化，到哲、徽时期，西夏已处于劣势。最后，很多学者都论及北宋中期农民起义频繁、阶级矛盾激化的问题，这在宋人奏章中也有反映。如，庆历三年（1043），欧阳修向仁宗上奏盗贼横行的问题，云："今盗贼一年多如一年，一火强如一火。"[5] 但仔细检视，这些盗贼的规模都不大："今建昌军一火四百人，桂阳监一火七十人，草贼一火百人"，[6] 政府一出兵，

---

① 参见张亮采《宋辽间的榷场贸易》，载《辽金史论文集》，辽宁人民出版社 1985 年版，第 222 页。

② ［宋］徐梦莘：《三朝北盟会编》卷 8，宣和四年六月三日，上海古籍出版社影印清许涵度刻本，2008 年版，第 53 页。

③ 程民生：《论北宋财政的特点与积贫的假象》，《中国史研究》，1984 年第 3 期。

④ 载氏著：《宋史考论》，科学出版社 2009 年版，第 13–17 页。

⑤ ［宋］欧阳修：《欧阳文忠公文集》卷 100《再论置兵御贼札子》，四部丛刊本。

⑥ ［宋］李焘：《续资治通鉴长编》（以下简称《长编》）卷 142，仁宗庆历三年八月辛亥条，中华书局点校本，1979 年版，第 3419 页。

很快就能平定。治平四年(1067),司马光曾上书,称当时"灾异屡降,饥馑荐臻。官多而用寡,兵众而不精。冗费日滋,公私困竭。戎狄桀骜,边鄙无备。百姓流亡,盗贼将起",[①]活脱脱一幅公私交困、内外皆危的惨景。这也是有些夸大其词的。宋人为了强调变革的重要性,引起最高统治者的注意,往往将问题说得比实际情况严重得多。

从实际情况来看,范仲淹庆历新政失败后,社会仍在往前发展,出现了仁宗后期"嘉祐之治"的黄金局面;王安石熙宁变法中止了,北宋后期的经济也没有垮台。当时社会肯定存在吏治腐败、中央财政吃紧、因循守旧等一系列问题,但远没有到病入膏肓的地步。在这种背景下,该如何去认识北宋中期"通变救弊"思潮的高涨呢?

二、"通变救弊"思潮的高涨与党争的兴起

北宋中期,"通变救弊"代表了一种不可遏止的时代潮流。李觏大声疾呼:"今之事,可谓急矣。""弱甚矣,忧至矣,非立大奇,不足以救!"[②]作为庆历新政的领袖人物,范仲淹尖锐地指出:"易曰:穷则变,变则通,通则久。此言天下之理有所穷塞,则思变通之道。既能变通,则成长久之业。我国家革五代之乱,富有四海,垂八十年,纲纪制度日削月侵,官壅于下,民困于外,夷狄骄盛,寇盗横炽,不可不更张以救之。"[③]此后,王安石在《上神宗皇帝万言书》中也鲜明地表达了更新天下的主张。而许多后来强烈反对王安石变法的人物在当时都同样怀有"通变救弊"的渴望,如嘉祐六年(1061),司马光在《论财利疏》中严厉抨击了朝廷的种种弊政,认为"凡所数事,皆以竭民财者,陛下安得熟视而无所变更耶"?[④]治平四年(1067),他又上《衙前札子》,论差役之害,认为"若因循不改,日益久,则患愈深矣"。[⑤]南宋朱熹指出:"熙宁更法,亦是势当如此","只当是时非独荆公要如此,诸贤

---

① [宋]司马光:《温国文正司马公文集》卷36《乞罢详定押班札子》,四部丛刊本。

② [宋]李觏撰,王国轩点校:《李觏集》卷28《寄上孙安抚书》,中华书局1981年版,第309、313页。

③ [宋]范仲淹:《范文正公政府奏议》卷上《答手诏条陈十事》,四部丛刊本。

④ 《温国文正司马公文集》卷23《论财利疏》。

⑤ 《温国文正司马公文集》卷38《衙前札子》。

都有变更意。”[①]

一般认为，革新是王朝统治到一定阶段各项制度废弛、败坏后的产物，但北宋制度始创于太祖，历经太宗、真宗两朝才趋于完整、定型，为什么国家制度刚形成系统，没有运作多久，仁宗朝的士大夫集团就已经认定其非改不可呢？这一现象值得深思。

学界历来有“唐宋变更期”之说，大致认为从中唐开始，古代中国在政治、经济、文化诸方面发生了阶段性的转折，具体表现为君主独裁政治的强化、货币经济的繁荣、契约租佃制的盛行、人身依附关系的松弛、市民阶层的崛起与市民文化的兴盛等。[②]面对社会的巨大变化，宋初的一系列制度建设可以说是相对保守的。邓小南先生曾指出，宋初制度是在“事为之防，曲为之制”的精神原则上建立起来的，重点关注消除一切未来统治的潜在威胁，中心目标是“稳定至上”。[③]溯其根由，宋太祖发动陈桥兵变，逼迫后周幼主退位，以禅让的形式夺得天下，一方面，南方未定，北汉未平，外有契丹等强敌窥视；另一方面，经历唐末五代而迭遭摧残的社会经济亟待恢复，民众希望安定，适应时代需要，遂形成以“稳定、防弊”为先务的祖宗家法。反映在政治上，宋初三朝黄老思想流行，提倡与民休息，清静简易，无为而治，制度建设以革除唐末五代弊政为主，如其一系列将政权、财权和兵权收掌于中央的强干弱枝的举措；其余则大多墨守成规，缺乏主动拥抱时代潮流的创新性。[④]

就宋初的稳定和发展而言，这些策略确实有相当成功之处。其流弊在于，年深日久不免形成因循苟且的政治风气。至宋真宗、仁宗时期政治文化则过于宽松，容易滋生吏治败坏等恶果。至北宋中期，实施黄老之治的时代背景

---

① ［宋］黎靖德编，王星贤点校：《朱子语类》卷130《自熙宁至靖康用人》，中华书局1986年版，第3101、3111页。

② ［日］内藤湖南：《概括的唐宋时代观》，载《日本学者研究中国史论著选译》（第1册），中华书局1992年版。

③ 邓小南：《祖宗之法：北宋前期政治》，北京：生活·读书·新知三联书店2006年版，第519–524页。

④ 参见张其凡师《吕端与宋初的黄老思想》，载邓广铭等主编《宋史研究论文集》，河南人民出版社1984年版。据张其凡师的研究，宋太宗的黄老思想十分明显。他曾训导时为开封府尹的宋真宗云：“夫政教之设，在乎得人心而不扰。欲得人心，莫若视之以诚信。欲不扰，莫若镇之以清静……虽虎狼亦当驯扰，况于民乎！”见［宋］李攸《宋朝事实》卷3《诏书》，文渊阁四库全书本。

已经不复存在，立国制度本身有调整的必要，社会更面临着政治文化的转型，由此激发一些变革思潮也是非常正常的，符合时代发展的需要。

“通变救弊”的思潮更与北宋中期儒学复兴运动紧密联系在一起。激发北宋儒学复兴的思想因子在唐朝中后期就已经萌芽了，韩愈在《原道》一文中提出了“道统论”，认为儒学有一条“尧、舜、禹、汤、文、武、周公、孔、孟”的传承脉络，即“道统”，但孔孟之后道统失传，韩愈主张恢复道统，复兴儒学。[①]自中唐起始的儒学复兴思潮，衰而再盛于北宋中期。王水照先生曾指出：“宋代士人的身份有个与唐代不同的特点，即大都是集官僚、文士、学者三位于一身的复合型人才。”[②]也就是说，宋代士大夫既是承担道统的文化主体，又是接触现实政治运作的官僚群体，这使得他们从一开始就表现出一种志在当世的忧国忧民意识，以及“以天下为己任”的政治使命感。他们接续韩愈的“道统”之说，主张恢复“圣人”之学，试图以自身所掌握的儒学武器去改造现实世界。其政治目标则是向夏商周三代的“王道”之治看齐，朱熹说：“国初人便已崇礼义，尊经术，欲复二帝三代，已自胜如唐人。”[③]表现在学术方面，北宋中期出现了一股倡议恢复西周井田制与封建制的思潮，李觏、张载、苏洵、二程等都对井田制赞誉有加。欧阳修为进士策出题，多次以井田之法是否可“施于今”设问。[④]用追复三代的标准去衡量，宋初政治的确有太多的不尽如人意之处。

可以说，唐宋之际的时代巨变、赵宋立国制度的保守、政治文化的转型、儒学复兴等一系列因素，推动着北宋中期“通变救弊”思潮的高涨。再加上一个外部因素，契丹、西夏的窥视给北宋君臣造成了极大的心理压力，也引导着他们对现实制度的批判与革新，如宝元年间，韩琦《上仁宗论外忧始于内患》云：“四夷内窥中国，必观衅而后动，故外忧之起必始内患。臣今为

---

① ［唐］韩愈撰，屈守元、常思春主编：《韩愈全集校注》，四川大学出版社 1996 年版，第 5 册，第 2662、2665 页。

② 王水照主编：《宋代文学通论》，河南大学出版社 1997 年版，第 27 页。

③ 《朱子语类》卷 129《自国初至熙宁人物》，第 3085 页。

④ 参见刘复生《理想与现实之间——宋人的井田梦以及均田、限田和正经界》，《四川大学学报》（哲学社会科学版），2006 年第 6 期。

陛下计，莫若先治内患，以去外忧，内患既平，外忧自息。”[①] 此外，仁宗时期政治氛围宽松，北宋又有一条“不杀大臣和言事官”的习惯法，士大夫们积极参政而没有杀身之虞，增加了他们勇于言事、奋不顾身的气概。

总体而言，范仲淹等北宋士大夫“先天下之忧而忧，后天下之乐而乐”，以王道政治理想审视现实弊病，试图通过变革，以积极主动的姿态去迎接唐宋之际的时代巨变。只不过，站在恢复道统，追复三代的制高点上，他们在批判现实时不免语出惊人。

然而，无论是范仲淹的庆历新政，还是王安石的熙宁变法，都没能给宋王朝带来新生。庆历新政首先在朋党之争中归于失败。[②] 庆历党争时期，欧阳修作了一篇《朋党论》，阐发了君子结党的合法性：“大凡君子与君子，以同道为朋，小人与小人，以同利为朋，此自然之理也……为人君者，但当退小人之伪朋，用君子之真朋，则天下治矣。”[③] 这等于坦诚地向世人宣告：他们自为朋党，是君子之朋，而他们的反对者是小人之朋。传统看法认为，小人才会结党争权，至于君子也可以结党争位，这是庆历诸君子的首倡。他们自认为君子“同道而相益”“用君子之真朋，则天下治矣”，[④] 也就是说，君子结党为道也，非为个人私利，有点目标至上、手段其次的意味。但问题是，在现实政治中，君子与小人的区分标准往往很难把握，所谓“周公恐惧流言日，王莽谦恭未篡时”，君子、道义之类的都是可以伪装的，实实在在能看得到的还是权力斗争。究其原因，专制社会的本质是人治社会，所谓“在其位谋其政”“人存政举，人亡政息”，革新与改革本身是需要靠权力来推动的。熙宁九年（1076）五月，王安石在宋神宗面前批评范仲淹“好广名誉，结游士，以为党助，甚坏风俗”，[⑤] 但王安石自己其实也深陷党派权力之争。其中自有更深层次的制度因素在起作用。

---

① ［宋］赵汝愚编：《宋朝诸臣奏议》卷131《边防门》，上海古籍出版社点校本，1999年版，第1446页。

② 陈植锷：《从党争这一侧面看范仲淹改革的失败》，《北京大学学报》（哲学社会科学版），1986年第4期。

③ 《长编》卷148，仁宗庆历四年四月戊戌条，第3580–3581页。

④ 《长编》卷148，仁宗庆历四年四月戊戌条，第3581页。

⑤ 《长编》卷275，神宗熙宁九年五月癸酉条，第6732页。

权力之争在王安石变法引发的新旧党争中更为激烈，双方从政见不同走向意气之争，一意对抗而不再审视政见的是非。王安石在熙宁变法时对不主张新法之人一概罢斥，到元祐年间太皇太后高氏主政时，旧党得势，对新党还以颜色。“元祐更化”，宰相司马光几乎尽废新法，而后执政的元祐党人更将新党人士流放至岭南，开宋因政见不同重贬士大夫至岭南的先例。宋哲宗亲政后，新党复起，从绍圣至崇宁的十余年间采取了比元祐时期更加严厉的报复措施，朋党之祸愈演愈烈。至宋徽宗时，宰相蔡京与宋徽宗立“元祐党籍”，新旧两党要魁同列其上，新旧党争在两党的共同毁灭中宣告结束，国势亦随之动摇。

曾布就是生活在这样一个变革与党争的时代，他一生的种种行为取向都与北宋党争的走向息息相关。

第二节　曾布的家族与姻亲

在封建宗法社会里，家庭的政治、经济、文化、社会交往等历史背景往往会对个人产生直接而深远的影响，要更好地了解曾布，还必须了解他的家族和姻亲关系。

一、抚州地域与北宋南丰曾氏的兴衰

曾布家族南丰曾氏是北宋江西最负盛名的衣冠望族之一。南丰与抚州地域渊源颇深，其建县始于三国吴太平二年（257），从南城县南部划分出来，初名丰县，时因徐州有丰县，乃改称南丰县，隶属于临川郡（隋唐后称抚州）。隋文帝开皇九年（589）合并天下州县，南丰县复并入南城，唐高宗景云二年（711）复置南丰县，先天二年（713）又废，至唐玄宗开元二年（719）又复置，皆隶属于抚州。南唐后主八年（宋开宝二年，969），升南城县为建武军，南丰仍属抚州，宋太宗太平兴国四年（979）建武军改称建昌军，南

丰遂于淳化二年（991）从抚州脱离，归为建昌军的属县。[①]

这是一个充满生机与活力的地域。析建新军、县，背后反映的是抚州地域人口与社会经济的发展。[②]古代中国的经济文化中心有一个由北向南转移的过程，钱穆先生称："唐中叶以前，中国经济文化之支撑点，偏倚在北方。黄河流域。唐中叶以后，中国经济文化的支撑点，偏倚在南方。长江流域。"[③]由于社会环境相对安定，自然条件优越，养生之物丰足，唐末五代时期大量北方家族迁入江西一带安居，抚州地域的人口与社会经济进入了发展的高峰期。至北宋初年，抚州地区户口滋盛。史载，在唐朝最鼎盛的开元年间，抚州四县：临川、南城、崇仁、南丰，人口是20100余户，至宋太宗太平兴国年间（976—983），抚州仍领四县：临川、崇仁、南丰、宜黄（宋太祖乾德六年［968］从崇仁县中划出置县），约61279户，人户增长了2倍，而这里面还不包括划出去的原南城县建昌军的18847户。[④]人口的繁衍推动着生产迅速发展，社会事务日趋繁杂，只有调整军县建置，增加官员，才能就近而及时地加强管理。北宋历来被认为是古代中国经济重心南移完成的重要时期，[⑤]抚州地域的这些表现也是北宋江西乃至江南地区发展的一个缩影。

所谓富而重教，经济重心南移的结果，必然是文化中心的南移，反映在政治上就是江南士人集团的崛起，成为左右北宋政治发展的重要力量。宋人晁说之曾言："本朝文物之盛，自国初至昭陵（仁宗）时，并从江南来。二徐（铉、锴）兄弟以儒学显，二杨（亿、紘）叔侄以辞章进，刁衎、杜镐以明典故用，而晏丞相（殊）、欧阳少师（修）巍乎为一代龙门。纪纲法度，号令文章，燦然具备，有三代风度。庆历间，人才彬彬，号称众多，不减武、

① ［明］王玺、程三省等纂修：《南丰县志》卷1《沿革志》，明万历十四年刻本；［民国］包发鸾修，［民国］赵惟仁纂：《南丰县志》卷1《疆域志上 · 沿革》，中华民国九年刻本。

② 参见许怀林《江西通史 · 北宋卷》，江西人民出版社2008年版，第12–17页。

③ 《国史大纲》第38章，第704页。

④ ［宋］乐史撰，王文楚等点校：《太平寰宇记》卷110《江南西道八 · 抚州》，中华书局2007年版，第2232、2240页。

⑤ 参见郑学檬《中国古代经济重心南移和唐宋江南经济研究》，岳麓书社1986年版。

宣者，盖诸公实有力焉。然皆出之于大江之南。”[①] 文中的晏丞相即抚州临川晏殊，十四岁以神童入试，赐进士出身，以词著于文坛，在宋仁宗庆历年间拜集贤相。值得注意的是，与晏殊同时代的南方名臣，范仲淹起于苏州吴县（今江苏吴县），欧阳修起于江右庐陵（今江西吉安），杜衍起于越州山阴（今浙江绍兴），蔡襄起于兴化军仙游（今福建仙游），余靖起于韶州曲江（今广东韶关），为庆历新政的主导、赞助者。其后，王安石变法又多引南人吕惠卿（今福建泉州人）、曾布相助。南方士人集团崛起之后多锐意革新，这与商品经

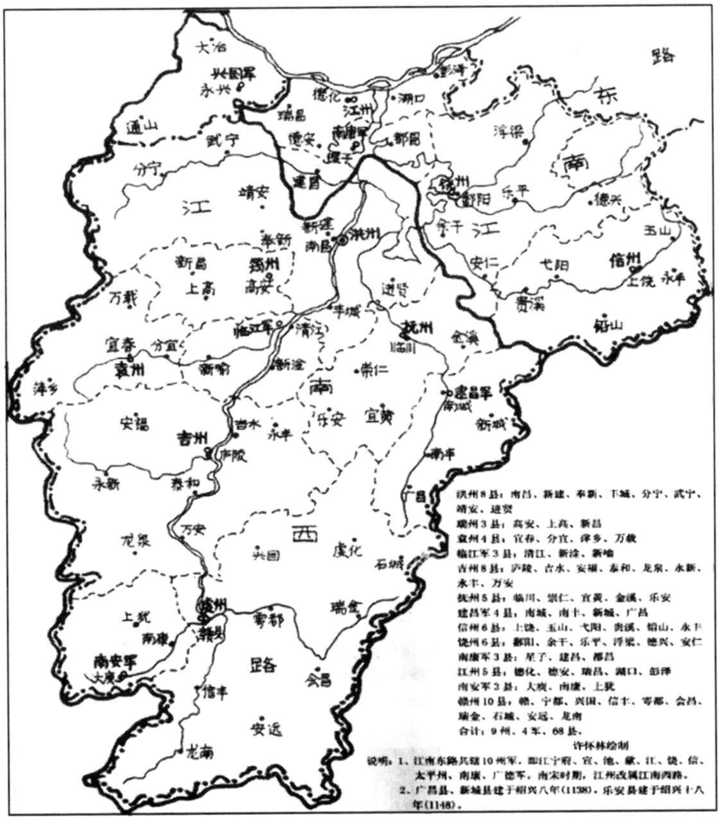

北宋江西十三州军图[②]

① ［宋］朱弁撰，孔凡礼点校：《曲洧旧闻》卷1《晁以道言本朝文物之盛从江南来》，中华书局2002年版，第97页。

② 选自许怀林编纂《江西省行政区划志》，方志出版社2005年版，第42-43页。

济等新经济因素在南方欣欣向荣的发展势头相吻合，[①] 钱穆先生说："王安石新政，似乎有些处是代表著当时南方智识分子一种开新与激进的气味，而司马光则似乎有些处是代表著当时北方智识分子一种传统与稳健的态度。除却人事偶然方面，似乎新旧党争，实在是中唐安史之乱以后，在中国南北经济文化之转动上，为一种应有之现象。王安石新法，有些似在南方人特见有利，而在北方人或特见为有害的。"[②]

南丰曾氏就是在这个政治经济文化大发展的江南地区崛起的，这对曾氏家族成员的政治性格将产生一定的影响。据说，曾氏的远祖是夏禹的后代，姒姓。欧阳修撰写《尚书户部郎中赠右谏议大夫曾公（致尧）神道碑》称："曾氏始初于鄫，鄫为姒姓之国，微不知其始封。春秋之际，莒灭鄫，而子孙散亡，其在鲁者，自别为曾氏。"[③] 而曾氏占籍南丰是从唐末开始的，其一世祖曾洪立仕唐为南丰令，后其子曾延铎定居南丰，曾肇在《亡兄行状》中明确提到："今家南丰者，自高祖讳延铎始也。"[④] 曾延铎再传至曾仁旺已是五代之末，此时的曾氏只是一个非常普通的官宦之家，然而经历几代的积累和努力，至北宋中后期，南丰曾氏已发展成当时最负盛名的衣冠望族之一，曾氏北宋兴衰史大略可以分为四个阶段：（1）南丰曾氏声名初显，以曾致尧以科举起家，官至尚书户部郎中为契机；（2）家道中衰，皆因曾易占被劾落职；（3）南丰曾氏崛起，达到全盛时期，以曾巩、曾布、曾肇为代表人物；（4）随着曾巩的去世及曾布、曾肇入"元祐党籍"，南丰曾氏政治地位开始衰落，但仍不失为一地方望族。兹引《曾布家族北宋世系表》（见附录一），勾勒南丰曾氏在北宋的基本概貌和这个官宦家族的变迁线索。

（一）声名初显

曾致尧（947—1012），字正臣，北宋太平兴国八年（983）进士及第，官至尚书户部郎中，赠右谏议大夫，孙曾布拜相后追封太师、密国公。曾致

① 参见任爽《唐宋之际统治集团内部矛盾的地域特征》，《历史研究》，1987年第2期。

② 《国史大纲》第33章，第586页。

③ 《欧阳文忠公文集》卷21《尚书户部郎中赠右谏议大夫曾公神道碑》。

④ ［宋］曾巩撰，陈杏珍、晁继周点校：《曾巩集·附录》之《行状》，中华书局1984年版，第791页。

尧是北宋以来南丰县第一个进士，入仕后颇有政声，有能吏之风，曾氏由此起家。《欧阳文忠公文集》卷21《尚书户部郎中赠右谏议大夫曾公（致尧）神道碑》有记载：

> 魏庠知苏州，恃旧恩，多不法，吏莫敢近。公劾其状以闻，太宗惊曰："是敢治魏庠，可畏也！"卒为公罢庠。
>
> 徙知寿州。寿近京师，诸豪大商交结权贵，号为难治。公居岁余，诸豪敛手，莫敢犯公法，人亦莫见其以何术而然也。公于寿尤有惠爱，既去，寿人遮留数日，以一骑从二卒逃去，过他州，寿人犹有追之者。

此外，曾致尧性格刚率，喜好言事，监越州酒税时，便数次上书言事，献文章，引起了太宗的注意，史称："太宗奇之，召拜著作佐郎，直史馆。"[①] 时值党项拓跋部李继迁反宋，曾致尧屡次献策议论边事，为政作风与当权者不合，[②] 遂自求外任，先后知泰州、泉州、苏州、扬州、鄂州五州。宋真宗大中祥符五年（1012）五月，曾致尧卒于监江宁府盐酒税任上，时年六十六岁。[③] 在他身后，扬州百姓建立"六太守祠"纪念之。[④]

曾致尧仕途不算顺畅，但正是在他手中，曾氏家族开始闻名江西，被称为"秋雨名家"，相传："宋太宗闻江南旱，语曾致尧以内帑所藏贯朽莫校，

---

① 《欧阳文忠公集》卷21《尚书户部郎中赠右谏议大夫曾公（致尧）神道碑》。

② 据［宋］朱熹《五朝名臣言行录》卷2之3记载："真宗初即位，李沆为相，帝雅敬沆，尝问治道所宜先。沆曰：'不用浮薄新进喜事之人，此最为先。' 帝问其人，曰：'如梅询、曾致尧等是矣。' 帝深然之。故终帝世，数人者皆不进用。" 四部丛刊本。盖李沆尚清静无为，而曾致尧主积极进取。

③ ［宋］王安石：《临川先生文集》卷92《户部郎中赠谏议大夫曾公墓志铭》，《宋集珍本丛刊》影印宋刻、元明递修本。

④ ［明］杨洵修，徐銮等纂：《扬州府志》卷2《祀典》，明万历二十九年修三十三年刻本。

致尧曰：‘未及江南一夜秋雨之富。’”[①] 后人还在南丰县盱江边上建“秋雨堂”纪念这件事，南城人蔡枏为之作诗云：“太宗之治万国新，梯山航海来珠珍。当时宝藏尽充溢，暇日从容延近臣。君无骄吝臣不谄，博哉仁言吾所闻。乃知不能正君者，虽有议论徒纷纷。至今华堂榜秋雨，衮衮积善归云礽。谁能岁晚事斯语，堂中主人丞相孙。”[②] 曾致尧还在家宅中创办了曾氏书舍（南丰学舍、曾子固学舍），这是北宋时代江西最早的家族私塾之一，曾巩、曾布兄弟就在曾氏书舍中接受的启蒙教育。[③]

---

① 见南丰曾氏后人家传南丰桂华坊《曾氏宗谱》，清道光二十八年修。曾氏“秋雨名家”之说最早见于明李贤等修纂明天顺五年内务府刻本《大明一统志》卷53《建昌府·宫室·秋雨堂》中。稍晚一些的明正德《建昌府志》卷11亦记载此事，另增加了蔡枏诗作。明清诸本《南丰县志》所载与正德《建昌府志》略同。据［宋］陈振孙《直斋书录解题》卷20《云壑隐居集三卷》（四部丛刊本）记载：“南城蔡枏坚老撰。宣和以前人，没于乾道庚寅，曾公衮、吕居仁辈皆与之倡和。”曾公衮即曾布之子曾纡（字公衮）。蔡枏是建昌军南城人，活动于两宋之交，与曾氏子弟交往密切，其诗作与《大明一统志》所记事件亦相吻合。由此可见，曾氏“秋雨名家”之说最晚至北宋后期已在曾氏交游圈中流传。但北宋中期欧阳修撰写曾致尧神道碑，王安石撰写曾致尧墓志铭时，皆不载此事。抑或本无其事？姑且存疑俟考。笔者以为，无论真伪，都从不同角度反映出曾致尧是南丰曾氏兴起过程中的关键人物。又,《二源曾氏族谱》卷首《列祖名迹》（民国三十一年修）亦记载了此事，又云:“太宗曰：‘仁者之言也。’因赐‘秋雨堂’三大字，后人以是颜之。”按，赐字之事，它书不载，可以肯定是曾氏后人的伪饰。如若宋太宗真的赐字，那是一件无上光荣的事，正该大张旗鼓地宣扬，曾致尧神道碑与墓志铭都没必要隐讳这件事。

② ［明］民国《南丰县志》卷3《古迹·秋雨堂》。

③ ［明］夏良胜等修纂:正德《建昌府志》卷7《学校》,明正德十二年刻本。［清］孟炤修，黄祐、严洁等纂：乾隆《建昌府志》卷19《古迹》，清乾隆二十四年刻本；《曾巩集》卷17《学舍记》，第284–285页。

曾致尧有七子：易从、易知、易直、易简、易占、易丰、易持，[①]皆积极投身于科举事业之中。在两宋，凡是参与进士科科目考试的举子，无论是否及第，都可称为“进士”或“举人”，其中非及第进士的称谓大概有三类：一为业进士，即尚未通过乡试（初称发解试）的举子；二为乡进士，即业进士乡试合格后，获得发解省试（礼部试）资格的乡贡进士，或称贡举人、解进士；三是奏名进士，即礼部将经省试合格或部分屡试不合格的进士，依条例列入正奏名、特奏名进士名单，上奏皇帝，允许其参与由皇帝亲自主持的殿试。宋初，殿试还会黜落一批人，宋仁宗嘉祐二年（1057）以后，奏名进士不黜落，均为登第进士。[②]曾致尧七子之中，曾易知、曾易丰、曾易持三人是乡进士。曾易知在咸平元年（998）、曾易丰与曾易持在庆历元年（1041）通过了解试，但三人均没能进士及第。曾易知官虔州（今江西赣州）守，曾易持官秘书省著作郎，二人应该是以恩荫入仕。[③]曾致尧第四子曾易简有神童的美誉，十三岁那年经由国子监推荐到礼部试童子科，援笔立就《清明日赐新火》诗。其后，曾易简又进呈《唐臣事迹》《两汉谏论》二书，被召试舍人院，可惜天不假寿，不久即病逝于开封。[④]

曾致尧七子之中，尚有曾易从、曾易直、曾易占三人进士及第。曾易从

---

① 据欧阳修《尚书户部郎中赠右谏议大夫曾公（致尧）神道碑铭并序》云：“子男七人，曰某。女若干人。”欧阳修没有列曾致尧诸子的姓名。正德《建昌府志》卷 11 收录了该篇神道碑铭，并增补了曾致尧诸子的信息：“子男七人：易从、易知、易直、易简、易占、易丰、易持，皆进士。而易从为舒州团练推官，易直黄州严城簿，易占太常博士。女四人。”现存诸本南丰曾氏宗谱记载与正德《建昌府志》同，由此可知，曾致尧有子七人。按，王安石《临川先生文集》卷 92（《宋集珍本丛刊》影印宋刻、元明递修本、《四部丛刊》影印上海涵芬楼藏明嘉靖三十九年抚州刊本）、《新刻临川王介甫先生文集》卷 92（《宋集珍本丛刊》影印明万历四十年刻本）有《户部郎中赠谏议大夫曾公（致尧）墓志铭》，皆载曾致尧只有三子：“始公娶黄氏，生子男三人。”查，宋人杜大珪《名臣碑传琬琰之集》中卷 2（文渊阁四库全书本）、宋人真德秀《西山先生真文忠公续文章正宗》卷 8（明刻本）收录了王安石《户部郎中赠谏议大夫曾公（致尧）墓志铭》，皆云：“始公娶黄氏，生子男七人，仕者三人。”据此推测，《临川先生文集》《新刻临川王介甫先生文集》在流传中出现版本刊刻错误，疑脱漏了“七人仕者”四字，曾致尧有七子确凿无疑。又，王安石《临川先生文集》卷 99《曾公（致尧）夫人万年太君黄氏墓志铭》中说黄氏生“男子四，女子三”，罗伽禄先生在《曾巩家族》（江西人民出版社 2014 年版，第 20 页）一书中推测：曾致尧有七子，黄氏生有四子，其余或为妾所生。笔者赞同这一推测。

② 参见龚延明《中国古代制度史研究》，浙江大学出版社 2013 年版，第 568 页。

③ 乾隆《建昌府志》卷 29《选举表》。

④ 乾隆《建昌府志》卷 37《曾易简传》。

与曾易直同在咸平三年（1000）中陈尧咨榜进士，曾易从任舒州团练推官，曾易直历任黄州、严城、麻城主簿，二人仕途声名俱不显。[①] 曾氏七子之中，曾易占声名略传。曾易占（969—1047），即曾布之父，字不疑，先以父恩荫入仕，历临川、宜黄尉，其后在宋仁宗天圣二年（1024）中进士第，历如皋、玉山令。他沿袭了其父曾致尧的“能吏”作风和“勇于言事”的性格。曾易占任临川尉，“临川之治，能不以威而使恶人之豪帅其党数百人，皆不复为恶”；任如皋令，惠泽一方，“岁大饥，固请于州而越海以籴，所活数万人。明年稍已熟，州欲收租赋如常，公独不肯听。岁尽而泰之县民有复亡者，独如皋为完”，身后如皋百姓修建名宦祠纪念他；[②] 为玉山令，“既除其大恶，而至于桥梁廨驿无所不治，盖公之已试于事者能如此，既仕不合既自放”。[③] 虽然官卑言轻，曾易占仍好议论时事，曾上书仁宗，批评朝廷对外妥协偷安一时的政策，即使晚年罢官在家，仍著《时议》十卷，阐述自己的政见和主张。从曾致尧到曾易占，“能吏”和“勇于有为”的作风一以贯之，这必然会对后代有着潜移默化的影响，曾氏子弟入仕者多以善断吏治著称，应该不是偶然的。经过两代的发展，南丰曾氏的家风已初步形成，并为后代步入仕途奠定了一定的政治基础。

（二）家道中衰

曾氏在曾易占这一代仕宦并不得意，曾易占最高仅为县令。景祐三年（1036），曾易占在玉山任上遭人诬陷失官，更令家族发展遭受大创。王明清《挥麈录》后录卷之6对此事有记载：

> （曾易占）既以豪侠自任信州玉山令，有过客杨南仲，文采可喜，气概颇相投。公厚赆其行。会与郡将钱仙芝不叶，捃摭公以客所受为贿。公引伏受垢，不复自辩，竟除名徙英州。

---

① 乾隆《建昌府志》卷29《选举表》；正德《建昌府志》卷11《尚书户部郎中赠右谏议大夫曾公（致尧）神道碑铭并序》。

② ［明］黄佑纂修：《万历泰州志》卷2《学校》，明万历三十二年刻本。

③ 《临川先生文集》卷93《太常博士曾公墓志铭》。

在北宋以科举为主要进身途径的环境下，曾易占失官，不仅是个人的不幸，也直接导致曾氏家道中衰，据说："公之遭诬，人以为冤。退而贫，人为之忧也。"[①] 庆历七年（1047），曾易占接到朝廷重新起用的旨意，在去京师的途中染重疾去世，这无疑使本已衰败的家族雪上加霜。曾易占有六子，先娶周氏，生子一：曾晔；后娶吴氏，生子三：曾巩、曾牟、曾宰；再娶朱氏，生子二：曾布、曾肇。[②] 曾易占以病卒，曾布时年十三岁，其弟曾肇仅出生数月，朱夫人"年未三十，无以自存，领诸孤归里中（南丰）"。[③] 此后，曾氏的下一代未能及时连接家族的仕宦，曾巩与其兄弟科场蹭蹬，屡试不中。皇祐五年（1053），长兄曾晔应试不中，染疾病逝于归家途中，曾巩担起了家族重任，专心在家以学为事，抚教诸弟。从庆历七年（1047）到嘉祐二年（1057），曾氏兄弟过着持续长达十年之久的耕读生活。曾巩《舍弟南源刈稻》一诗中对此有所记述："买田南山下，禾黍忽已秋。糟床待此注，岂止衣食谋。穷阴迫霜霰，不可迟揫收。吾党二三子，晨行已寒裘。"[④]

家道的中衰，科场的连年失利也引来了轻狂之徒的奚落："南丰昆弟六人久益潦落，与长（弟）[兄] 晔应举，每不利于春官。里人有不相悦者，为诗以嘲之，曰：'三年一度举场开，落杀曾家两秀才。有似檐间双燕子，一双飞去一双来。'"面对嘲讽，"南丰（曾巩）不以介意，力教诸子不怠"，[⑤] 在困境中孕育了以后的繁荣。

（三）全盛时期

经历了暂时的中衰，南丰曾氏在曾巩、曾布、曾肇这代重新崛起，并进一步发展成北宋最负盛名的望族之一，取得这一成就最直接的原因是家族成员科举的成功。嘉祐二年（1057）是曾氏兴起的转折点，曾巩与其三个弟弟、两个妹婿六人同举进士，创造了"一门六进士"的奇迹，一时传为衣冠佳话：

---

① 《临川先生文集》卷 93《太常博士曾公墓志铭》。

② 民国《二源曾氏族谱》卷 2《南丰源流总图》之"曾易占"条下。

③ ［宋］王明清:《挥麈录》后录卷之 6《曾氏一门六人同榜及第》,中华书局点校本,1964 年版,第 154 页。

④ 《曾巩集》卷 2《舍弟南源刈稻》，第 27 页。

⑤ 《挥麈录》后录卷之 6《曾氏一门六人同榜及第》，第 154 页。

“嘉祐初，（曾巩）与长弟（笔者按，指堂弟曾阜，曾易丰之子）及次弟牟、文肃公（笔者按，即曾布）、妹婿王补之无咎、王彦深幾，一门六人俱列乡荐。既将入都赴省试，子婿拜别朱夫人于堂下。夫人叹曰：‘是中得一人登名，吾无憾矣。’榜出唱第，皆在上列，无有遗者。”[①] 此后，嘉祐四年（1059），曾布从兄曾庠中进士；嘉祐六年（1061），曾宰中进士；治平二年（1065），曾晔之子曾觉中进士；治平四年（1067），曾肇中进士。[②] 数年之间曾氏子弟并跻华贯，曾氏繇此遂兴。其中曾巩、曾布、曾肇最有声名，号称“南丰三曾”。后世评价说：“南丰曾氏自鲁国公（笔者按，指曾易占）有六子，其显者三人：文定公子固最贤，子开之文如其兄，而子宣最贵。”[③]

曾巩（1019—1083），字子固，名策“唐宋八大家”之列。嘉祐二年（1057）中第，先后知越州、齐州、襄州、洪州、福州、明州、亳州，为官严正，颇有法度。为修史籍，曾被召入判三班院，迁史馆修撰，管勾编修院兼判太常寺。元丰五年擢试中书舍人，元丰六年（1083）卒，死后谥文定。[④]

曾肇（1047—1107），字子开，治平四年（1067）进士及第。元祐中历中书舍人、吏部侍郎。徽宗即位，累迁翰林学士，崇宁初入元祐党籍落职，安置汀州。曾肇以“儒者而有能吏之才”，《宋史》本传称其“天资仁厚，而容貌端严。自少力学，博览经传，为文温润有法。更十一州，类多善政”，死后谥文昭。[⑤]

曾布在三兄弟中政治地位最高，卷入政治斗争也最深。他是王安石变法的忠实支持者，嘉祐二年（1057）与兄曾巩同登进士第，旋调宣州司户参军、怀仁令。熙宁二年（1069），曾布因支持王安石变法被迅速拔用，在新法的推行中出力颇多。熙宁七年（1074），曾布与吕惠卿根究市易法，落职外贬，直至哲宗绍圣初才复起，成为继王安石之后的新党党魁之一，先后拜同知枢密院，进知院事，位居西府，是当时政坛上炙手可热的人物；其后又以策立

---

① 《挥麈录》后录卷之 6《曾氏一门六人同榜及第》，第 154 页。
② ［明］林庭修，周广纂：《江西通志》卷 17《建昌府・科目》，明嘉靖四年刻本。
③ ［元］虞集：《道园学古录》卷 35《南丰曾氏新建文定公祠堂记》，四部丛刊本。
④ ［元］脱脱等:《宋史》卷 319《曾巩传》，中华书局点校本，1974 年版，第 10390-10392 页。
⑤ 《宋史》卷 319《曾肇传》，第 10396、10395 页。

宋徽宗之功登庸为相，谱写了南丰曾氏家族政治上最辉煌的一页。

（四）地方望族

曾布以新党的身份登上了宰相之位，然而不到一年，曾布在与蔡京的权力角逐中失利，蔡京当权，曾布落职出知润州。崇宁元年（1102），徽宗与蔡京立“元祐党籍”，曾布、曾肇赫然列于其上。朝廷对“元祐党人”痛加贬斥，曾布、曾肇也多次被贬，大观元年（1107），二人同卒于润州。曾布兄弟在政治上的失势标志着家族最辉煌时代的终结。

在曾氏家族的后一代中，仍不乏青年才俊。曾布第四子曾纡最有才名，曾纡（1073—1135），字公衮，或曰公卷，自号空青老人，以诗文著称于世：“文肃之子司农少卿纡固守家法，亦以辞章称，君子谓如鲁殿秦碑，见者珍惜，自可孤行于二公（曾巩、曾肇）之后。”[①] 曾肇八子中，曾统最知名。曾统（？—？），字符中，有气节，不附秦桧，官至南宋左谏议大夫，《京口耆旧传》卷2有传。

北宋之后，曾氏子孙散居各地，代有人才出，“在宋季时，灯火荧荧而读书之声相闻，擢进士第者三十余人，中乡贡者七十余人，分治六经及赋诗之科，多著名于当时。逮至元朝，流风遗韵犹存”；[②] 至明朝，仍有学者称道“南丰曾氏世学相仍之盛”，[③] 数百年之后，南丰曾氏仍不失地方望族身份，此深厚家学在北宋业已奠定了。

以上粗略地考察了曾布家族的北宋发展史，从中可以看出：南丰曾氏虽然在曾致尧时期已经初具声名，但并非显贵，甚至有一段时间颇为潦倒，真正的崛起是在“三曾”之时。曾布应该是家族发展中承前启后的关键性人物之一，他积极投身于王安石变法，周旋于激烈的政争中，最后位至宰相，与曾巩、曾肇一起将曾氏门第推向极盛，并由此奠定了南丰曾氏数百年的基业。

二、曾氏姻亲与曾布兄弟的政治取向

在古代中国专制社会，对于一个官僚家族来说，广阔的社会关系网是政治成功的基础，姻亲之间往往可以互为党援、互为同盟。父辈的努力为曾布

---

① ［明］宋濂：《宋学士文集》卷12《曾学士文集序》，四部丛刊初编本。

② 《宋学士文集》卷40《查林曾氏家牒序》，查林位于临川城五十里外，查林曾氏是曾巩的后裔，秉承曾氏之家学，为当地一望族。

③ 《宋学士文集》卷12《曾学士文集序》。

兄弟入仕打下一定的基础，家族几代的姻亲交游也为曾布兄弟入仕铺就了一张社会关系网。曾氏之所以能在曾布这一代成功地进入北宋最高权力中心，很大程度上就是得力于其姻亲王安石当权及王安石所领导的“熙宁变法”。而曾氏崛起的关键时期正是北宋历史上党争最激烈的时期，由于自身学术、个性上的差异和不同家族利益上的差异，使得曾布兄弟之间，以及曾氏家族与曾氏姻亲集团之间的政治取向与行为方式呈现一种多元化的趋势。

（一）曾氏姻亲

南丰曾氏早期婚姻体现出很强的地域性，比较有名的姻亲有临川王氏与金溪吴氏，他们都是宋代抚州地域上的衣冠望族。南丰曾氏与王安石家族临川王氏之间的姻亲关系可以追溯到曾致尧一辈，当时，临川王氏与南丰曾氏都与金溪吴氏联姻。抚州金溪吴氏是一个有着浓郁的文化氛围的诗书衣冠之家。吴氏家族之吴德筠在宋初官至尚书屯田员外郎，德筠之子吴敏是淳化三年（992）进士，官至尚书都官员外郎。吴敏四子：长子吴芮，天圣二年（1024）进士，官至秘书丞；次子吴賁，以荫入官，官至亳州录事参军；三子吴蕃未出仕；四子吴蒙，宝元元年（1038）进士，官至濠州司户参军。[①]曾氏与吴氏在曾致尧与吴德筠这一代开始联姻：曾致尧之女嫁与吴敏，[②]吴德筠之女（即曾巩之母）是曾易占的第二任夫人。[③]而王益、王安石两父子均为吴家之婿，王益之妻为吴敏之弟吴畋之女，[④]王安石之妻则为吴敏之子吴芮（非曾致尧之女曾氏所生）之女。[⑤]从这层关系上讲，曾布兄弟比王安石要长一辈，但实际上他们以平辈交往，而且，最终曾巩的三妹又嫁给了王安石之弟王安国。[⑥]为方便起见，兹列一表，以显示曾氏、吴氏与王氏之间的联姻概况：

① ［清］朱澄澜纂修：《抚州府志》卷63《人物·孝友·吴敏》、卷59《人物·文苑·吴蕃》，清光绪二年刻本。

② 《临川先生文集》卷100《河东县太君曾氏墓志铭》。

③ 《临川先生文集》卷100《曾公夫人吴氏墓志铭》。

④ 《曾巩集》卷45《仁寿太君吴氏墓志铭》，第610页。

⑤ 光绪《抚州府志》卷63《人物·孝友·吴敏》。

⑥ 《临川先生文集》卷91《王平甫墓志》；同治《南丰县志》卷46。

南丰曾氏、抚州金溪吴氏、临川王氏联姻概况表[1]

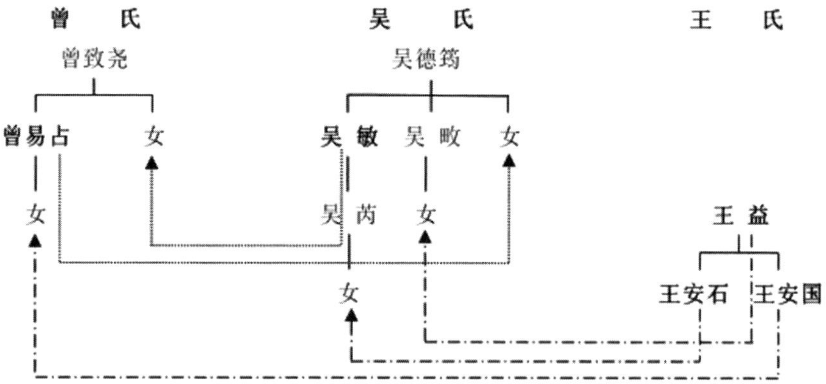

此外，王安石之妹嫁与朱明之，[2] 而曾易占第三任妻子朱氏（曾布、曾肇之母）也来自于这一家族。[3]

南丰曾氏与临川王氏的关系可谓是错综复杂。也正因为如此，曾氏与王氏很早就开始交往，曾巩与王安石是至交，二人早年常有书信往来，并互相为彼此延誉，据《宋史》卷 319《曾巩传》称，曾巩“少与王安石游，安石声誉未振，巩导之于欧阳修”。曾肇之于王安石，除姻亲关系外，又是王安石的门生，其有《上王荆公墓》云:“天上龙胡断，人间鹏鸟来。未应淮水竭，所惜泰山颓。华屋今非昔，佳城闭不开。白头门下士，怅望有余哀。”[4] 在哀悼中，表现出真挚的师生情谊。“熙宁变法”之前，“三曾”中唯有曾巩以文名称誉朝野，而曾布、曾肇却仍为地方小吏，根基尚浅。正当二人苦于磨勘之时，临川王氏却在王安石拜相后走向极盛，正是凭借这种姻亲关系，曾布兄弟才得以迅速地进入最高权力的中心，临川王氏对南丰曾氏家族的影响不言而喻。

南丰曾氏发展至曾巩、曾布兄弟这一代，声名鹊起，其婚姻关系也逐渐

---

① 此表据《曾巩集》、《临川先生文集》中曾氏、王氏亲属的墓志铭所制。

② 《曾巩集》卷 45《仁寿太君吴氏墓志铭》，第 611 页。

③ 《曾巩集》卷 33《明州奏乞回避免朱明之状》有云:“伏为本路提刑狱朱明之是臣母之亲堂弟，牒明州，检到勑条，窃虑合该回避。”第 484 页;《曾巩集》卷 46《故高邮主簿朱君墓志铭》，第 615 页。

④ ［宋］曾肇撰，［清］曾俨编 :《曲阜集》卷 4，文渊阁四库全书本。

脱离了地域的束缚，趋向以文人交游与政治仕宦为主要纽带。曾布之父曾易占生有十女，一女早夭，[①] 其余九女在曾易占去世时皆未出嫁，诸妹适时婚配的重任就落到了兄长曾巩身上。据本书考证：曾巩长妹配会稽关景晖（宣），二妹、七妹配南城王无咎，三妹配临川王安国，四妹配江宁府教授朱景略，五妹配祕书丞清江李中，六妹配宣德郎周彭孺，八妹、九妹配大理寺丞江都王幾。[②] 他们的身份大致可以分为三类：其一，原姻亲关系基础上的累世联姻，如临川王安国。其二，乡里贤才，如南城王无咎。其三，以交游为纽带缔结的姻亲关系，比较明显的是会稽关景晖、清江李中。此时正是曾氏家道中落之时，但曾巩以文才名闻四方，交游颇广，联姻遂突破了抚州地域的局限。曾巩诸妹婿出身大多门第不显，家境贫寒，如《曾巩集》卷 46《郓州平阴县主簿关君妻曾氏墓表》云长妹"在父母及夫之家，或蔬食不给，处之晏然"；《曾巩集》卷 46《仙源县君曾氏墓志铭》云九妹夫家"王氏故贫"，但他们都出生于从事科举事业的诗书之家，拥有无限的潜力，也大多中进士第。

"南丰三曾"以后则多与仕宦名门、文学名流之家联姻，其中比较有名望的有巨野晁氏、襄阳魏氏、眉山苏氏、河内向氏、汝阴王氏、姑苏强氏、眉山苏氏等。[③]

曾巩原配夫人晁氏是先禄少卿晁宗恪之女。[④] 晁氏是北宋有着良好学术传统的地方望族，其"世家开封，后徙巨野"，至宋朝，晁氏"以文学政事位朝廷"，[⑤] 家族中如晁补之、晁说之、晁咏之都是北宋文坛名士，其中晁补之与黄庭坚、张耒、秦观并称为"苏门四学士"。晁氏病逝后，曾巩续娶李氏，为司农少卿李禹卿之女。李禹卿，字君益，应天府楚丘（旧治在今山东曹县东南）人，宋真宗朝宰相李昌龄的侄子。李氏也是显耀一时之名门，李禹卿

---

① 《曾巩集》卷 46《仙源县君曾氏墓志铭》，第 636 页。

② 详见本书附录四《曾巩诸妹婿名实考辨》。

③ 北宋中后期南丰曾氏更详细的联姻概况可参见黎清《宋代江西文学家族研究》下编第十六章第一节《文学家族的联姻概况》，中山大学出版社 2013 年版，第 346–353 页；罗伽禄《曾巩家族》第六章第二节《曾氏的交谊与联姻》，江西人民出版社 2014 年版，第 214–216 页。

④ 《曾巩集》卷 46《光禄少卿晁公墓志铭碑》，第 630 页；同书同卷《亡妻宜兴县君文柔晁氏墓志铭》，第 634 页。

⑤ 《济北晁先生鸡肋集》卷 65《晁夫人墓志铭》。

之父李昌言赠刑部尚书，嫁女常择寒士而其后多为名臣，如范仲淹、郑戬皆娶李昌言之女。[①]

曾布之妻魏夫人是襄阳魏泰之姐。[②]魏泰，字道辅，也是北宋名士，“善文章，著《临汉隐居集》三十卷，又著《东轩笔录》十五卷，尝赋襄阳形胜，识者伟之”[③]。

曾布第三女嫁给了真宗朝宰相向敏中四世孙向子莘。[④]向氏是宋代有名的相后之家，世居开封，自称是春秋河内向戌的后裔，故称河内向氏。至向敏中举进士官至宰相时，向氏家族方始显大，其后与赵宋皇室联姻甚多，最辉煌的一次是向敏中的曾孙女嫁给了宋神宗，历神、哲、徽三朝为皇后、皇太后，谥曰钦圣宪肃。

曾布的孙女（曾纡之女）嫁给了汝阴王铚。[⑤]“王铚，字性之，汝阴人，昭素[⑥]之后也。博学有才识……尝居庐山结诗社。后避地剡溪山中，日以觞咏自娱，著有《默记》《国老谈苑》《侍儿小名录》及《雪溪集》。”[⑦]王铚之子王明清是南宋著名的学者，有《挥麈录》等史学著作，盛赞曾布为相的业绩，《四库全书总目》卷 141 云：“（王明清）挥麈前录四卷，后录十一卷，第三录三卷，余话二卷……明清为王铚之子，曾纡之外孙。纡为曾布第（十）［四］子，故是录于布多溢美。”

曾肇、曾纁、曾协祖孙三代人皆与钱塘强氏联姻。曾肇之妻是尚书祠部郎中强至之女，[⑧]其子曾纁娶强至之子强渊明之女，[⑨]其孙曾协再娶强行父（字

---

① 《曾巩集》卷 45《永安县君李氏墓志铭》，第 615 页。

② ［清］永瑢等撰：《四库全书总目》卷 140《子部五十》“东轩笔录十五卷”条云：“宋魏泰撰。泰，字道辅，襄阳人，曾布之妇弟也。”中华书局 1965 年版，第 1193 页。

③ ［明］凌迪知：《万姓统谱》卷 94，文渊阁四库全书本。

④ ［宋］史弥坚修，卢宪纂：《嘉定镇江志》卷 19《人物》云：“向舍人子莘，字天民，文简公之四世孙也……娶丞相文肃公曾布之第三女，封静安县君。”《宋元方志丛刊》本，第 3 册，第 2531 页。

⑤ ［宋］汪藻：《浮溪集》卷 28《右中大夫直宝文阁知衢州曾公墓志铭》，文渊阁四库全书本。

⑥ 王昭素乃宋初大儒与名臣，王稱《东都事略》卷 130 有传。

⑦ ［宋］陈思编，［元］陈世隆补：《两宋名贤小集》卷 185，文渊阁四库全书本。

⑧ 《曲阜集》卷 4《（曾肇）行状》《（曾肇）神道碑》。

⑨ 《浮溪集》卷 27《奉议郎知舒州曾君（纁）墓志铭》。

幼安，强至之孙，强浚明之子）之女。[①] 钱塘强氏自强至举进士第后起家，以文名达四方，然仕宦不显。强至五子强浚明、强渊明、强伟明、强陟明、强献明皆中进士第，其中强浚明、强渊明为蔡京门客，在宋徽宗崇宁年间赞助蔡京立元祐党籍，强氏以此骤至显要。[②]

元祐初年，曾肇之子曾纵娶了苏辙之女，从而使曾氏与声名显赫的眉山苏氏有了姻亲之谊，曾肇之孙曾协言及此事说："元祐初，我祖父曲阜公（曾肇）、外祖父栾城公（苏辙）志同道合，并擢侍从，先人始以胄子拜栾城公于京师，一见而请婚焉。"[③]

此外，曾巩的儿子曾绾娶了林希的女儿。[④] 林希（1035—1101），字子中，号醒老，谥文节，福建福清人，与曾巩同为嘉祐二年（1057）进士，《宋史》卷 343 有传。林希是新党中坚人物，著有《两朝宝训》《林氏野史》《林子中奏议集》等书。

（二）曾布兄弟的政治取向

在北宋激烈的党争中，士大夫既步入政坛，即无所逃于党争的天地间，曾布兄弟担负着重振家族的重任，自然也无所逃于党争的天地。在党争中，曾氏三兄弟的政治取向与际遇各不相同。曾巩早年与王安石交往甚密，但他因政见不同而对王安石变法持有疑义，[⑤] 私下对王安石多有劝谏，并在宋神宗面前论王安石"勇于有为，吝于改过"。[⑥] 不过，曾巩也没有公开反对新法的举动。但曾巩既然是王安石的故交兼姻亲，虽不附新党，也不可能为旧党所容。《宋史》卷 319 本传云："吕公著（旧党领袖）尝告神宗，以巩为人行义不如政事，政事不如文章，以是不大用。"曾巩挺立于朝，无所依附，因此，在地方为官居多，成为党争的牺牲品。

曾布、曾肇不像其兄曾巩那样排斥新法，二人的进用皆缘于王安石的提

① ［宋］曾协：《云庄集》卷 5《右中散大夫提举台州崇道观强公行状》，文渊阁四库全书本。

② 《宋史》卷 356《强渊明传》，第 11209 页。

③ 《云庄集》卷 5《代从兄作伯母事述》。

④ 民国《二源曾氏族谱》卷 2《南丰源流总图》云曾绾娶"大学士林讳希之女"。

⑤ 参见顾全芳《曾巩与王安石变法》，《江西社会科学》，1988 年第 5 期；王琦珍《曾巩与王安石变法》，《河南大学学报》（哲学社会科学版），1989 年第 4 期。

⑥ 《宋史》卷 319《曾巩传》，第 10392 页。

拔。曾肇于治平四年（1067）进士及第，调黄岩县主簿，熙宁变法开始后，王安石“言公经行宜居首善之地，有旨召对延和殿，除崇文院校书兼国子监直讲、馆阁校勘，删定《九域志》，改大理寺丞同知太常礼院”。[①]曾肇在数年内得以入京为官，靠的正是王安石的举荐。王安石多将其姻亲安插在太学，目的就是为了控制言路，《林希野史》云：“陆佃、黎宗孟、叶涛、曾肇、沈季长：长，介妹婿；涛，其侄婿；佃，门人；肇，布弟也。佃等夜在介斋，授口义，旦至学讲之，无一语出己者。其设三舍皆欲引用其党也。”[②]但曾肇并没有过多地陷入权力之争，而是在党争中力求中正，注重以自身德行立于朝，是时人眼中的君子。曾肇同情元祐臣僚。宋徽宗即位，曾肇上疏建议广开言路，叙复已死元祐党人，谏官陈瓘、给事中龚原以言得罪，曾肇也尽力上章营救。[③]相反，对于蔡京之流的新党，曾肇极为不满，史载：“曾子宣作相，荐蔡京。子开不乐之甚，力谏其兄，即乞出。本不喜蔡京。蔡京来去，途中遇之，避又不得，不见又不得，遂谒见之。京公服秉笏谢云：‘此得还阙皆相公之力，翰林之助。’子开闻其言，愈不乐，一切失措。京秉笏谢之，子开亦忘笏了，只叉手答子。”[④]但曾肇也从未抨击新法，未与新党人士结怨，而是保持了礼节性的往来，曾布论其在朝言论曰：“平日吾弟议论平正，无所偏党。”[⑤]曾肇这种立身处世之德行也为大多数以君子自任的旧党人士所肯定，元祐年间，曾肇受御史攻击求去，范纯仁即为之辩解，语于朝曰：“若善人不见容，吾辈不可居此矣。”[⑥]使之得以保全。杨时在曾肇神道碑中赞道：“公天资仁厚而刚大之气见于颜面，望之若不可犯，即之温然可亲，真成德君子也。其文之精也，克承其家学，有两汉之风。其不以言语辞色假借人，而慎重得大臣之体。”[⑦]

相比之下，曾布更热衷于政治权力的角逐。曾布政治倾向鲜明，是王安

① 《曲阜集》卷4《神道碑》。
② 《长编》卷228，神宗熙宁四年十一月戊申条后，第5546页。
③ 《宋史》卷319《曾肇传》，第10394页。
④ 《朱子语类》卷130《自熙宁至靖康用人》，第3123页。
⑤ 《朱子语类》卷130《自熙宁至靖康用人》，第3124页。
⑥ 《宋史》卷319《曾肇传》，第10393页。
⑦ 《曲阜集》卷4《(曾肇）神道碑》。

石变法的有力支持者，王安石曾说："吾行新法，终始以为不可者，司马光也；终始以为可者，曾布也；其余皆出入之徒也。"[①]在变法之初，曾布进用甚速，御史中丞杨绘弹劾道："勘会曾布熙宁二年九月二十一日自海州怀仁县令转著作佐郎，闰十一月十六日差看详衙司条例；熙宁三年四月五日差编敕删定官，八月二十四日差编修中书条例，九月六日授太子中允、崇政殿说书，九月八日差权同判司农寺，九月十四日授集贤校理，九月二十三日差检正中书户房公事，十月四日差看详编修中书条例；熙宁四年二月五日差直舍人院，二月八日检正中书五房公事，五月三日差详定编敕，七月十三日试知制诰。从选人至知制诰，止一年十个月……臣窃见曾布之贤能未显著于天下，天下之人止知其缘王安石姻家而进。"[②]随着变法的进一步深入，曾布更是成了王安石的得力助手，御史刘挚言王安石"凡政府谋议所以措置经画，除用进退，独与一属掾曾布者论定，然后落笔"。[③]

其后，曾布成为继王安石之后的新党党魁之一，这种身份决定了他必然会卷入北宋后期激烈的党争中，尤其在宋哲宗亲政与宋徽宗建中靖国初期，曾布身居要位，是当时影响政坛时局的重要人物之一。宋朝舆论大多视其为奸邪之辈，南宋洪迈《容斋三笔》卷3云："曾布当元符靖国之间，阴祸害善类，而弟肇移书力劝之，兄弟邪正之不同如此。"元朝编撰《宋史》的史官更是毫不留情地将其归诸奸臣行列。关于曾布的政治行为本文将另辟章节专门论述，刘子健先生《在王安石曾布与北宋晚期官僚的类型》一文中将曾布归为仕进类干才型的官僚，言其行政能力高，有政治手腕，善迎合帝王意旨，有阴挤同僚之嫌，立功取胜之心甚切。[④]此评价较为公允，可先供参考。

在专制社会中，姻亲之间有着相连的政治利益，往往是"一荣俱荣，一损俱损"，但党争也使得曾氏姻亲集团的政治取向呈现较大的差异。他们之

---

① ［宋］陈善：《扪虱新话》卷1《王荆公新法新经》，上海书店据涵分楼旧版影印本，1990年版，第4页。

② 《长编》卷225，神宗熙宁四年七月丁酉条，第5480–5481页。

③ 《长编》卷225，神宗熙宁四年七月丁酉条，第5484页。

④ 参见刘子健《王安石曾布与北宋晚期官僚的类型》，载台湾《宋史研究集》（第三辑），台北中华书局1966年版。

中有如王安石、林希一般的新党领袖与骨干，更有如强渊明兄弟那般依附权臣蔡京者，但也有如苏辙一般的旧党人士。元祐五年（1090），“宰相吕大防与中书侍郎刘挚建言，欲引元丰党人，以平旧怨，谓之‘调停’”，但遭到了御史中丞苏辙的坚决反对，并认为君子小人犹如冰炭薰莸，“冰炭共处，必致交争，薰莸共器，久当遗臭”，遂使“兼用邪正之说始衰”，[①]表现了其坚定的旧党立场。晁补之为苏门四学士之一，熙宁间，他在《再见苏公书》中表示，虽“方王公大人高门垂箔，趺马疾驱，言语咳唾，足以荣辱”，但自己却“诚求出于阁下之门”，[②]其堂兄晁咏之亦言其“未尝以一语鸣其哀于王公大人之前”，[③]这正可代表晁氏在党争中的选择。

曾氏姻亲中也有挟曾布权势，称霸乡里者，如魏泰之流，《宋史》卷319《欧阳修传附子棐传》云：“曾布执政，其妇兄魏泰倚声势来居襄，规占公私田园，强市民货，郡县莫敢谁何。至是，指州门东偏官邸废址为天荒，请之。吏具成牍至，（欧阳）棐曰：‘孰谓州门之东偏而有天荒乎？’却之。众共白曰：‘泰横于汉南久，今求地而缓与之，且不可，而又可却邪？’棐竟持不与。泰怒，谮于布，徙知潞州，旋又罢去。”

置身事外，明哲保身者亦有之，如王铚家族即是，王明清《挥麈录》后录卷之6云：“曾文肃为相，王明清祖王兵部作郎。一日，文肃曰：‘主上令荐台谏，当以公应诏。’先祖辞曰：‘某辱知非常。一旦使居言路，倘庙堂有所不当，言之有负恩地；不言则实辜任使。愿受始终之赐，幸甚。’文肃叹息而寝其议。”

家族成员与姻亲集团政治倾向的多元化必定会对曾布的政治行为产生一定的影响。对于曾布在党争中的所为，他们或持反对态度，或加以规劝。如，曾布建中靖国当政，晁咏之有《上丞相曾子宣书》，委婉地奉劝曾布，“益宜加意于在前，使恩信及于士大夫，而德泽浃于天下；益屈己下士，无爱爵禄，

① ［宋］杨仲良：《续资治通鉴长编纪事本末》（下称《长编纪事本末》）卷99《调停》，北京图书馆出版社影印本，2003年版，第2147–2149页。

② 《济北晁先生鸡肋集》卷51《再见苏公书》。

③ ［宋］吕祖谦：《皇朝文鉴》卷120《上丞相曾子宣书》，四部丛刊本。

使无遗材，贤能者登进，疑危者消释”；[①] 曾肇亦移书劝其兄曾布：“当引用善人，翊正道，以杜惇、卞复起之萌”[②]。

曾巩虽然在元丰六年（1083）已病逝，未能亲见曾布政治上的辉煌，但是他的政治遭遇对曾布也应该会有一定警示。熙宁二年（1069）二月，王安石拜参知政事，拉开熙宁变法帷幕，曾巩在变法的具体方针上同王安石存在分歧，[③] 遂上表自求外任，通判越州。[④] 其后曾布却因王安石、韩维的推荐入朝，加入新法变革的阵营。曾布不希望见到兄长与王安石的矛盾扩大化，曾私下隐藏曾巩写给王安石的劝谏信，据《林希野史》记载：“章望之、曾巩、孙侔三人者，忘形之交，其诗书相赞美，天下皆传之。安石既相，佞媚者日进，而三人犹如平时，以语言诋忤之，书至不复视，径抵于地。布见其兄书未发封者，怀之而去。”[⑤] 可以想见，兄弟二人在此问题上一定产生过冲突。

曾巩外任，转徙七州。曾布起初提拔迅速，一度进入了主持变法的最高权力中心，但不久之后，便因与吕惠卿的矛盾，在根究市易案后被黜知饶州。[⑥] 曾布政治上的失势，必然会牵连到曾氏家族的整体发展。吕惠卿当政，对曾氏多有压制。熙宁九年（1076），朝廷命吕惠卿之弟吕升卿出任江西转运副使，时曾巩知洪州军州事，上疏请求调职回避，其中有云：“今睹吕升卿授江西转运副使，伏缘臣先任齐州，得替后，吕升卿为京东路察访，于齐州多端非理，求臣过失，赖臣无可捃拾。兼臣弟布与吕惠卿又有嫌隙，二事皆中外共知。今升卿任江西监司，洪州在其统属，须至陈乞回避，伏乞指挥检会。臣先奏乞移洪州，或宣州，或东南一般州郡。臣为母亲现在饶州，迤逦前去饶州，伺候朝旨。”[⑦] 曾吕两家的矛盾已经公开化了。

---

① 《皇朝文鉴》卷 120《上丞相曾子宣书》。

② 《宋史》卷 319《曾肇传》，第 10395 页。

③ 参见顾全芳《曾巩与王安石变法》，《江西社会科学》，1988 年第 5 期；王琦珍《曾巩与王安石变法》，《河南大学学报》（哲学社会科学版），1989 年第 4 期。

④ 《曾巩集》卷 29《自福州召判太常寺上殿劄子》：“愚臣孤陋，熙宁二年，出通判越州。”第 437 页。

⑤ 《长编》卷 227，神宗熙宁四年十月庚午条后，第 5532 页。《长编》云：曾布匿其兄巩书事当考。但这从一个侧面显示出在时人眼中曾氏兄弟的政见大不相同。

⑥ 《长编》卷 255，神宗熙宁七年七月壬午条，第 6237 页。

⑦ 《曾巩集》卷 36《奏乞回避吕升卿状》，第 479 页。

次年，朝廷将曾巩从洪州移知福州，曾布从潭州移知广州。北宋时期，福州与广州都属于偏远之郡，广州更被视为瘴疠蛮荒之地。对曾巩兄弟而言，移知偏郡尚在其次，唯母亲朱氏夫人年事已高，此前跟随曾布辗转诸州，曾在饶州生活，而广州岭南气候显然不适合老年人居住，兄弟三人又天各一方，如何安养侍奉老母便成为比较棘手的一件事。诸多迹象表明，朱氏夫人后来跟随曾肇回京师定居了。从元丰元年（1078）开始，曾巩不断上书朝廷，请求迁在京闲职或近京之郡，以便通书侍奉老母，其《福州上执政书》有云："巩年六十，老母年（八）[六]十有八，老母寓食京师，而巩守闽越，仲弟守南越。二越者，天下之远处也。于著令，有一人仕于此二邦者，同居之亲当远仕者，皆得不行。巩固不敢为不肖之身，求自比于是也。顾以道里之阻，既不可御老母而南，则非独省晨昏，承颜色，不得効其犬马之愚。至于书问往还，盖以万里，非累月踰时不通。此白首之母子，所以义不可以苟安，恩不可以苟止者也。"[①] 此后，曾巩又有《福州奏乞在京主判闲慢曹局或近京一便郡状》《移明州乞至京迎侍赴任状》《明州奏乞回避朱明之状》《移知亳州乞至京迎侍赴任状》[②] 等，重申此意。元丰三年（1080）十月，曾巩受诏移知沧州，请求过京面圣。宋神宗召见，论对合意，曾巩最终如愿改任在京闲职，判勾当三班院。[③]

然而，就在曾巩入朝的当年，曾布受诏改知秦州，[④] 过阙谢恩时被改判将作监，后遭台谏官弹劾，出知陈州。[⑤] 因母亲朱氏夫人欲随曾布去陈州生活，曾巩又上《乞出知颍州状》，其中有云："臣母年七十有一，比婴疾疹，举动步履，日更艰难。陛下处臣京师，臣幸得侍庭闱，以便医药。圣泽至厚，常恐不能克堪。今臣弟布得守陈州，臣母怜其久别，欲与俱行。顾臣之宜，惟

---

① 《曾巩集》卷 16，第 269 页。原文云"老母年八十有八"，误。据王安礼《太常博士曾公夫人朱氏墓志铭》（载南丰曾氏后人家藏《续修曾文定公族谱》，清道光十九年修）记载，朱氏夫人于元丰五年（1082）九月病逝，享年七十二岁。元丰五年，曾巩六十四岁，比朱氏夫人小八岁。由此可知，"八十八"为"六十八"之误。

② 俱见《曾巩集》卷 33，第 482–486 页。

③ 《曾巩集》附录《（曾巩）神道碑》，第 803 页。

④ 《长编》卷 309，神宗元丰三年闰九月壬寅条，第 7496 页。

⑤ 《长编》卷 311，神宗元丰四年正月甲寅条，第 7542 页。

得旁郡，庶可奉亲往来，以共子职。”[①] 曾巩出知颍州的请求被驳回，朱氏夫人仍然跟随曾巩在京师生活，于元丰五年（1082）九月病逝于京师曾巩官邸中。从中可知，曾巩连年乞求迁职，并非是为了个人私利，主要是源于南丰曾氏浓厚的家族与孝亲观念。但很多宋人并不理解，视这段历史为曾巩政治生涯中的污点，南宋朱熹《朱子语类》便云：“曾子固初与介甫极厚善。入馆后，出倅会稽令。集中有诗云：‘知者尚复然，悠悠谁可语！’必是曾谏介甫来，介甫不乐，故其当国不曾引用。后介甫罢相，子固方召入，又却专进谀辞，归美神宗更新法度，得个中书舍人。丁艰而归，不久遂亡。不知更活几年，只做如何合杀？”“曾南丰初亦耿耿，后连典数郡，欲入而不得，故在福建亦进荔子。后得沧州，过阙，上殿札子力为谀说，谓本朝之盛自三代以下所无，后面略略说要戒惧等语，所谓‘劝百而讽一’也。”[②] 曾巩以文名流传后世，政治上却比较失败，这也从一个侧面昭示了在北宋党争中士大夫不容游离无归之事实。

曾巩的政治遭遇让曾布切实地感觉到个人命运与家族命运息息相关。一方面，作为个人来说，曾布始终坚持新法可行，是一个坚定不移的新党分子。另一方面，从家族利益出发，曾布是一个坚定但并不激进的新党。受曾巩的影响，曾布的交游者中不乏拥护旧党的正直之士。如，曾巩知福州时，非常赏识福清县丞傅楫。曾布从兄长处得知傅楫之名，待之甚厚，在绍圣年间举荐傅楫入朝为太常博士。[③] 陈师道为苏门六君子之一，也曾受业曾巩门下，与曾布亦有往来。宋哲宗元符年间，陈师道致书曾布，乞罢西夏开边进驻城寨之事。元符末曾布当政后，亦汲引陈师道复起。[④] 对待旧党，曾布虽然也有报复攻击的举动，但在这方面却远没有章惇、蔡京那般激烈。徽宗朝，曾布为相，即首倡“建中之政”，以为“元祐、绍圣均有所失”，[⑤] 欲调和两党矛

① 《曾巩集》卷 34，第 491 页。

② 《朱子语类》卷 130《自熙宁至靖康用人》，第 3106 页。

③ ［宋］赵与泌修，黄岩孙纂：《宝祐仙溪志》卷 4《宋人物》，《宋元方志丛刊》本，第 8 册，第 8321 页。

④ 《后山居士文集》卷 10《上曾枢密书》；《后山居士文集》卷 13《与曾枢密启》。

⑤ ［明］陈邦瞻：《宋史纪事本末》卷 48《建中初政》，中华书局点校本，1977 年版，第 473 页。

盾，不管此举动是出于何种政治目的，但也从一定程度上可以看出曾布的某些政治倾向。南宋之后，许多人将北宋灭亡归咎于新党而深恶痛绝之。与蔡京、章惇等新党家族相比，南丰曾氏却仍能够保持较好的声誉，这同南丰曾氏政治取向的多元化有极大的关系，在身后留下骂名的只是曾布个人而已。

第二章

初涉党争：曾布生平仕宦与熙宁变法中的起落

北宋新旧党争起因于熙宁年间王安石为拯救时弊而推行的变法，其经历了一个演进发展的过程：首先是熙宁变法初期的政见之争，双方斗争焦点主要是新法是否得当的问题，至“元祐更化”之后已经转变为意气之争，不管是非如何，一意互相排斥，最后至宋徽宗朝的“元祐党禁”，以极端的方式结束了新旧两党的争斗。个人无法摆脱时代的影响，置身其中的朝中大臣无论主观愿望如何，无不卷入其中，史称：“吕微仲（吕大防）秦人，憨直无党，范醇夫（范祖禹）蜀人，师温公（司马光）不立党，亦不免窜逐以死，尤可哀也。”[①] 曾布之所以留下骂名，也皆源于其在新旧党争中的政治表现。本章拟首先概述曾布生平仕宦，接着剖析曾布在熙宁变法中的表现，以期对曾布政治行为与性格的形成有个初步的认识。

第一节　曾布的生平仕宦

《宋史》卷 471 本传云：曾布“年十三而孤……大观元年卒于润州，年七十二”。周明泰《曾子宣年谱稿》考证云：“《宋史》本传云：公十三而孤。鲁公（笔者按，指曾易占）卒于庆历七年（1047）丁亥，使公于是时为十三

---

① 《邵氏闻见录》卷 13，第 146 页。

岁，则公应生于景祐二年（1035）乙亥，而大观元年（1107）丁亥，公年已七十有三矣。二者必有一误。今姑从其生年而以卒年增为七十三云。”① 而笔者见江苏丹阳曾布后裔民国三十五年修《云阳曾氏十四修家乘》卷1《宋银青光禄大夫右仆射鲁郡公食邑二千一百户实封三百户赠太师鲁国公谥文肃家传》（曾布第九子曾纬所撰，以下简称《文肃家传》）记载，曾布在“景祐二年乙亥岁十月十八日亥时生于信州玉山县县治之正寝”，换算成公历，即公元1035年11月20日晚21至23时之间。② 曾布卒于宋徽宗大观元年（1107），按旧历推算时年七十三岁，《宋史》本传云其“年七十二”卒，误，应从周明泰先生，改为“年七十三”卒。

南宋杜大珪《名臣碑传琬琰集》下集卷20《曾文肃公布传》又云：“大观元年六月乙卯，太中大夫、提举西京嵩山崇福宫曾布薨。”“六月乙卯”薨，误。查陈垣先生《二十史朔闰表》，宋徽宗大观元年六月无乙卯日。邹浩（1060—1111）《道乡集》卷37《德兴县君曾氏墓志铭》则云：“丞相（笔者按，指曾布）与弟翰林学士肇居于润，皆久疾。俄而学士疾革，丞相闻之，一恸而薨。学士旋少间闻丞相薨，亦一恸莫救。相去裁一日，盖大观元年八月乙卯、丙辰也。”南宋陆游（1125—1210）《老学庵笔记》卷4亦云：“曾子宣以大观元年八月二日卒，其弟子开以三日卒，先后才一日。”《云阳曾氏十四修家乘》卷1《文肃家传》也说曾布薨于大观元年八月乙卯。由此可知，曾布卒于旧历大观元年八月乙卯（二日），换算成公历，即公元1107年8月21日。

曾布十三岁丧父，此后从学于其兄曾巩，与曾巩在嘉祐二年三月同擢进士第，时年二十三岁。从嘉祐二年（1057）三月登科至大观元年（1107）八月病逝，曾布为官约五十载，兹据相关史料制《曾布仕宦简表》如下：

---

① 周明泰：《曾子宣年谱稿》，北京图书馆珍藏年谱丛刊本，第19册，第380页。

② 南宋胡仔《苕溪渔隐丛话》后集卷22引《复斋漫录》云：“曾子宣以亥年亥月亥日亥时生，故章子厚以‘四亥公子’呼之。”宋人吴曾（1162年前后在世）《能改斋漫录》（文渊阁四库全书本）卷12亦云：“章子厚乙亥年生，与曾子宣同年。曾子宣以丁亥月辛亥日己亥时，子厚遂呼子宣作‘四亥公子’。”有学者据此判定曾布生于旧历乙亥年（宋仁宗景祐二年）丁亥月（十月）辛亥日（一日）己亥时（21时—23时），即公历公元1035年11月3日晚21至23时之间。《文肃家传》与宋人笔记之间必有一误，今从《文肃家传》。

曾布仕宦简表

类别	职任	任职年份	任职年龄	史源	备注
地方官	二月，宣州司户参军；期间，权宣城令	嘉祐三年（1058）	二十四岁	《宋史》本传；《永乐大典》卷3001“宣城志”条:“《曾子宣集》:‘嘉祐三年戊戌二月，赴宣州司户，其后久权宣城县事,故有《宣城县宇假山》诗。’”	宋代州县官暂缺，一般由现任次官权摄。《永乐大典》卷3145“陈辅”条，引曾纡《南游记旧》:“鲁公为宣城掾，又摄幕府与宣城宰逾年。”曾布权宣城宰一年多，具体时间不详。
	怀仁令	嘉祐七年（1062）	二十八岁	《云阳曾氏十四修家乘》卷1《文肃家传》:“（嘉祐）七年代还，调海州怀仁令。”	
	秩满，当改京朝官。举秘书著作佐郎，知宿州符离县，待次未赴任。	熙宁元年（1068）	三十四岁	《云阳曾氏十四修家乘》卷1《文肃家传》:“熙宁元年秩满，用举者改秘书著作佐郎，知宿州符离县。时南丰先生通判越州，奉太夫人在焉，故归会稽待次。”	宋代选人改官要经历举主荐举、赴部磨勘、君主引对等环节。磨勘后不能在短时间内获得引对，需要按次序等待，称为“待次”。曾巩通判越州在熙宁二年，曾布应在次年赴会稽与兄会合

续表

类别	职任	任职年份	任职年龄	史源	备注
中央官	监开封府检校库；九月二十一日转著作佐郎；闰十一月十六日差看详衙司条例	熙宁二年（1069）	三十五岁	《名臣碑传琬琰集》下集卷20《曾文肃公布传》、《宋史》本传、《长编》卷225，熙宁四年七月丁酉条	
	四月五日，差编敕删定官；八月二十四日，差编修中书条例；九月六日，授太子中允、崇政殿说书；九月八日，差权同判司农寺；九月十四日，授集贤校理；九月二十三日，差检正中书户房公事；十月四日，差看详编修中书条例	熙宁三年（1070）	三十六岁	《长编》卷225，熙宁四年七月丁酉条	
	二月五日，差直舍人院；二月八日，检正中书五房公事；五月三日，差详定编敕；七月十三日，试知制诰	熙宁四年（1071）	三十七岁	《长编》卷225，熙宁四年七月丁酉条	
	十二月，拜翰林学士	熙宁五年（1072）	三十八岁	《长编》卷241，熙宁五年十二月乙未条	罢知制诰，升翰林学士
	正月，权知贡举；九月，迁起居舍人	熙宁六年（1073）	三十九岁	《长编》卷242，熙宁六年正月是月条；《长编》卷247，熙宁六年九月丁未条	知贡举是临时差遣；由右正言迁起居舍人
	正月，兼河北西路察访使 二月，权三司使	熙宁七年（1074）	四十岁	《长编》卷249，熙宁七年正月乙丑条；《长编》卷250，熙宁七年二月丁丑条	罢同判司农寺，升权三司使
地方官	八月，出知饶州			《长编》卷255，熙宁七年八月壬午条	以根究市易务案得罪出朝
	十二月二十三日，知潭州	熙宁八年（1075）	四十一岁	《长编》卷271，熙宁八年十二月庚寅条后	初诏知荆南，未赴，改知潭州

续表

类别	职任	任职年份	任职年龄	史源	备注
地方官	二月二十三日，除集贤院学士、知广州；兼广东经略安抚使	熙宁十年（1077）	四十三岁	《长编》卷280，熙宁十年二月丙午条；《九曜石题名》	
	八月，起居舍人、龙图阁待制、知桂州；兼广南西路经略安抚使	元丰元年（1078）	四十四岁	《长编》卷291，元丰元年八月壬子条；《长编》卷292，元丰元年九月癸未条	
	十一月，进龙图阁直学士	元丰二年（1079）	四十五岁	《长编》卷301，元丰二年十一月壬辰条	
	转尚书礼部郎中，闰九月，诏知秦州，过阙，滞留京师	元丰三年（1080）	四十六岁	《长编》卷309，元丰三年闰九月壬寅条；《长编》卷311，元丰四年正月甲寅条；《云阳曾氏十四修家乘》卷1《文肃家传》	
	正月，改判将作监；二月，知陈州；知蔡州；六月，知成德军；十二月，知庆州；兼环庆路经略使	元丰四年（1081）	四十七岁	《云阳曾氏十四修家乘》卷1《文肃家传》；《长编》卷311，元丰四年正月甲寅条后；《长编》卷321，元丰四年十二月丙寅条；《长编》卷229，元丰五年八月乙亥条	元丰五年（1082）九月，曾布母亲朱氏夫人卒。十月，曾布去职回乡服丧。
	改寄禄官朝奉大夫	元丰五年（1082）	四十八岁	《云阳曾氏十四修家乘》卷1《文肃家传》	
中央官	十二月，复翰林学士	元丰七年（1084）	五十岁	《长编》卷350，元丰七年十二月壬午条	以服丧期满，复翰林学士
	五月，迁户部尚书	元丰八年（1085）	五十一岁	《长编》卷356，元丰八年五月戊午条	是年三月，宋神宗驾崩，宋哲宗继位。

续表

类别	职任	任职年份	任职年龄	史源	备注
地方官	闰二月，龙图阁学士，知太原府；兼河东经略安抚使；转朝散大夫	元祐元年（1086）	五十二岁	《长编》卷369，元祐元年闰二月庚戌条；《长编》卷402，元祐二年二月甲辰条；《云阳曾氏十四修家乘》卷1《文肃家传》	司马光令其增损募役法，辞之，复外贬
	三月，知成德军（真定府）；转朝请大夫	元祐四年（1089）	五十五岁	《长编》卷424，元祐四年三月丁酉条；《云阳曾氏十四修家乘》卷1《文肃家传》	是年已加封鲁郡侯①
	正月二十四日，知河阳； 十二月二日，知青州	元祐五年（1090）	五十六岁	《长编》卷437，元祐五年正月庚寅条；《长编》卷452，元祐五年十二月壬辰条	以在太原日，武人宋整有罪当逮自杀，坐夺一官，徙知河阳
	复左朝请大夫	元祐六年（1091）	五十七岁	《云阳曾氏十四修家乘》卷1《文肃家传》	
	五月，知瀛洲	元祐七年（1092）	五十八岁	《长编》卷473，元祐七年五月甲辰条	
	转左朝议大夫	元祐八年（1093）	五十九岁	《云阳曾氏十四修家乘》卷1《文肃家传》	
中央官	四月，除翰林学士，知制诰，迁翰林学士承旨兼侍读；六月，拜中大夫、同知枢密院事	绍圣元年（1094）	六十岁	《宋史》本传；《长编拾补》卷9，绍圣元年四月庚戌、癸亥条；《长编拾补》卷10，绍圣元年六月癸未条；《宋宰辅编年录》卷10	是年，宋哲宗亲政。二月，曾布自瀛洲徙江宁。过京，留朝

① 曾布元祐元年七月的晋祠《祷雨题记》（载《金石续编》卷15）止自称“龙图阁学士、河东经略安抚使曾布”，其后元祐四年五月晋祠《告违题记》（载《全宋文》第42册，第232页）、元祐四年六月《谒李长者像题名》（载《全宋文》第42册，第235页）、元祐六年闰八月十五《宋云门山曾布题名》（载《益都金石记》卷3）皆加称“鲁郡候曾布”，可知曾布加封鲁郡侯应在元祐二年至元祐四年之间，姑且附于元祐四年。

续表

类别	职任	任职年份	任职年龄	史源	备注
中央官	闰二月，迁大中大夫、知枢密院事	绍圣四年（1097）	六十三岁	《长编拾补》卷10，绍圣四年闰二月壬寅条；《宋宰辅编年录》卷10	封鲁国公①
	进正议大夫	元符二年（1099）	六十五岁	《云阳曾氏十四修家乘》卷1《文肃家传》	
	正月，进右光禄大夫；八月，进左光禄大夫；十月，拜右银青光禄大夫、尚书右仆射兼中书侍郎	元符三年（1100）	六十六岁	《长编拾补》卷16，元符三年十月壬寅条；《宋宰辅编年录》卷11；《云阳曾氏十四修家乘》卷1《文肃家传》	是年正月，宋哲宗崩，曾布支持向太后策立徽宗
地方官	闰六月，罢相，为观文殿大学士、知润州；寻落职，提举亳州明道宫，太平洲居住；九月丁酉，降授中大夫守司农卿，分司南京，依旧太平洲居住；九月壬寅，贬武泰军节度副使，衡州安置；十二月癸丑，贬贺州别驾，依旧衡州安置	崇宁元年（1102）	六十八岁	《宋宰辅编年录》卷11；《长编拾补》卷19，崇宁元年闰六月壬戌条；《长编拾补》卷20，崇宁元年九月丁酉、壬寅条；《长编拾补》卷20，崇宁元年十二月癸丑条	
	六月，贬廉州司户参军，衡州安置	崇宁二年（1103）	六十九岁	《长编拾补》卷21，崇宁二年六月辛酉条	
	九月，徙舒州	崇宁四年（1105）	七十一岁	《长编拾补》卷25，崇宁四年九月己亥条	

① 曾肇《曲阜集》卷1《除曾布银青光禄大夫守尚书右仆射兼门下中书侍郎制》（元符三年十月八日下）有云："左光禄大夫、知枢密院事、上柱国、鲁郡开国公曾布。"可知曾布在知枢密院事时已加封鲁国公，姑且将其系于此年。

续表

类别	职任	任职年份	任职年龄	史源	备注
地方官	正月，复大中大夫、提举崇福宫，复上柱国鲁郡开国公食邑五千八百户实封一千八百户；三月，许还居里中润州，次年卒	崇宁五年（1106）	七十二岁	《云阳曾氏十四修家乘》卷1《文肃家传》；《长编拾补》卷26，崇宁五年正月庚戌、三月条；《宋史》本传；《长编拾补》卷28，大观二年六月戊申条；《宋史》卷22《徽宗四》	身后追赠：大观二年（1108）追复通议大夫、光禄大夫；大观四年（1110），复资政殿学士；政和三年（1113），复观文殿大学士；宣和七年（1125）十月，赐谥文肃

依据上表统计，在曾布约五十年的仕宦生涯中，历仁、英、神、哲、徽五朝，大抵是地方任职时间长，前后约三十八年，在中央任职时间短，前后约十二年。曾布第一次入职中央是参与王安石变法，因根究市易务案而引发了新党内部之争，出知地方。曾布第二次复起则借助了宋哲宗亲政的机会，入职中央，赞助“绍述”，虽然仅拜同知枢密院事、知枢密院事，但却是枢密院最高长官。当时章惇独相，宋哲宗更有意重用曾布，以牵制章惇，由此引发了章、曾权力之争。宋哲宗驾崩，曾布站在章惇的对立面，赞助向太后策立徽宗有功，进建中靖国之策，拜尚书右仆射兼中书侍郎，位极人臣，但却在与蔡京的争权中失利，入元祐党籍，祸及子孙。曾布深深卷入到北宋后期的变革与党争之中，在政坛上发挥了举足轻重的作用，其仕宦沉浮可称得上是观察北宋后期政局的一个绝佳视角。让我们先把目光投向曾布在熙宁变法中的表现。

第二节　投身新法阵营

嘉祐二年（1057）登科之后，曾布先后任宣州司户参军、调海州怀仁县令，苦于磨勘，在地方任职十余年之久，最终迎来姻亲王安石主导熙宁变法的契机，得以入朝，投身新法阵营，迅速地接近最高权力中心。

一、第一次入朝背景：熙宁变法与北宋新旧党的对立

庆历新政失败后，北宋士大夫的革新热情一度受到压制，但在仁宗嘉祐年间又逐渐高涨。苏轼（1037—1101）上呈《嘉祐制策》，提出了“安万民”“厚货财”“较赋役”“省费用”“均户口”等一系列主张；[①] 嘉祐三年（1058），王安石（1021—1086）进呈《上仁宗皇帝言事书》，这是十年后他推行熙宁新法的蓝本；[②] 嘉祐七年（1062），司马光（1019—1086）上《论财利疏》，[③] 讲的都是革新理财的道理，并提出了募役法的主张，这被认为是熙宁募役法的先河。与此同时，一些地方官员已经在进行局部变革。如，庆历八年（1048）至皇祐五年（1053），陕西转运使李参为解决兵士缺粮问题，先贷钱给百姓，待收获粮食后以粮偿贷，号“青苗钱”。后来王安石变法，其中“青苗法”即源于此。[④]

不久之后，革新机遇终于再次到来。治平四年（1067）正月，宋英宗病逝，年仅 20 岁的赵顼（1048—1085）即位，是为宋神宗。宋神宗是一位志在有为的青年君主，当他还是皇太子时，已经有开疆拓土之志。[⑤] 即位不久，宋神宗便向几位元老大臣请教如何开展富国强兵的大业，老臣富弼的回答是：“陛下即位之始，当布德行惠，愿二十年口不言兵。”[⑥] 这样的回应，不仅宋神宗不满意，也与士大夫的革新呼声相左。宋神宗最终选用了享有盛名的王安石作为实现自己宏图大略的重臣。当时“天下盛推王安石，以为必可致太平”，[⑦] 许多后来反对新法的士大夫也认为王安石拜相，是引导宋廷走出财政困境与

① 参见［宋］苏轼撰，（南宋）郎晔注《经进东坡文集事略》卷 15–18，四部丛刊本。

② 《临川先生文集》卷 39。

③ 《温国文正司马公文集》卷 23。

④ 《宋史》卷 330《李参传》，第 10619 页。

⑤ ［宋］蔡絛撰，冯惠民、沈锡麟点校：《铁围山丛谈》卷 1 载，时为皇太子的宋神宗“慨然兴大有为之志，思欲问西北二境罪。一日被金甲诣慈寿宫，见太皇太后曰：‘娘娘，臣著此好否？’曹后迎笑曰：‘汝被甲甚好。虽然，使汝至衣此等物，则国家何堪矣。’”中华书局 1983 年版，第 7 页。

⑥ 《宋史》卷 313《富弼传》，第 10254 页。

⑦ ［宋］朱熹：《三朝名臣言行录》卷 3 之 3《参政吴文肃公》，四部丛刊本。

政治危机的捷径，司马光在《与王介甫书》中诚恳地表达："窃见介甫独负天下大名三十余年，才高而学富，难进而易退，远近之士，识与不识，咸谓介甫不起则已，起则太平可立致，生民咸被其泽矣。天子用此起介甫于不可起之中，引参大政，岂非亦欲望众人之所望于介甫邪？"[①] 熙宁二年（1069）二月，王安石拜参知政事，拉开了变法的序幕，因而，王安石变法又称熙宁变法。

在这种背景下进行的熙宁变法本应受到朝中大臣的普遍支持。然而，在如何改造现实社会的具体原则和方法上，王安石与司马光、苏轼等人却存在重大分歧，主要集中在熙宁变法以"富国强兵"为导向的理财理念上，表现为以下几个方面：[②]

第一，在理财的原则上，王安石主张"开源"，司马光等人主张"节流"。司马光提出，"减节用度，则租税自轻，徭役自少，逋负自宽，科率自止"[③] 的主张，将减节用度作为解决财政危机的主要措施；苏轼也认为："广取以给用，不如节用以廉取之为易也。"[④] 王安石则对节用不感兴趣，《邵氏闻见录》卷 4 有这么一则记载："神宗天资节俭，因得老宫人言：祖宗时，妃嫔、公主，月俸至微，叹其不可及。王安石独曰：'陛下果能理财，虽以天下自奉可也。'帝始有意主青苗、助役之法矣。"他的理财之道是，"因天下之力以生天下之财，取天下之财以供天下之费"，侧重生财。[⑤]

第二，在理财的内容上，存在富国与富民之争。熙宁元年（1068）八月，变法尚未大规模推行之前，王安石与司马光之间有一次关于理财的著名辩论：

> （王安石）曰："国用不足，由未得善理财之人故也……善理财者，民不加赋而国用饶。
>
> （司马光）曰："善理财之人，不过头会箕敛以尽民财。……天地所

---

① 《温国文正司马公文集》卷 60。
② 参见拙作《"义利之辨"与北宋新旧党的对立》，《中州学刊》，2010 年第 3 期。
③ 《温国文正司马公文集》卷 43《谏西征疏》。
④ 《经进东坡文集事略》卷 18《厚货财一》。
⑤ 《临川先生文集》卷 39。

生货财百物止有此数，不在民间，则在公家。桑（弘）羊能致国用之饶，不取于民，将焉取之？”①

从中可以看出，王安石理财的根本目标是“民不加赋而国用饶”，即“富国”。他写的《兼并》一诗云：“三代子百姓，公私无异财。人主擅操柄，如天持斗魁。赋予皆自我，兼并乃奸回。奸回法有诛，势亦无自来。后世始倒持，黔首遂难裁。”②明显表达出这么一种观念，即一切财富应归皇帝所有，一切征收当归人主掌握，主要做法是由政府干预经济，不增加正税而扩大税源，通过“摧抑兼并”，把原来上层富民、兼并之家的财富转移到国家手中。均输、青苗、募役、市易等法即是按这一宗旨订立的，并取得了一定的效果。如：青苗法剥夺民间高利贷者的取息之利；募役法使原有免役特权的形势之家和寺院地主也按等第纳钱，上等户则是要交纳七倍于昔日的钱；均输市易法剥夺了大商巨贾垄断市场控制物价的特权，使他们失去大量商业利润，等等。

司马光则主张藏富于民，富民为先，他的理财标准是“仓库盈实，百姓富给，斯为善治财矣”。③苏轼完全赞同司马光的观点：“位之存亡寄乎民。民之生死寄乎财。故夺民财者，害其生者也。害其生者，贼其位者也。甚矣，斯言之可畏也。以是亡国者多矣。”④在他看来，若不是从富民入手来实现富国的目的，就必然会导致国家倾覆的后果。苏辙进一步指出，富人是国家的依靠，也是百姓的依靠：“州县之间随其大小，皆有富民，此势理之所必至……能使富民安其富而不横，贫民安其贫而不匮，贫富相恃以为长久，而天下定矣。”他对王安石破富民的行为痛恨不已：“王介甫，小丈夫也。不忍贫民而深疾富民，志欲破富民以惠贫民，不知其不可也。”⑤

第三，在理财的步骤上，司马光等人主张“渐变”，反对“骤变”。在短

---

①《温国文正司马公文集》卷39《八月十一日迩英对问河北灾变》。

②《临川先生文集》卷4《兼并》。

③［宋］司马光撰，胡三省注：《资治通鉴》卷73，烈祖明皇帝景初元年是岁条后，臣光曰，中华书局1956年版，第2329页。

④［宋］苏轼：《苏氏易传》卷8，载曾枣庄、舒大刚主编《三苏全书》第1册，语文出版社2001年版，第373页。

⑤［宋］苏辙：《苏辙集》卷73《诗病五事》，载《三苏全书》第18册，第233-234页。

短数年间，王安石将十几项改革全面铺开，当时的社会各阶层都不见得有这种精神和物质承受能力。司马光批评王安石变法步骤太急："治大国若烹小鲜。今介甫为政，尽变更祖宗旧法。生者后之，上者下之，右者左之，成者毁之，弃者取之，矻矻焉，穷日力继之以夜而不得息。使上自朝廷，下及田野，内起京师，外周四海，士吏兵农工商僧道无一人得袭故而守常者，纷纷扰扰，莫安其居。"[①] 苏轼也一贯主张"法相因则事易成，事有渐则民不惊"，对推行新法的宋神宗和王安石，进行了严厉的批评，认为他们太过急功近利了："陛下……不患不明，不患不勤，不患不断，但患求治太急，听言太广，进人太锐。"[②]

原本都有变法图强愿望的士大夫们最终因政见相左而分野，引发了北宋历史上最激烈的党争——北宋新旧党的对立。新法初行便遭到朝中多数大臣的反对，王安石不得不启用一批支持新法，资历尚浅且行政能力高的官员，曾布即是其中一个。

二、新党干将："其政皆出于布之谋，其法皆造于布之手"

熙宁二年（1069），曾布因韩维、王安石推荐，徙开封府任职。曾布虽因王安石推荐进用，但绝非趋炎附势的无能之辈，与曾氏家风一致，他有着积极进取，锐利勇为的作风，并显示出极高的行政能力。此前任海州怀仁县令时，曾布已经有良好的表现，曾巩作诗《喜二弟侍亲将至》，其序云"京师书多言二弟为县之美"，诗又云："嗟予怀抱徒蠢蠢，二弟胸中何落落。政如鲁卫各驰骋，文似机云饱磨琢。坐曹风义动江淮，为县声名到京洛。"[③] 曾布自身的政治观点也比较接近新党。熙宁三年（1070），曾布上书言"为政之本有二，曰：厉风俗，择人才。其要有八，曰：劝农桑，理财赋，兴学校，审选举，责吏课，叙宗室，修武备，制远人"，《宋史》本传认为"大率皆安石指也"，其实应该是曾布自己的认识，清人杨希闵即指出："所奏皆人人意中所有事，何必定出安石指……子宣非不能作文立论者，肯听人指授乎？"[④]

---

① 《温国文正司马公文集》卷 60《与王介甫书》。

② 《宋史》卷 338《苏轼传》，第 10811、10804 页。

③ 《曾巩集》卷 4，第 59 页。

④ ［清］杨希闵：《曾文定公年谱·附曾文肃文昭二公事略》，北京图书馆珍藏年谱丛刊本，第 14 册，第 281、282 页。

此后宋神宗召见，“论建合意”，[1] 曾布从此成为王安石变法的得力助手。

熙宁三年（1070），曾布为编敕删定官，立即上书指出当时所行律文的缺陷，请求予以刊正：“立法必本于律，律所未安，不加刊正，而独欲整齐一时号令，是舍其本而治其末也。”宋神宗“诏曾布条析具上。布言律《疏议》繁长鄙俚，及今所不行可删除外，凡驳其舛错乖谬百事，为三卷上之”。[2] 熙宁五年（1072）九月，曾布以检正中书五房公事，着手整顿全国账籍的混乱：“旧账案隶三司，自治平中至熙宁初，凡四年账未钩考者已逾十有二万，钱帛、刍粟积亏不可胜计。（熙宁）五年十一月，曾布奏，以四方财赋当有簿书文籍，以钩考其给纳登耗多寡。遂置提举账司，选人吏二百人，驱磨天下账籍，并选官吏审覆。”[3] 此事完成之后，曾布受到宋神宗的嘉奖，“翰林学士、右正言曾布迁一官，以详定天下账籍成故也。布辞迁官，止赐银绢三百”。[4]

投身新法阵营不久之后，曾布便参与了一系列新法的措置与推行。《宋史》本传言曾布“与吕惠卿共创青苗、助役、保甲、农田之法”，这不完全正确。曾布得以参与新法的措置，直接的起因是另一新党成员吕惠卿的暂时去职。熙宁三年（1070）九月，同判司农事吕惠卿以父丧去位，曾布代替吕惠卿同判司农寺，司马光云：“吕惠卿遭父忧，介甫未知腹心所托可与谋事者。布时以著作佐郎编敕，巧黠，善迎合介甫意，介甫悦之，数日间除中允、馆职、判司农寺。告谢之日，抱诰敕五六通。”[5] 此前，在吕惠卿的措置下，青苗法已推行，“改定役法一事”，吕惠卿亦提出“助役”的说法，曾布接手后，“寻奏改助役为免役，吕惠卿大恨之”。[6] 从此，种下了曾、吕二人不和的隐患。此外，新法中的养马法与保甲法的首尾本末也是曾布一人措置的，据《长编》卷 246，神宗熙宁六年八月戊戌条载：“翰林学士曾布等言：‘近司农寺请巡检置指使，保甲置契，罢巡宿等条约，奉旨令司农寺、兵部检正检详立法，

---

① 以上见《宋史》卷 471《曾布传》，第 13714 页。

② 《长编》卷 214，神宗熙宁三年八月戊寅条，第 5215 页。

③ 《宋史》卷 163《职官三》，第 3861 页。

④ 《长编》卷 244，神宗熙宁六年四月丙申条，第 5942 页。

⑤ ［宋］司马光撰，邓广铭、张希清点校：《涑水记闻》附录 3《温公琐语·王安石擢用曾布》，中华书局 1989 年版，第 385 页。

⑥ 《长编》卷 215，神宗熙宁三年九月乙未条，第 5237 页。

臣等今修成《义勇》《保甲》及《养马条》三卷。’诏兵部行之。”曾布在判司农寺、权三司使期间，还先后修订了《方田均税条约并式》《三司令式敕》《诸司库务条例》《一州、一县、一司、一务敕》《熙宁新编大宗正司敕》等条例。[①]

曾布也极力拥护王安石的地位，其检正五房公事时，“每事白王安石即行之。或谓布当白两参政，指冯京及王珪也。布曰：‘丞相已议定，何问彼为！俟敕出令押字耳！’”[②]此举引得台谏哗然，御史中丞杨绘、监察御史里行刘挚先后上书抗议曾布的这种举动。募役法初行，旧党大肆反对，杨绘、刘挚言助役有十害，王安石让张琥作十难以反驳他们，张琥推辞不作。曾布自动请缨为之，表现出善辩的才能，将“十害”条条驳倒，杨、刘二人在辩论中明显处于下风，杨绘甚至惶恐请曰：“臣愚不知助役之利乃尔，当伏妄言之罪。”[③]最终，杨绘落翰林学士、御史中丞之职，出知郑州；刘挚落馆阁校勘、察御史里行之职，外放监衡州盐仓。[④]

此外，曾布还干预太学生“非毁时政”的言论。《长编》卷226，神宗熙宁四年八月己卯条后，引《林希野史》云：“苏颂子嘉在太学，颜复尝策问王莽后周改法事，（苏）嘉极论为非，在优等。苏液密写以示（曾）布曰：‘此辈唱和，非毁时政。’布大怒，责（张）琥曰：‘君为谏官、判监，岂容学官生员非毁时政而不弹劾？’遂以示介，介大怒，因更制学校事，尽逐诸学官，以（李）定、（常）秩同判监，令选用学官，非执政喜者不预。”

由上可知，曾布在新法的措置推行及新旧两党的政治斗争方面都是十分投入的，宋神宗当时赞许他“诚宣力多”，[⑤]王安石更是倚仗其颇多，事无巨细，皆与其商议，旧党都知道“安石用曾布为腹心”，[⑥]刘挚云：“布为检正，判司

① 《长编》卷237，神宗熙宁五年八月甲辰条，第5783页；同书卷246，神宗熙宁六年八月甲申条，第5992页；同书卷247，神宗熙宁六年九月辛丑条，第6006页；同书卷251，神宗熙宁七年三月丙午条，第6113页。

② 《长编》卷220，神宗熙宁四年二月甲子条，第5346页。

③ 《邵氏闻见录》卷13，第143页。曾布驳杨、刘二人之文，见《长编》卷225，熙宁四年七月戊子条，第5469–5474页。

④ 《长编》卷225，神宗熙宁四年七月丁酉条，第5488页。

⑤ 《长编》卷225，神宗熙宁四年七月丁酉条，第5478页。

⑥ 《长编》卷237，神宗熙宁五年八月癸卯条，第5778页。

农寺，安石托以腹心，故其政皆出于布之谋，其法皆造于布之手。”①

第三节　与吕惠卿之争：根究市易务违法案

曾布作为新党的中坚力量，仕途上春风得意，但是，熙宁七年（1074），他卷入了新党的内部斗争，直接导致了新党内部的第一次分裂，自身在仕途上也遭受重大挫折。事情起因于曾布根究市易务违法案。

市易法是为摧抑兼并、增加国家财政收入而制定的“理财”新法之一，市易务是市易法的执行机构。熙宁七年（1074）三月丁巳（二十日），因不断有人控告吕嘉问提举市易务多有违法之事，宋神宗屡次诘问中书不得要领，于是夜下手札，命曾布调查此事。曾布奉命后找监市易务魏继宗询问，查明提举市易务的大臣吕嘉问的确有掊克违法之事，并上奏宋神宗。王安石却认为曾布所揭发的不是实情，要求增派吕惠卿参与调查。曾布与吕惠卿共同根究市易务违法案，二人意见相左。吕惠卿庇护吕嘉问，双方各持己见，冲突日趋激烈。在强大的压力下，王安石愤然辞职，于熙宁七年四月十九日正式罢相，吕惠卿由翰林学士提升为参知政事，接替王安石主持变法。自此以后，形势突转，对曾布极其不利。同年五月二十四日，宋神宗应吕惠卿之请，令章惇、曾孝宽就军器监立专案审查曾布所究市易事，曾布一向与章惇有嫌隙，结果可想而知。八月十七日，军器监审查市易事终于结案。权三司使曾布以“不觉察吏人教令行户添饰词，理不应奏而奏”和“所陈治平财赋，有内藏库钱九十六万缗，当于收数内除豁，布乃于支数除之……当奏事诈不实”二罪，落职知饶州；都提举市易司吕嘉问也以“不觉察杂买务多纳月息钱”，出知常州。②

曾布根究市易务违法案的概貌大致如上。这场斗争的是非曲直究竟如何呢？宋代以来一直有着不同的看法：吕惠卿、王安石认为曾布想“沮坏新法”，

---

① 《长编》卷369，哲宗元祐元年闰二月甲辰条，第8900页。

② 《长编》卷255，神宗熙宁七年七月壬午条，第6237页。

南宋学者李焘说曾布投机：“初，市易之建，布实同之，既而揣上意疑市易有弊，遂急治嘉问。”[①]清人杨希闵则认为曾布论市易事“甚当”，“甘逆安石以去位”，[②]是有风骨的表现。直到今天，仍是众说纷纭。[③]因此，弄清根究市易务案纷争的真相，是正确评价曾布的前提，同时可以让我们对当时的党争发展形势有一个清晰的整体把握。

一、谁是根究市易务案的真正发动者?

要准确了解曾布根究市易务的动机，首先必须弄清谁是这场斗争的真正发动者。根究市易务违法事并非曾布提出，实乃宋神宗首启之。宋神宗与王安石在市易法推行的问题上存在一定的分歧。市易法的本意是在汴京设都市易司，边境和大城市设市易务，又由政府指派提举官，吸收守法的可合作的商人担任监官、勾当公事官，召募诸行铺户和牙人充当市易务的行人和牙人，在官员的约束下担当货物买卖工作。外来客商将货物卖给市易务，由行人、牙人一道公平议价，客商愿与市易务中的其他货物折合交换，也尽可能给予满足。市上滞销货物也由市易务收购，市场短缺时再卖出。这就限制了大商人对市场的控制，有利于稳定物价和商品交流，也增加了政府的财政收入。市易法还规定：参加市易务工作的行人，可将地产或金银充抵押，由五人以上相互作保，向市易务赊购货物，酌加利润在市上售卖，货款在半年至一年内偿还，年利 2/10，过期不归另加罚款。这实际上是市易务批发、行人零售，对商业贸易实施国家垄断，也会损害一些中小商户的利益。熙宁五年（1072），宋神宗曾就这一问题向王安石提出过疑问：“闻市易买卖极苛细，市人籍籍

---

① 《长编》卷 255，神宗熙宁七年八月壬午条，第 6237 页。

② 《曾文定公年谱·附曾文肃曾文昭二公事略》，北京图书馆珍藏年谱丛刊本，第 14 册，第 283 页。

③ 有人指责曾布背叛新法、见风使舵，如：吕一燃先生《吕惠卿与王安石变法》（载《史学月刊》，2003 年第 2 期）一文即作如是观；但也有人为之平反辩护，如：俞兆鹏先生《论所谓曾布“反对市易法”的问题》（载《中国史研究》，1985 年第 4 期）、李涵先生《从曾布根究市易违法案的纷争看新党内部的矛盾与问题》（载《宋史研究论文集》〈一九八四年年会编刊〉，浙江人民出版社 1987 年版）二文均认为曾布是坚定的变法派，其根究市易务并不等于反对市易法，而是针对市易务中的种种违法行为；刘子健先生《王安石曾布与北宋晚期官僚的类型》（台湾《宋史研究集》［第 3 辑］，台北中华书局 1966 年版）一文则认为“曾布未必不投机，也未必纯出于投机”。燕永成《北宋变法派首次分裂问题试探》（载《文史哲》，2011 年第 2 期）一文指出，市易违法案深层次原因源于曾布、吕惠卿二人同朝共政时，职位变动诱发出个人性格品质与思想路线的冲突。

怨谤，以为官司浸淫尽收天下之货自作经营……或云吕嘉问少年不练事，所置勾当人尽奸猾，嘉问不能检察。”王安石当即否认了市易务有措置不当之事。[①] 同年十月，华州山崩，旧党文彦博借助天人感应说，以此附会为市易司不当差官自卖果实所致，宋神宗即向王安石提议："市易卖果实，审有之，即太繁细，令罢之如何？"[②] 而王安石以为官未尝自卖果实。熙宁七年（1074），天久不雨，各地旱情严重，百姓流离失所，旧党再次附会天变攻击新法，宋神宗不得不再次考虑市易法的得失。熙宁七年（1074）三月癸丑（十六日），宋神宗欲罢成都市易务，以为“天旱民饥，且欲省事”，[③] 三月戊午（二十一日），宋神宗与王安石论及市易法，再次提出罢去市易务中的部分细微事务："市易，如米麦之类能平价便民，固好；其他细微须害细民，缘市易务既零卖，即民间零卖不得。”这个提议被王安石再次否决后，宋神宗忍不住说出了更为严厉的话："近臣以至后族无不言不便，何也？两宫乃至泣下，忧京师乱起，以为天旱更失人心如此。”而王安石却始终坚持市易法并无问题，直指“太皇太后阁臣伪作姓名过状，诬告市易司官员”，竭力为吕嘉问辩护。[④] 次日（三月二十日），宋神宗夜下手札给市易务的上属长官——权三司使曾布："闻市易务日近收买货物，有违朝廷元初立法本意，颇妨细民经营，众语喧哗，不以为便，致有出不逊语者，卿必知之，可详具奏。”[⑤] 宋神宗此举，分明是对市易务持不信任态度，他的这种传令方式也颇值得玩味，为何不公开下道诏令，而是通过“夜下手札”这种相对秘密的形式来传达呢？很明显，无论是旧党对市易法的攻击，还是新党为市易法的辩护，宋神宗感觉均无法完全信任，此次调查，他希望以一种相对隐秘的方式进行，尽量排除党派的外力干涉，以期探明市易法纠纷中的事实真相。

促使宋神宗这样做，当时旧党围攻的压力是一个因素，此外还应有更深层次的政治原因。宋神宗是北宋历史上较有作为的皇帝之一，他深感要改变

---

① 《长编》卷 236，神宗熙宁五年闰七月丙辰条，第 5736、5737 页。
② 《长编》卷 240，神宗熙宁五年十一月丁巳条，第 5826 页。
③ 《长编》卷 251，神宗熙宁七年三月癸丑条，第 6118 页。
④ 《长编》卷 251，神宗熙宁七年三月戊午条，第 6124–6125 页。
⑤ 《长编》卷 251，神宗熙宁七年三月丁巳条，第 6133 页。

王朝积弊，必须变法。在变法初期，宋神宗把王安石视作“师臣”，言听计从，但随着时间的推移及自身政治经验的日益积累，他也逐渐对变法有了自己的理解和主张，加上旧党对新法的猛烈攻击，宋神宗对王安石的信任态度有所动摇，他希望在变法中能更多地体现自己的意志。[①] 如，熙宁四年（1071），章惇在措置夔州路差役法时过于轻率，宋神宗不顾王安石的反对将章惇撤换下来。[②] 熙宁五年（1072）九月，安石欲除程昉为押班，争辩了很久，宋神宗始终不同意；[③] 是年十一月，宋神宗与枢密院研究永兴军、青州、渭州等长吏人选，也没有采纳王安石的意见。[④] 然而，王安石却是一个非常自信和执拗的人，以为自己变法处处都对，宋神宗稍有异议，即请求去位罢相，从熙宁三年（1070）至熙宁七年（1074），他先后五次提出辞位请求。宋神宗最终绕过王安石，直接命令曾布根究市易务，就是这种矛盾冲突的结果。

宋神宗的态度才是市易务案发动的根源所在，若非如此，曾布身为新党，绝无可能主动攻击市易法，自毁前程。事实是皇帝亲自下令调查，曾布为自身前途考虑，自当权衡利弊。此时，他在朝廷中的地位正受到吕惠卿的威胁。吕惠卿是另一位新党元老，博学多才。变法伊始，他就参与了青苗诸法的措置推行，颇受宋神宗与王安石的器重，不幸于熙宁三年（1070）以父丧去位，王安石以曾布接替其位。因此，吕惠卿的资历本在曾布之上。熙宁五年（1072），吕惠卿复职，地位反在曾布之下。吕惠卿本来就是一个忌妒心强的人，宋神宗评价其“但才能过己便忌嫉”，“忌能、好胜、不公”，[⑤] 如此一来，双方矛盾就不可避免了。

吕惠卿的复职也动摇了曾布的地位。此前，朝中变法人才不足，曾布职任繁多，颇受重用。如，熙宁四年（1071）二月，宋神宗言知制诰陈绎“制辞不工，欲用曾布，疑布所领事已多。王安石曰：‘布兼之亦不困。’遂以布

① 关于宋神宗与王安石在争夺变法主导权上的矛盾问题，崔英超、张其凡师《宋神宗在熙丰变法中主导权的逐步强化》（载《江西社会科学》，2003 年第 5 期）一文有详细分析，可供参考。

② 《长编》卷 222，神宗熙宁四年四月丁巳条，第 5398 页。

③ 《长编》卷 238，神宗熙宁五年九月己酉条，第 5794–5795 页。

④ 《长编》卷 240，神宗熙宁五年十一月壬戌条，第 5830–5831 页。

⑤ 《长编》卷 264，神宗熙宁八年五月丁亥条，第 6480 页。

直舍人院。”[1] 熙宁四年（1071）八月，宋神宗因曾布判司农寺事务繁忙，欲用曾孝宽取代其五房检正一职，被王安石给否决了；[2] 熙宁五年（1072）闰七月，宋神宗想暂时差遣曾布前往河东措置保甲法一事，也被王安石阻止了，按照王安石的说法：“（曾）布今所领事，不可一日令它人为之。”[3] 随着吕惠卿回朝，这一局面发生了变化。吕惠卿回朝后除都检正，宋神宗当即想罢免曾布检正中书五房公事一职，王安石以“得两人协济，则臣愚短庶几寡过”为由，保留了曾布这一职任。熙宁五年（1072）十二月，吕惠卿任知制诰，曾布因之罢知制诰迁翰林学士，王安石又想让曾吕二人并任知制诰，被宋神宗拒绝后，转而请留曾布修中书条例，宋神宗明确表示：“惠卿吏文尤精密，不须留布也。”[4] 宋神宗还有“惠卿最先宣力”“惠卿胜曾布”[5] 之语。熙宁七年（1074）二月，吕惠卿恢复判司农寺之职，[6] 曾布随之迁权三司使。表面上看，曾布是升迁了，实际上离变法的中心阵营更远了。北宋前中期，财政大计归三司，宰相与枢密院原则上不得与闻。熙宁二年（1069），王安石创建了制置三司条例司，作为财政改革的领导机构，权力凌驾于三司之上。熙宁三年（1070）五月，宋神宗诏罢制置三司条例司，其大量事权转移到了司农寺。司农寺既是财务机构，又是推行新法的政务机构，制订和颁发了募役法、方田均税法、保甲法，督领各路提举常平司及其官署，掌管常平钱、免役钱、坊场钱、青苗法、农田水利法的继续实施。三司的财计大权其实早已被架空了。

曾吕不和的隐患在曾布改吕惠卿之助役为免役（募役）时已种下，此时，双方虽未明争，暗斗却实有之。吕惠卿判司农寺之后，多方挑剔前任曾布的所为，多次申请按察本寺“元法措置未尽”及“官吏推行多违法意”之事，意图倾摇曾布，但未得逞，《长编》引魏泰《东轩笔录》云：“熙宁已来，凡近臣有夙望者，同列忌其进用，多求瑕累以沮之，百端挑动，以惑上听。曾

---

① 《长编》卷 220，神宗熙宁四年二月辛酉条，第 5342 页。
② 《长编》卷 226，神宗熙宁四年八月辛酉条，第 5501 页。
③ 《长编》卷 236，神宗熙宁五年闰七月乙丑条，第 5746 页。
④ 《长编》卷 241，神宗熙宁五年十二月乙未条，第 5884 页。
⑤ 《长编》卷 238，神宗熙宁五年九月丁未条，第 5790 页。
⑥ 《长编》卷 250，神宗熙宁五年二月己巳条，第 6081 页。

子宣罢司农也，吕吉甫代之，遽乞令天下言司农未尽未便之事。”[①] 吕惠卿还时常在言语上攻击讥讽曾布，史载：“曾子宣、吕吉甫同为内相，与客啜茶，注汤者颇数。客云：‘尔为翰林司，何故不解点茶？’吉甫云：‘翰林司若尽会点茶，则翰林学士须尽工文章也。’意讥子宣，缘此遂相失。”[②] 综观二人的矛盾冲突，多为吕惠卿挑衅在先，曾布的资历在其下，只得隐忍不发。

此外，曾布与市易务提举吕嘉问之间也存在矛盾。《长编》卷 251，神宗熙宁七年三月是月丁巳条记载：

> 初，吕嘉问以户部判官提举市易务，挟王安石势，陵慢三司使薛向，且数言向沮害市易事，安石信之。其实向于嘉问未尝敢与之校曲直，凡牙侩市井之人有敢与市易争买卖者，一切循其意，小则笞责，大则编管。嘉问自知不直，虑间己，故先以沮害加之，使其言不信于安石。市易本隶三司，而嘉问气焰日盛，三司固多出其下。及曾布代向为三司使，素知嘉问骄恣，怀不能平，又闻上数以市易苛细诘责中书，意欲有所更张，未得间也。

曾布是性格强硬之人，自然不甘久屈人下。根究市易法，一则可以压制骄纵的下属，二则可以得君王之心，增加自己的政治筹码。笔者以为，这就是促使曾布毅然将市易务掊克违法之事如实上奏的原因所在。

此后，曾布与吕惠卿因根究市易务案大起冲突，双方矛盾愈演愈烈，许多学者因此将注意力集中于新党内部矛盾方面，而忽略了宋神宗才是这一案件的真正发动者这一事实。新党内部的矛盾固然在此案中暴露无遗，但宋神宗与王安石在市易法上的分歧也是客观存在的另一对矛盾，而后者才是市易务案的真正导火线。曾布在这场斗争中站在了宋神宗这边，他主观上并无“沮坏新法”之意，魏泰《东轩笔录》卷 4 云：

---

① 《长编》卷 251，神宗熙宁七年三月甲寅条、条后，第 6120 页。

② ［清］丁传靖辑：《宋人轶事汇编》卷 13“曾布”条，引《珍席放谈》，中华书局点校本，2003 年第 2 版，第 697 页。

> 曾布为三司使，极论京师市易不便，其大概以为天下之财匮乏，良由货不流通，货不流通，由商贾不行，商贾不行，由兼并之徒巧为挫抑，故朝廷设市易司于京师，以售四方之货，常低昂其价，使高于兼并之家，低于倍蓰之直，而官不失二分之息，则商贾自然无滞矣。虽然官中非觊利也，特欲抑兼并耳，必也官无可买，官无可卖，即是兼并不敢侵谋，而市易之法行也。今吕嘉问提举市易，乃差官于四方买物货，集客旅，须候官中买足，方得交易，以息钱多寡为官吏殿最，故官吏牙人唯恐裒之不尽，而取息不夥，则是官中自为兼并，殊非置市易之本意也。

从曾布所论市易法的内容来看，他攻击的不是市易法本身，而是吕嘉问违反市易法本意的不法行为。当查明市易务违法实情后，曾布也是先向王安石汇报，明确表示："布翌日当对，欲悉以此白上。"得到王安石默许后，曾布再上奏宋神宗。① 王安石曾就根究市易务一事指责宋神宗："布且如此，陛下岂可不知其故？若陛下以一德遇群臣，布知利害所在，必不至此，陛下岂可不思？"②

二、宋神宗与新党内部的第一次分裂

曾布根究市易务很大部分是遵从了宋神宗的意志。当时的形势对新党极其不利，尤其是光州司法参军、监安上门郑侠绘《流民图》上呈宋神宗，更使宋神宗的变法态度产生动摇，《宋史》卷321《郑侠传》描述道："（郑侠）疏奏，神宗反复观图，长吁数四，袖以入。是夕，寝不能寐。翌日，命开封体放免行钱，三司察市易，司农发常平仓，三卫具熙河所用兵，诸路上民物流散之故。青苗、免役权息追呼，方田、保甲并罢，凡十有八事。民间欢叫相贺。又下责躬诏求言。越三日，大雨，远近沾洽。辅臣入贺，帝示以侠所进图状，且责之，皆再拜谢。"一时间，新法面临夭折的危险。皇权高高在上，王安石等人当然不可能去指责宋神宗，于是曾布就成了他们攻击的焦点，由

---

① 《长编》卷251，神宗熙宁七年三月是月丁巳条，第6133–6134页。

② 《长编》卷264，神宗熙宁八年五月丁卯条，第6461页。

此导致了新党内部的第一次公开分裂。

当时，市易务的确存在违反市易法本意的行为，[1]但王安石对此自有自己的看法。王安石深知变法必定要“言利”，他曾理直气壮地宣称：“市易务若不喻于利，如何勾当？……况喻于利，如何可废！”[2]尽管吕嘉问搜刮市易息钱不择手段，但客观上也增加了国家财政收入，且在一定程度上达到了“抑兼并”的成效。因此，从于国有利的角度出发，王安石很欣赏吕嘉问的行政能力，在他看来，即使吕嘉问有不当之处，那也是瑕不掩瑜，他认为吕嘉问受众人攻击的原因是：“缘尽力则犯众怨，犯众怨则中伤以法，而朝廷或不能察，不能察则反得罪”，熙宁八年（1075），市易法再度推行，王安石即云：“陛下必欲修市易法，则须却令嘉问领市易。”[3]曾布根究市易务使新法陷入艰难的境地，王安石护法心切，于是他坚决否认曾布揭发的市易务违法事实，武断地认定曾布弹劾吕嘉问是为了泄私忿，对曾布由信任转向痛恨，目之为“沮害”新法的反复小人。他首先以辞相要挟，迫使宋神宗派吕惠卿与曾布共同根究市易务，后又出面干涉曾布出榜募人告发吕嘉问藏匿涂改市易司案牍的行为，吕惠卿与曾布本来就不和，更是借此机会对曾布进行排挤。《长编》卷251，神宗熙宁七年三月乙丑条记载：

> 曾布既受诏同吕惠卿根究市易事，或为布言：“中书每以不便事诘嘉问，嘉问未尝不巧为蔽欺，至于案牍往往藏匿改易，如不惩革此弊，虽根究无以见其实。”布又闻嘉问已呼胥吏持案牍还私家隐藏更改，遂奏乞出榜以厚赏募告者。明日，（二十六日）上批：“依奏付三司施行。”布即榜嘉问所居。又明日，（二十七日）惠卿至三司，召魏继宗及行人问状，无一有异辞者。惠卿退，以继宗还官舍，诘布所以辟继宗为指使

---

① 关于吕嘉问提举市易务掊克违法之事可参见俞兆鹏《论所谓曾布“反对市易法”的问题》（载《中国史研究》，1985年第4期）、李涵《从曾布根究市易违法案的纷争看新党内部的矛盾与问题》（载邓广铭等主编《宋史研究论文集》，浙江人民出版社1987年版）二文。二文于此都有精妙的分析，大体以为，吕嘉问提举市易务以多收息钱为经营目标，挟官府之势，垄断市场、扩大经营范围，贱买贵卖，牟取高利，完全失去了市易法的本意。珠玉在前，笔者在此不复赘言。

② 《长编》卷264，神宗熙宁八年五月丙子条，第6468页。

③ 《长编》卷261，神宗熙宁八年三月己未条，第6366页。

> 缘由，再三诱胁继宗，令诬布以增加所言。继宗不从，反具以告布。惠卿又遣弟温卿密造王安石言张榜事，且曰："行人辞如一，不可不急治继宗，若继宗对语小差，则事必可变。"而嘉问诉于安石尤切，安石欲夜收张榜，左右白以有御宝批，乃止。

先是吕嘉问篡改案牍，接着是吕惠卿逼魏继宗反诬曾布，王安石阻止张榜，而曾布由于有神宗的支持，态度也十分强硬，双方争斗已经发展到白热化的程度。王安石罢相后，又推荐吕惠卿执政，为以后继续打击曾布做了铺垫。曾布最终受打击固然与王安石的反对和吕惠卿的排挤有关，但宋神宗态度的转变才是他在此案中惨败外贬的最重要原因。

宋神宗对曾布根究此案的态度经历了一个"授权—支持—抛弃"的转变过程：神宗先是瞒着王安石令曾布根究市易务，其初见曾布奏对，"览之矍然，喜见于色"，当曾布提醒他案件还需要复查，宋神宗却声称："朕久已闻之，虽未经覆案，思过半矣。"① 尽管王安石力保吕嘉问，但宋神宗还是命令曾布与吕惠卿共同根究复查此案。《长编》卷 252，神宗熙宁七年四月庚午条又载："是日（四月三日），中书奏事已，上谕及市易利害，且曰：'朝廷所以设此者，本欲为平准之法以便民，《周官》泉府之事是也。今正尔相反，使中平之民如此失业，不可不修完其法也。'"表达了其修正市易法的决心。至四月十六日，神宗态度突然发生变化，史称："曾布、吕惠卿同根究市易事，凡三五日一对。上初以布为是，已而中变，从惠卿请，送魏继宗于开封府，令所属知在。"且关照曾布："惠卿不免共事，不可与之喧争，于朝廷观听为失体。"② 数日后（四月十九日），王安石罢相，推荐吕惠卿代替自己主持变法。③ 五月，神宗听从吕惠卿的建议，派历来与曾布有矛盾的章惇来办理根究市易务一案，彻底抛弃了曾布。

宋神宗抛弃曾布，并非是由于发现了曾布个人有何过错。《长编》卷

① 《长编》卷 251，神宗熙宁七年三月辛酉条，第 6134 页。
② 《长编》卷 252，神宗熙宁七年四月癸未条，第 6159 页。
③ 《长编》卷 252，神宗熙宁七年四月丙戌条，第 6170 页。

253，神宗熙宁七年五月辛酉条记载了曾布外贬之前同宋神宗的最后一次对话：

> 中书户房比对市易务，及曾布根究市易违法事，诏章惇、曾孝宽就军器监置司根究以闻。吕惠卿又令户房会计治平、熙宁财赋收支之数，与布所陈皆不同，上令布分析所以不同因依具奏。后八日布对于延和殿，言户房所以不同之故，上以布言为然。布因言市易已置狱，朝夕窜黜，自尔必无繇复望清光，上曰："卿为三司，案所部违法有何罪？"布曰："陛下以为无罪，不知中书之意如何。况臣尝自言与章惇有隙，今乃以惇治狱，其意可见。"上曰："有曾孝宽在，事既付狱，未必不直。"布曰："臣与惠卿争论职事，今惠卿已秉政，势倾中外，虽使臣为狱官，亦未必敢以臣为直，以惠卿为曲。然臣为翰林学士、三司使，地亲职重莫如；臣所陈之事，皎如日月，然而不得伸于朝廷，孤远之士，何所望于陛下。都邑之下，人情汹汹，怨嗟沸腾，达于圣听，然而不得伸于朝廷，海隅苍生何所望于陛下。臣得罪窜鼠谪，何所敢辞，至于去就，亦不系朝廷轻重，但恐中外之士，以臣为戒，自此议论无敢与执政不同者尔。"上慰劳之曰："卿不须如此。"自尔不复请对，后八十余日乃贬。

从中我们可以看到，吕惠卿等人为曾布在根究市易务案中所定的两大罪状，在宋神宗看来其实是不成立的：一是户房统计的治平、熙宁财赋收支之数与布所陈不同之事，"上令布分析所以不同"之故，"上以布言为然"；二是曾布在根究市易务中"不应奏而奏"之罪，宋神宗明确表态："卿为三司，案所部违法有何罪？"

但最终曾布还是以此二罪被贬，于当年八月出知饶州。[①] 宋神宗坐看其外贬而不救，原因究竟何在？宋神宗态度的转变明显是发生在王安石罢相前后。宋神宗下令根究市易务，一方面源于旧党的政治压力，另一方面也与其同王安石的分歧有关，这两种矛盾随着王安石的去位在一定程度上都已经有

① 《长编》卷 255，神宗熙宁七年八月壬午条，第 6237 页。

所缓解。熙宁八年（1075）二月，王安石第二次拜相，宋神宗已不再对他言听计从,《长编》卷278,神宗熙宁九年十月丙午条后,引吕本中《杂说》云:“王安石再相,上意颇厌之,事多不从。安石对所厚叹曰:‘只从得五分时也得也。’”南宋朱熹亦云：“神宗尽得荆公许多伎俩，更何用他？到元丰间，事皆自做，只是用一等庸人备左右趋承耳。”[①] 因此，从某种意义上说，宋神宗根究市易务的目的已经达到了，变法的主导权已经成功地转移到自己的手中。另一方面，此时新党内部也是人心惶惶，继续根究市易务恐怕会动摇整个变法的根基。而宋神宗根究市易务的本意并非是要罢废新法，他一向很欣赏吕惠卿的才干（前已论及，宋神宗认为“惠卿胜曾布”），还想依仗其继续维持变法，吕惠卿资历尚浅，宋神宗是可以控制大局的。出于这种考虑，在处理此案时，宋神宗自然就向吕惠卿倾斜了。曾布落职，可以安抚吕惠卿等人，稳定新党人心；而吕嘉问亦降职外贬，也算是对一直攻击市易法的旧党有个交代。宋神宗这样安排，正是从维系变法的大局和当时政治斗争的形势来全盘考虑的，曾布则成为这场斗争的牺牲品。

三、“权谲自喜”：曾布政治个性的初步形成

根究市易务案是新党内部的第一次公开分裂，暴露出了新党内部的矛盾问题。其实，所谓新旧党派的划分本身就是一个比较模糊的概念，它是适应当时的政治形势而产生的，凡是支持王安石变法的就是新党，反之，就是旧党，但双方内部的政治理念是否真的高度统一，是应该提出疑问的。就新党内部来说，投身新法变革的人可以分为三种情况：第一类如王安石者，献身于富国强兵的远大目标，不计较个人名利得失，有强烈的政治理念；第二类人对变法运动有一定的信念与操守，但在政治上比较注重名利得失，对个人的仕宦前途考虑得比较多；还有一类完全是趋炎附势的投机者，他们出入于新旧两党之间，哪方得势即支持哪方，一旦政局有变，即改投他方阵营，如杨畏之流，时人目之为“杨三变”。[②] 由于新党并不是一个意志统一的团体，于是当遇到利益冲突的时候，它就会有分裂的可能性。曾布与吕惠卿在市易务上

---

① 《朱子语类》卷130《自熙宁至靖康用人》，第3096页。

② 《宋史》卷355《杨畏传》，第11184页。

的纷争应该还是属于新党内部纷争的性质，部分学者将其定位为一场变法与反变法的斗争，笔者于此不敢苟同。

绍圣初，新党再次当政，但新党内部再次暴露出不能团结一致的弱点，曾布处于新党内争的中心，加剧了政局的复杂性。他不仅千方百计压制吕惠卿复职，且与章惇之间的争斗也颇为激烈，至宋徽宗继位，曾布又利用章惇反对立宋徽宗这一事实，将其排挤出朝，结果鹬蚌相争，给蔡京掌握大权提供了机会。新党内部的纷争构成北宋后期政治的一个重要特点，追根溯源，这一矛盾在根究市易务案中已经显现了。

根究市易务案显示出曾布有热衷于政治权力的一面，但他大致上还应属于上述新党中的第二类人，还是有一定政治操守的。《宋史》卷471《曾布传》载："元丰末，复翰林学士，迁户部尚书。司马光为政，谕令增损役法，布辞曰：'免役一事，法令纤悉皆出己手，若令遽自改易，义不可为。'"曾布因此再度外贬。新党中的另一人物蔡京则积极响应司马光的号令，史载："司马光奏乞复行差役旧法，既得旨依奏，知开封府蔡京即用五日限令开封、祥符两县如旧役人数，差一千余人充役。亟诣东府白光，光喜曰：'使人人如待制，何患法之不行乎！'"[①]两相比较，曾布还算是有底线的。王安石虽然排斥曾布，也不得不承认他是始终坚持新法可行之人。

根究市易务案也表现出曾布性格上孤傲强硬的一面。在与宋神宗的最后一次对话中，曾布已知难逃外贬命运，但其并无片言哀求乞怜之语，而是理直气壮，质问神宗为何不能伸张正道，并自此不再请见宋神宗。曾布外贬，"舍人许将当制，颇多斥词"，心中不安，于是拜见曾布为自己辩解，本有抚慰讨好之意，不料曾布说了一段宋祁为晏殊草制的故事，反将其讽刺了一番："昔晏元献公当国，[宋]子京为翰林学士，晏爱宋之才，雅欲旦夕相见，遂税一第于旁近，延居之，其亲密如此。遇中秋，晏公启宴，召宋……翌日罢相，宋当草词，颇极诋斥……方子京挥毫之际，昨夕余酲尚在，左右观者亦骇叹。

① 《长编》卷367，哲宗元祐元年二月丁亥条，第8834页。

盖此事由来久矣,何足校耶! ”[①] 清人缪荃孙评价其“权谲自喜”,[②] 正是曾布这一政治性格的最好概括。

曾布也因为自身孤傲的政治个性，在很长一段时间内左右不逢源，同时被新旧两党排挤。熙宁八年（1075），王安石重登相位，吕嘉问即调回京师，依旧控制市易诸务。宋神宗想重新召用曾布，却被王安石阻拦了，曾纡为其父作《释诬》云：“熙宁末，神宗复用先公为北门学士，王荆公奏云：‘陛下无以其刀笔小才，而忘其滔天大恶。’盖以论市易事不同而去，其恶之深如此也。”[③] 元丰三年（1080）闰九月，曾布受诏改知秦州。秦州为边郡，曾布过阙入朝谢恩时，以母亲年老需要奉养为由请求改任，宋神宗将其改判将作监，却最终被台谏官朱服、舒亶弹劾出朝。[④] 值得注意的是，舒亶是新党，曾与李定同劾苏轼，炮制了“乌台诗案”。朱服则与新党格格不入，生平所为更倾向于旧党，史载：“元丰中，（朱服）擢监察御史里行。参知政事章惇遣所善袁默、周之道见服，道荐引意以市恩，服举劾之”，朱服与苏轼友善，宋徽宗朝“坐与苏轼游，贬海州团练副使，蕲州安置”。[⑤] 其时，包括旧党在内的多数大臣视曾布因根究市易务案而外贬为新党内部的纷争，双方是为了争权，无所谓是非，李焘说“议者亦不直布”，[⑥] 指的就是这种现象。

元丰七年（1084）十二月，曾布为母朱氏夫人服丧期满，借此契机，宋神宗欲重新启用曾布，下诏复曾布翰林学士之职。然次年三月，宋神宗驾崩，宋哲宗即位，五月，曾布还朝迁户部尚书，他的老对手御史中丞刘挚随即上章弹劾：“今役法新改，方讲画条目，其事之首尾根本，皆在户部，而使（曾）布典领，虽朝廷命令，布无敢违，然诡情异意，必不肯以前日为非，而协力成就今日之新法，恚憾在职，实非所宜……宜在所贬废。”[⑦] 而曾布不迎合司马光改定募役法，更坐实了刘挚的言论，最终被旧党排挤出知太原府。

---

① 《东轩笔录》卷 10，第 111 页。
② ［宋］曾布撰，顾宏义校点：《曾公遗录》附录《清缪荃孙后跋》，中华书局 2016 年版，第 379 页。
③ 《长编》卷 271，神宗熙宁八年十二月庚寅条后，第 6633 页。
④ 《长编》卷 311，神宗元丰四年正月甲寅条，第 7542 页。
⑤ 《宋史》卷 347《朱服传》，第 11004 页。
⑥ 《长编》卷 255，神宗熙宁七年八月壬午条，第 6237 页。
⑦ 《长编》卷 369，哲宗元祐元年闰二月甲辰条，第 8901 页。

部分旧党人士还将对曾布的厌恶之情投射到其弟曾肇身上。元祐元年（1086）十一月，曾肇自起居舍人迁中书舍人，侍御史王岩叟连上八章弹劾，大致云曾肇“天资甚陋，人望至卑。早乘其兄布朋附王安石，擅权用事，朝廷美爵，如取于家，故肇因缘得窃馆职”，“肇虽资材鄙下，不能如布之奸凶，而性行阴柔，实亦群邪之党与”；[①] 殿中侍御史吕陶接着上四章再论其事，大有曾肇不去职不罢休之意，所幸朝廷没有大搞连坐，曾肇任中书舍人之职如故。

但曾布的运气就没那么好了，从元祐元年（1086）闰二月外贬至绍圣元年（1094）四月入朝，八年间曾布调职于地方，历知太原府、成德军、河阳、青州、瀛洲。《长编》卷 449，元祐五年十月癸巳是日条后云：曾布于元祐五年正月二十四日“自太原移河阳”，误，应为“自成德军移河阳”，据《长编》卷 424，元祐四年三月丁酉条载：“龙图阁直学士、知太原府曾布知成德军。”此次从成德军移知河阳，起因于曾布知太原府时，将官宋整被判有罪之后触石自杀身亡之事，时过境迁，中书舍人王岩叟与御史中丞梁焘上章请求追究曾布“蔽于谗谄，不究下情”之罪，朝廷下诏曾布“特降一官”，徙知河阳。[②] 这是旧党对新党的打压，当时新党人士境遇多与曾布类似，宋哲宗亲政后新党掌权，左司谏张商英曾扬言，愿“章惇无忘汝州时，安焘无忘许州时，李清臣、曾布无忘河阳时”，力主对旧党实施报复。[③]

---

① 《长编》卷 392，哲宗元祐元年十一月戊寅条，第 9523、9526 页。

② 《长编》卷 437，哲宗元祐五年正月庚寅条，第 10546、10548 页。

③ ［清］黄以周等辑注，顾吉辰点校：《续资治通鉴长编拾补》（简称《长编拾补》）卷 14，绍圣四年二月庚辰条注，引陈桱《通鉴续编》，中华书局 2004 年版，第 555 页。

第三章

策位枢府：赞助"绍述"与曾布章惇蔡卞之争

从熙宁七年（1074）八月降职外任以来，曾布绝大部分时间内都辗转于各个地方之间，直至绍圣元年（1094）方重得重用，而在这二十年间，北宋政治形势已经发生了急剧的变化。元丰八年（1085）三月，宋神宗病逝，新即位的哲宗皇帝尚且年幼，"军国事并太皇太后权同处分"。[①] 政治倾向于旧党的太皇太后高氏垂帘，这给了旧党复起的机会。在高氏垂帘听政的八年中，旧党打着"元祐更化"的旗帜，对新党进行肆无忌惮的打击和排挤。为了彻底根除新党势力，旧党甚至不惜利用所谓的"车盖亭诗案"，将曾任宰相的新党大臣蔡确贬死岭南，开宋朝因政见不同重贬士大夫至岭南的先例，这成为激化乃至毒化新旧党争的转折点。新旧党争的性质已从宋神宗时期的政见之争转化成意气之争，为以后新党上台采取更残酷的报复性措施埋下了伏笔。

元祐八年（1093）九月，太皇太后高氏去世，宋哲宗亲政，政风再次发生逆转。宋哲宗重新启用新党，将元祐九年改元为"绍圣"元年，进行"绍述"，"绍述"，即继承和恢复熙丰新法之意。曾布以此为契机得以复起。绍圣元年（1094）四月，曾布入京，为翰林学士，同年六月，拜同知枢密院事，绍圣四年（1097）二月，升迁知枢密院事，独掌枢府，成为政坛上的一个实权人物。从元祐八年（1093）至元符三年（1100），在宋哲宗亲政的这七年中，新党对旧党的报复性倾轧与无情打击贯穿始终，而新党内部的矛盾倾轧也是

---

① 《长编》卷353，神宗元丰八年三月戊戌条，第8465页。

当时政局的一大特点，对于当时朝中党争与政局的发展，曾布的影响力不可低估。

第一节　“毅然中立”：曾布与哲宗朝的党派之争

在沉沦八年之后，新党之所以能东山再起，与宋哲宗的政治取向密切相关。元祐年间，处于政治斗争狂热中的旧党集团倚仗高太后之势，并不把宋哲宗这个小皇帝放在眼里，王夫之有论云：“（元祐党人）拥女主以行其志，后（笔者按，指高太后）一日不死，天子一日隅坐画诺，如秉笔之内竖，奉教而行。”[①] 当宋哲宗掌权后，确立自己的帝王尊严，惩治昔日漠视其存在的旧党集团，成为当务之急。而元祐期间，旧党专注于政治斗争，“皆与王安石已死之灰争是非，寥寥焉无一实政之见于设施”，[②] 宋哲宗多年冷眼旁观，对此有一定的认识。宋哲宗崇拜其父宋神宗之业，亲政后，自然要将宋神宗的政治理念继承下来，以铲除国家积弊。因此，恢复熙丰新法和对旧党的清算成为宋哲宗亲政后的主要举措。为达到这一目的，启用新党就是必然的了。而经历了“元祐更化”之后，新旧两党的关系早已扭曲恶化，这就决定了宋哲宗与新党大臣章惇、蔡卞等人在主持恢复新法与清算旧党的活动时，情绪不可能非常理性。宋人邵伯温（1055—1134）说章惇作相，“专务报复”，[③] 应是事实，但参与报复的不仅是章惇一人，而是包括宋哲宗在内的整个新党集团。

王夫之云：“绍圣之所为，反元祐而实效之。”[④] 新党上台后采取的报复手段比元祐旧党要残酷得多。元祐中，旧党只是将蔡确一人贬过岭海，而绍圣新党则将元祐党人的关键人物集体流放到岭南远恶军州，旧党臣僚对此惊呼：“故老、元辅、侍从、台省之臣，凡天下之所谓贤者，一日之间，布满岭海，

---

① ［清］王夫之撰，舒士彦点校：《宋论》卷 7《哲宗》，中华书局 1964 年版，第 140 页。
② 《宋论》卷 7《哲宗》，第 142 页。
③ 《邵氏闻见录》卷 15，第 165 页。
④ 《宋论》卷 7《哲宗》，第 141 页。

自有宋以来，未之闻也。”[①] 而将打击面扩展到已故的元祐党人和元祐党人子孙身上，则是绍圣新党的首创。如绍圣初，宋哲宗下诏追夺司马光、吕公著等人的赠官、谥号及所赐神道碑；[②] 绍圣末，追贬吕公著昌化军司户参军、司马光朱崖司户参军，[③] 又下诏限制被贬谪者亲属的行动自由。[④] 可见，绍圣新党在报复旧党的同时，明显带有使整个旧党集团在仕途上永不翻身的目的。

曾布就是在这种背景下重新入朝的。他的政治取向表现得有些复杂与乖异，与新党人士章惇、蔡卞等人最初尚能合作，不久便势同水火，再度陷入了新党内部的矛盾纷争。

一、曾布对旧党态度的演变

绍圣初期，共同的命运、政治上共同的利害关系将曾布与整个新党集团联系在一起，在打击旧党、奉行“绍述”方面，他与整个集团是步调一致的。章惇拜相，时为翰林学士的曾布为其草写了一篇评价极高的制词。此后，曾布开始与章惇等人联手打击旧党。《宋史》称曾布助章惇甚力，“请甄赏元祐臣庶论更役法不便者，以劝敢言。惇遂兴大狱，陷正人，流贬镌废，略无虚日，布多阴挤之”，[⑤] 应不为虚言。

绍圣元年，新党刘奉世过都入觐，欲述朋党倾邪之状。宋哲宗将听任其来，为曾布所阻止：“元祐变先朝法，无一当者，奉世有力焉，最为漏网，恐不足见。”[⑥]《长编纪事本末》卷 120《久任曾布》还记载了他攻击司马光的一段言论：

> （曾）布曰：“司马光之徒内怀怨望，每事志于必改。先帝以纯臣之

---

① 《宋史》卷 346《龚夬传》，第 10983 页。

② 《长编拾补》卷 10，绍圣元年七月丁巳条，第 433 页。

③ ［宋］徐自明撰，王瑞来校补：《宋宰辅编年录校补》卷 10“绍圣四年三月”，中华书局 1986 年版，第 636 页。

④ 《长编纪事本末》卷 102《逐元祐党人（下）》云：绍圣四年正月，“应绍圣二年十二月十五类定姓名责降人宫观、居住，及勒停、安置分司散官，子孙弟侄各不得住本州；邻州内子孙，仍并与次远路分合入差遣；已授未赴并见在任人并罢。”第 3251 页。

⑤ 《宋史》卷 471《曾布传》，第 13715 页。

⑥ 《宋史》卷 319《刘奉世传》，第 10389 页。

礼待之，而用心如此，其为背负先帝，情最可诛。”……布又曰：“誉光者乃闾巷小人耳，如王安石、臣兄巩皆有学识之士，臣自少时已闻两人者议论，以为光不通经术，迂僻不知义理，其他士大夫有识者亦皆知之，如孙觉亦能知之。众人所是当以理察之，若天下公是公非，何可不以为信？”上欣然听纳，喜见于色。

这足以看出曾布当时的政治态度。文彦博去世后，曾布又对宋哲宗云：“老而不死，终被谪命乃即世……臣常以谓背负先帝莫如此人。”[①] 此语也可谓刻薄。绍圣三年（1096），宋哲宗下诏罢免富弼配享宋神宗庙庭，曾布也极力支持。[②] 章惇等人把从元丰八年至元祐九年四月的臣僚章疏及陈请事逐名编类，据此论罪，曾布主动提出枢密院与三省一起编类元祐臣僚章疏，《长编纪事本末》卷101《逐元祐党人（上）》载：“（绍圣二年）十二月乙酉，曾布言：‘文彦博、刘挚、王存、王岩叟辈，皆诋訾先朝，去年施行元祐之人，多漏网者。’曰：‘三省已得旨编类元祐以来臣僚章疏及申请文字，密院亦合编类。’上以为然。”

当时，朝野上下只恐元祐党人复用，任何与旧党有关联的人都成为防范和打击的对象，朝中官吏品评与任免的标准也从传统的品行、才能方面，逐渐转变为着眼于党派的分属。以党划人，“同我者用之，异我者斥之”是党争激化的必然结果。曾布也是这一标准的奉行者，《长编》中有许多这方面的记载：

（元符元年五月）癸酉，给事中范镗言，秘阁校理、知随州赵叡除司封郎中录黄，未敢书读。诏赵叡除命勿行。（二十二日除。）先是，上询曾布：“叡何如人？”布曰：“场屋中有声，但以吕大防荐官职，及外议皆云是大防门下士。”[③]

---

① 《长编》卷487，哲宗绍圣四年五月丁巳条，第11563页。
② 《长编拾补》卷13，绍圣三年二月壬申条，第503页。
③ 《长编》卷498，哲宗元符元年五月癸酉条，第11861页。

上问曾布曰："（陈）实如何？"布曰："实亦惺惺晓事，但林希尝言其以女嫁苏辙子，陛下必得知。"上曰："然。"又曰："乃章惇甥也。"后又语及，布因言实两女嫁辙二子。上曰："不如是，亦可使尔。"[①]

凭借一系列积极的政治举动，曾布很快在朝中站稳了脚跟，位居枢府，跻身绍圣新党党魁行列。但是，绍圣、元符间新党对旧党无情的倾轧只是其政治形势的一个方面，与此对应，曾布在党争中的表现也不像目前为止所表述的这样单纯。当旧党人士被相继排斥出朝，新党地位日益巩固之后，新党内部团结一致的局面也随之瓦解，新党内部的矛盾冲突构成了当时政坛斗争中的又一重要内容，新党领袖均卷入其中，曾布的政治活动与政治态度也随之变得复杂和乖异。

曾布首先改变了对旧党的严厉态度。参与"编类元祐臣僚章疏"是曾布主动提出的，但此后他又说："今方编排章疏，中外人情不安，恐难施行。"[②]旧党曾经在元祐特立一司，名"理诉所"，专门为在宋神宗熙宁元丰年间被打压者翻案，新党即设立"管勾看详诉理所"，使在元祐中被昭雪者重新获罪，曾布提出："诉理之人若于先朝言有不顺，此天下之所共怒，自当行法。臣今日所陈无他，但愿朝廷守已降诏旨，勿令议论者更有所增加尔。"[③]也就是说，他希望能将打击面控制在一定范围内。曾布还屡次请求宋哲宗缓和对元祐党人的惩治。曾布又以"爱惜人才"为由提出："近岁得罪外补之人，一切不召，恐未安。愿更留圣意。"[④]吕大防、刘挚贬谪岭南，曾布趁星变宋哲宗求直言之机，建议将他们迁移近地，"以感召和气"。[⑤]他还将旧党陈瓘、张庭坚引入枢密院，并建议宋哲宗用陈瓘为台谏或侍从官。[⑥]

章惇等人兴"同文馆之狱"，倡"宣仁之诬"，这种迫害旧党的极端行为，

① 《长编》卷 499，哲宗元符元年六月乙巳条，第 11889–11890 页。
② 《长编纪事本末》卷 101《逐元祐党人（上）》，第 3246 页。
③ 《长编》卷 502，哲宗元符元年九月丁巳条，第 11958 页。
④ 《长编》卷 487，哲宗绍圣四年五月丁巳条，第 11536 页。
⑤ 《长编》卷 491，哲宗绍圣四年九月癸亥条，第 11654 页。
⑥ 《长编》卷 492，哲宗绍圣四年十月甲午条，第 11686 页。

曾布也没有参与。同文馆之狱事起于太皇太后高氏垂帘听政，刘挚、吕大防为相时，前宰相文彦博之子文及甫在老家居丧，他曾被刘挚弹劾外调，这次恐除丧后不得京官，便致书好友邢恕发泄忧虑与愤恨，有“司马昭之心路人皆知，济之以粉昆，朋类错立，欲以眇躬为甘心快意之地”等语，其中“司马昭”指刘挚；“粉昆”指韩忠彦，因宋人称驸马为粉侯，昆，兄弟也，恰好韩忠彦之弟韩嘉彦娶公主，是驸马都尉；“眇躬”则指文及甫自己。邢恕本来知道其意所指，但却在宋哲宗亲政后唆使已故新党领袖蔡确之子蔡渭，于绍圣四年（1097）八月上奏朝廷，曲解此书，作为刘挚等旧党领袖意图倾危社稷的证据。其中“司马昭”仍指为刘挚，“粉”则改指王岩叟，以其面白如傅粉，“昆”则改指另一新党梁焘，字况之，以况为兄，故称昆，“眇躬”则改指宋哲宗，大致认为刘挚等新党意图废宋哲宗，改立新帝。[①] 于是宋哲宗下令置狱同文馆，逮捕文及甫审问此事。此狱由蔡京主治，章惇在其后推波助澜，牵连甚多，始终无从考实。

早在绍圣初年，邢恕已在章惇面前编造：宋神宗晏驾，元丰八年（1085）三月范祖禹自洛阳应召入京，司马光送别之时对其发出“主少国疑，宣训事不可不虑”之言。宣训是北齐娄太后所居宫殿的名字，娄太后废其孙少主高殷，改立其子常山王高演，邢恕造此语，是想诽谤已故的太皇太后高氏——宣仁太后想勾结大臣王珪立其子岐王赵颢，连司马光对她都有疑虑。邢恕还怂恿宣仁太后的表弟高士京上告：元丰末王珪曾向其父高遵裕打探宣仁太后的废立之意。章惇等最初只是以此攻击司马光恶意诽谤宣仁太后，大臣王珪有废立之意，追贬司马光为朱崖军司户参军，追贬王珪为万安军司户参军。[②] 同文馆狱兴起之后，章惇等将已经外贬的宣仁太后旧时宫官陈衍、张士良逮捕入狱重新审讯，意图以废立之事牵连太皇太后高氏。章惇、蔡卞已做好废宣仁太后为庶人的诏书，并奏请宋哲宗到宣仁太后灵前宣读施行，宋神宗皇后

---

① ［宋］陈均编，许沛藻等点校：《皇宋编年纲目备要》卷 24，绍圣四年八月条，中华书局 2006 年版，第 603 页。

② 《长编》卷 486，哲宗绍圣四年四月辛丑条，第 11538-11539 页；《长编》卷 486，哲宗绍圣四年四月丁未条，第 11553、11555-11556 页。

向太后听闻此事后，连夜至宋哲宗面前号哭，进言罢狱。[①]“同文馆之狱”与“宣仁之诬”最终不了了之。

曾布对上述案件的态度与章惇等人格格不入。据《长编》记载，在王珪被追贬之时，曾布已经意识到此事追查下去很可能会牵连到宣仁太后，与同在枢府的大臣林希向宋哲宗表示“宣仁亦必无此心”，极力维护太皇太后高氏的声誉。在撰写王珪追贬诰词之时，曾布又向章惇提议在诰词中增加四句：“先帝付托，群臣所知；太母睿明，圣德无爽。”章惇迫于朝堂压力，接受其建议，将这四句改为“昭考与子之意，素已著明；太母爱孙之慈，初无间隙”，宋哲宗对所增四语极为赞赏，云：“极当！”[②]至“宣仁之诬”兴起，曾布又利用独身奏对的机会，提醒宋哲宗一味追查谋废立之事的危害：“此岂唯伤先帝笃爱兄弟之恩，兼形迹宣仁，于国体岂为稳便，如此则上累圣德不细。”[③]这么看来，曾布对宣仁太后是有维护之功的。

不过，此类记载来源于《曾布日录》，不排除掺杂了曾布自我邀功粉饰的成分。李焘将其修入《续资治通鉴长编》时，也是半信半疑，云：“其言信否，当考。欲著蔡京等恶逆情状，故表而出之。然布当时位冠枢府，独不能为哲宗稍言之，可怪也。或者疑布所录多假托撰造之词，固亦不可知。”[④]笔者认为，无论曾布如何粉饰，他至少没有参与“同文馆之狱”“宣仁之诬”，这是可以肯定的。但正如李焘所言，曾布也没有明确为宣仁太后辩诬，这是因为曾布身为新党领袖，不可能公然与章惇唱反调，自绝于新党。此时曾布与章惇等其他新党领袖的矛盾已经显露，加上宋哲宗感念宣仁太后的抚育之情，对这一案件的态度暧昧，曾布利用独身留对的机会坚定宋哲宗放弃追究的决心，则是完全有可能的。

二、曾布与其他新党领袖的矛盾

曾布的这种行为与朝野上下唯恐打击旧党不力的氛围极不协调，他与其他新党成员的矛盾也日益激烈。绍圣三年（1096）九月，曾布上《劾蔡卞章

---

① 《长编》卷495，哲宗元符元年三月戊午条，第11773页。

② 《长编》卷486，哲宗绍圣四年四月丁未条，据《曾布日录》修，第11553页。

③ 《长编》卷495，哲宗元符元年三月辛亥条，据《曾布日录》修，第11765页。

④ 《长编》卷486，哲宗绍圣四年四月丁未条后，第11554页。

惇奏》云：“蔡卞最阴巧而章惇轻率，以相媚说，故多为其所误。凡惇所主张人物多出于（下）[卞]，至议论之际，惇毅然如自己出，而卞噤不启口。外议皆云蔡卞心，章惇口，如此实于圣政有害。政府虚位甚多，愿早择人以助正论。”[①] 在蔡氏兄弟中，曾布尤忌蔡京，曾在宋哲宗面前宣称：“用京不若用卞……卞读书畏义理，诚与京不同。”[②]《宋史》卷472《蔡京传》亦记载：“（蔡）京觊执政，曾布知枢密院，忌之，密言卞备位承辖，京不可以同升，但进承旨。”

曾布经常在宋哲宗面前揭发章、蔡等人结党的行为，“大约今日士人，皆分隶惇、卞门下”，[③] 并暗示宋哲宗当防止章、蔡专权，《长编》卷488，哲宗绍圣四年五月辛未条载：

（曾布曰）：“臣自初秉政，即尝奏陈，以谓先帝听用王安石，近世罕比，然当时大臣议论者不一，终不斥逐者，盖恐上下之人与安石为一，则人主于民事有所不得闻矣。此何可忽也？”上曰：“冯京辈皆是。”布曰：“非独京辈，先帝曾谕臣：‘王珪虽不言，亦未必不腹诽也。’今三省无一人敢与惇、卞异论者，许将辈见差除号令有不当，但郁悒而已……今上下人情如此，愿陛下以先帝御安石之术为意。”

宋朝天子为强化皇权，本就有在宰执中“异论相搅”的传统，曾布劝宋哲宗“以先帝御安石之术为意”，这无疑是离间宋哲宗与章、蔡君臣关系的最好手段，又可以为自己与其他新党的争权行为作一合理解释，也就是说，自己与章蔡“异论”，是从朝廷的利益出发。

章惇与蔡卞兄弟的矛盾也是曾布在宋哲宗面前屡屡提及的话题，《长编》卷495，哲宗元符元年三月辛亥条记载：

（曾布又言）：“陛下知章惇、蔡卞近来相失，每事更相猜贰，议论

① ［宋］撰者佚名，汪圣铎点校：《宋史全文》卷13下，中华书局2016年版，第888页。
② 《长编》卷499，哲宗元符元年六月丙申条，第11884页。
③ 《长编》卷510，哲宗元符二年五月戊申条，第12134页。

之际，互相观望，莫肯启口，以致差除不能佥谐，往往引二三人取决圣断。”上曰：“近来多如此，何为若此相失？”布曰：“大约皆谋身而已。昔相朋比，今相疑忌，莫非为私计，未尝志于国事……而惇尤疑蔡京，以其在经筵，时时造膝，阴有所伤中。”上曰：“惇深不乐京。”布曰：“京兄弟气焰，人无不畏之者，唯臣一人不畏之。臣自谓致身于此，当以义理自恃，何敢畏人。惇以引蔡肇、安师文为京等所指目，深恐中其谗间，蔡京在经筵，卞在政府，两人窥视而交攻之，惇不得不惧，以此于议事，但容默而已。”

曾布在宋哲宗面前揭发章惇与蔡卞兄弟之间的矛盾，其中的攻击之意是非常明显的，曾布还借此来贬低章惇的行政能力，“惇、卞相得，故惇于卞言无不听；及与卞相失，则卞多持其所短，故惇畏之，不敢不从，但赔笑而已，众莫不笑之。今朝廷政事一出于卞，惇无敢违者……惇短处多，故不能弹压众人，人皆不畏之，而未免畏人也”①。

曾布还每每指论某人为章惇或蔡卞门客，在他们仕途上设置障碍，借以削弱章、蔡的政治势力。如绍圣四年（1097）十一月，曾布与宋哲宗商议官吏任免时即云：“他人，臣所不敢及，如刘拯、邓棐，必不可用。拯（笔者按，为蔡卞门人）交通，陛下所知，棐粗尤甚……蔡蹈知久权殿中，必不免次补，若更用棐，即是蔡京所荐，岂得稳便？”宋哲宗表示赞同。②

曾布更极力压制吕惠卿的复起，③这固然与其同吕惠卿的宿怨有关，但部分原因也是由于吕惠卿与章惇的关系非同一般。元符元年（1098），宋哲宗对曾布言及：“方泽诚可罪，只是（章）惇门人，故主张他。”曾布便立即指

---

① 《长编》卷506，哲宗元符二年二月乙未条，第12062页。

② 《长编》卷493，哲宗绍圣四年十一月戊戌条，第11714页。

③ 《长编拾补》卷11，绍圣元年十月辛巳条（第451页）记载：“资政殿学士、知江宁府惠卿知大名府。三省、枢密院同呈吕惠卿除目，曾布、韩忠彦曰：‘若惠卿在朝，善人君子必无自立。’上曰：‘只令知北京，岂可留也！’”《长编》卷487，绍圣四年五月己未条（第11564页）又载，吕惠卿因措置边事，进筑城寨甚力，章惇为其求功，曾布极力反对而不得，吕惠卿终迁右银青光禄大夫。《长编》卷499，哲宗元符元年六月戊子条（第1187页）又载，章惇欲任用吕惠卿兄弟“帅长安”“帅延安”，曾布出面向宋哲宗告发，使得章惇的打算落空。

出章惇举荐吕惠卿也是出于私交：“（方）泽本（吕）惠卿亲党，然惇于惠卿亲党，过于己亲党，无不主张者……惠卿作执政时，惇乃门下士，邓绾曾攻之，云为刎颈之交，半夜之客。昨既复用，许力引惠卿为右相，陛下固尝宣谕。”[①]

与此同时，曾布又保护拉拢与章惇、蔡卞不合者。御史董敦逸、陈次升有上章弹劾章惇的行为，曾布便在宋哲宗面前对二人屡加赞赏，予以保全；[②]陈瓘、张庭坚等因攻击章惇、蔡卞等人而受排挤，曾布将他们引入枢府加以保护，并在宋哲宗面前称赞其敢言，为其开解：“若使立朝者，人人不敢与惇、卞不同，此岂得稳便？陛下欲闻外事，何可得耶？”[③]蔡卞为此抱怨道：如有官吏为“三省所恶，西府必收之。政如熙宁王安石有所为，则吴充等未尝不立异也”。[④]这也能解释曾布对旧党态度的转变。事实上，在对待元祐问题上与中书唱反调，正是曾布与章惇等人争权的一种手段。同文馆之狱兴起之后，曾布便告诫宋哲宗，责人过多，将不利王朝的稳定，并影射章惇等人所为只是“大抵多报私怨耳”。[⑤]有旧党渊源的韩忠彦也曾在元符末说自己“昨在外保全，及召还，皆子宣力”。[⑥]

在新旧党争与新党内部派系之争并存的复杂的政治形势下，曾布逐渐淡化了与旧党的矛盾，将政治策略的重心转移到新党内部争斗上，又一次在新党内部争斗中扮演了重要角色。不可否认，权力之争是一个重要的诱发因素。曾布某些维护旧党的言行更多的是从自己的政治利益出发，并不代表其倾向旧党，他对常安民的排击就很能说明这一点：“曾布初与（章）惇不合，见安民数论惇事，意谓附己，每于上前称之，谓近来言事官敢言、不阿附无

---

① 《长编》卷 498，哲宗元符元年五月癸酉条，第 11861–11862 页。

② 《长编》卷 492，哲宗绍圣四年十月癸未条后，引《曾布日录》载：“（曾布云）：‘臣于陛下前无所不道，敦逸尤不为蔡卞所悦，陈次升则惇所不喜。敦逸既逐，次升愈孤，愿更赐保庇。’上云：‘好！’退以告林希。”第 11677 页。

③ 《长编》卷 492，哲宗绍圣四年十月甲午条，第 11686 页。《宋史》卷 471《曾布传》言：“惇以士心不附，诡情饰过，荐引名士彭汝砺、陈瓘、张庭坚等……布以为无益之事。又奏：‘人主操柄，不可倒持，今自丞弼以至言者，知畏宰相，不知畏陛下。臣如不言，孰敢言者？’”第 13716 页。此记载与本文所引的曾布保护陈瓘等人的史实矛盾，刘子健先生在《王安石曾布与北宋晚期官僚的类型》一文中，经考证亦认为其不可信，当为公论。

④ 《长编》卷 492，哲宗绍圣四年十月甲午条，据《曾布日录》载，第 11686 页。

⑤ 《长编》卷 506，哲宗元符二年二月乙未条，第 12062 页。

⑥ 《长编拾补》卷 16，元符三年六月辛亥条，第 601 页。

如常安民者。及安民论布任枢密院与惇互用亲故，布始怨怒，欲逐安民。乃乘间袖安民旧与吕公著书以进，谓安民在元祐中上吕公著书，乞消灭先朝奸党。”[①]

与此同时，曾布个人的仕宦经历与姻亲关系网也是影响其政治取向的重要因素。很明显，在新旧两党之间，曾布与新党成员的积怨更深。曾布因根究市易务案被贬在外，绍圣中方得重用，其间饱受二十年辗转之苦，贬谪他的并非旧党，恰恰是新党人士。经历了多年的宦海浮沉，曾布对于政局险恶是有一定认识的，据王明清《挥麈录》前录卷之3记载：“曾文肃帅定，一日晨起，忽语诸子曰：‘吾必为宰相，然须南迁。’启其所以。公曰：‘吾昨夕梦衣十郎绿袍，北向谢恩，岂非它日贬司户之徵乎！’后十年，果登庸。”“南迁”即贬谪岭南。此条记载之事发生在宋哲宗亲政的一年前，曾布已经敏感地觉察到新党复起之日为期不远，在期盼仕途重现辉煌的同时，也表现出他面对激荡反复政局而产生的畏惧不安心理。其中，如何处理与新党成员的旧怨对他来说应该是个很棘手的问题。入朝后，曾布首先极力反对宿敌吕惠卿还朝。此前，曾布与章惇并没有发生过直接冲突，曾布最初也有意协调好两人的关系，在章惇拜相时为其撰写了一篇赞誉极高的制词，希望章惇能引荐自己入三省。但章惇是吕惠卿的门生，转而想援引吕惠卿为执政，为曾布所阻，两人关系遂恶化。其后，章惇安排心腹林希入枢密院牵制曾布，但林希是曾氏姻亲，曾巩的儿子曾绾娶了林希的女儿，[②]结果林希倒戈曾布，让章惇大为恼火。[③]蔡卞则是王安石的女婿，生性惧内，朝堂大事多与其妻王安石之女谋划定度。[④]而王安石曾经因根究市易务案罢相，对曾布深恶痛绝，有这一层关系在内，曾布对蔡卞兄弟也颇为忌惮。更重要的是，章惇、蔡卞当权之

---

① 《长编拾补》卷12，绍圣二年九月壬戌条，第482页。

② 民国《二源曾氏族谱》卷2《南丰源流总图》。

③ 据《长编拾补》卷14，绍圣四年二月壬寅条载：“章惇之初拜相也，曾布在翰林，章惇制词，极其称美，望惇用为同省执政；惇忌之，止拜同知枢密院。于是，又迁知枢密院。故事，枢密院日得独对。乃疑布，更引希同知枢密院，使察之。希寻为布所诱，亦忤惇。布与惇益不合。”第559–560页。

④ ［宋］周煇撰，刘永翔校注：《清波杂志校注》卷3《七夫人》：“蔡卞之妻七夫人（注：王安石次女），颇知书，能诗词。蔡每有国事，先谋之于床第，然后宣之于庙堂。时执政相语曰：‘吾辈每日奉行者，皆其咳唾之余也。’”中华书局1994年版，第130页。

后，欲全面恢复王安石法度，其中就包括曾布反对的市易法，这使得曾布与章、蔡二人在政事上也存在一定冲突。

曾布与旧党成员之间则有着说不清道不明的牵连。曾氏姻亲中有声名赫赫的元祐党领袖苏轼、苏辙兄弟，他们是新党重点打击的对象。曾布之弟曾肇虽未被列入旧党名册，却在元祐时期曾经受到重用，并与苏辙结成姻亲之好。宋哲宗亲政后尽复熙丰之法，尽逐元祐之人，曾肇却于元祐八年（1093）十月上《荐章处厚吕南公秦观状》，其中秦观是苏门四学士之一；绍圣元年（1094）闰四月，曾肇调知杭州，过阙入见，又上书提醒宋哲宗广开言路，提防“乘间投隙以奸言私说惑乱圣德者”。[①] 由此可见曾肇之不合时宜。绍圣四年（1097），章惇等人攻击前史官范祖禹等在修撰《神宗实录》时有讥讪言语，范祖禹被降罪，曾肇在元祐时期曾参与修撰，亦被降调滁州。[②]

至于曾布本人，元祐中虽然被旧党打入王安石亲党与蔡确亲党行列，但他早在熙宁七年即已外贬，反而因此远离了朝中政治斗争的漩涡，并未受到过激的迫害，交游者中也不乏旧党人士。曾布与苏轼有通信往来；[③] 在知广西之时与反对王安石新法的刘谊交游密切。刘谊曾作《曾公岩记》盛赞曾布治理一方之德，云：“邦人乐公之德政，而愿以曾公名其岩，以比甘棠之思。余故为书之，且以告后人，收入为□经盛事云。”清人因此发出疑问：“（曾）布以赞行新法起官，刘谊以论新法去官，气味不侔矣，而踪迹亲密，记多谀词，何也？”[④] 这是因为北宋新旧党争最初起于政见之争，双方都是为国事而争，不涉及私人恩怨，私下交往中互相欣赏是完全有可能的，只是后来陷入相互报复的意气之争，君子小人的界线遂泾渭分明。

这些牵扯使得曾布无法彻底摆脱与旧党的联系，对严厉打击旧党的行为自然就怀有顾虑。尤其是章惇等人大搞“连坐”亲属之法，说不定哪天这把大火就会殃及曾氏家族与曾布自身。曾布也的确经历过这么一场风波。曾布

---

① 《曲阜集》卷2《荐章处厚吕南公秦观状》《上哲宗皇帝乞诏天下皆得直言及百官次对》。

② 《曲阜集》卷4《（曾肇）行状》。

③ 曾枣庄等主编：《全宋文》卷1895，巴蜀书社1994年版，第43册，第398–402页。

④ ［清］谢启昆：《粤西金石略》卷4《刘谊曾公岩记并唱和诗》（元丰二年），载《宋代石刻文献全编》，北京图书馆出版社影印清嘉庆六年铜鼓亭刻本，2003年版，第4册，第225页。

三姐嫁给了王安石之弟王安国，育有二子：王斿、王旉。绍圣年间，王斿在京任提举榷货务，元符元年（1098）六月，台谏官以“在京举辟处，不得举执政有服亲”为由暗中攻击曾布，并告发王斿乃苏轼、苏辙门生，结果王斿罢职，曾布引咎辞职，宋哲宗不许。[①] 同年九月，又有大臣告发：王安国对其兄王安石变法颇多非议，在熙丰时期被斥，元祐年间王斿、王旉为其父上书昭雪，有“冤抑未除”“先臣不幸不得出于此时”等大逆不道、诋毁宋神宗之语。宋哲宗亲自询问此事，王斿、王旉得罪被贬官，曾布被迫向宋哲宗辩白自己元祐时期不在京师，不知王斿等人有这类文字。[②] 这一系列事件很明显是章惇等人想借助清算元祐党来倾摇曾布，大臣黄履论及其事云：“（章）惇平时与（曾）布笑语甚欢，才背后便别。”许将亦云：“此其小者，其他毁伤之语，有大于此者非一。”[③]

在党祸日甚一日的政局中，谁也不能保证本党或自己在政治上能永远立于不败之地，而一旦受祸，后果则不堪设想。绍圣四年（1097）二月，章惇等人欲追夺司马光等已故元祐党人恩例，曾布极力反对：“追夺恩泽，此例不可启，异时奸人施于仇怨，则吾人子孙皆为人所害……必欲行，则且施之于光及公著可也。然亦不必及其子孙，恶恶止其身，不若就其身上追夺。”章惇表示：“彼已死，虽鞭尸何益，追削何补！不若夺其恩例乃实事。”曾布即指出：“此虽快意，然更详审。布之意无他，但此例不可启耳。”[④] 曾布反对追夺司马光等已故元祐党人恩例的行为就是一种畏祸心理的表现。可以说，畏惧党祸及身是参政者共有的心态。只是章惇、蔡京等人将这种不安与忧虑转化为不遗余力地排斥与倾轧异党的驱动力，但个人的性格、经历、家族背景等因素却促使曾布最终选择了另一条“毅然中立”之路，建中靖国元年（1101），曾布在与其弟曾肇的一封信中很好地诠释了这一点：“（曾）布自熙宁立朝以至今日，时事屡变。唯其不雷同熙宁、元丰之人，故免遭元祐之祸；

---

① 《长编》卷 499，哲宗元符元年六月乙巳条，第 11890–11892 页；《长编》卷 500，哲宗元符元年七月丁未条，第 11899 页。

② 《长编》卷 502，哲宗元符元年九月壬戌条，第 11961–11962 页。

③ 《长编》卷 499，哲宗元符元年六月乙巳条，第 11892 页。

④ 《长编拾补》卷 14，绍圣四年二月己未条，第 549–550 页。

唯其不附会元祐，故免绍圣之中伤，坐视两党之人反复受祸，而独泰然自若，其自处亦必粗有义理，以至处今日风波之中，毅然中立……恐未至诒家族之祸，为祖考之辱，而累及亲友也。”[①] 从中可以看到，曾布的立政原则是：尽量在新旧党争中保持一定的政治平衡，不过分地依附哪方，以个人的政治前途为中心，不断调整自己在党争中的言行与策略，以达到“坐视两党之人反复受祸，而独泰然自若”的目的。这就是曾布在激烈的党争中所悟出的“自处义理”，他游离于两党间，一方面缓和与旧党的矛盾，另一方面几乎是四面出击，将整个新党的高层人士都纳入其攻击范围之内，俨然想将自己超脱于新党集团之外。

然而，在激烈的党争中以“中立”为原则，等于就是孤立自己。曾布当然能认识到这一点，这套“毅然中立”的立朝哲学若想行得通，必须拥有一个重要的政治基础，即皇权的欣赏和支持。

三、君臣之间：宋哲宗与曾布“毅然中立”的立朝哲学

曾布敢于奉行“毅然中立”的立朝哲学，与宋哲宗的执政心态有重大关系。在专制主义中央集权的政治体制中，任何朋党势力的存在都是对皇权的潜在威胁，因而，历代君王都希望大臣以皇权为其行为的唯一归指，绝对不能容忍在皇权之外，有任何小集团去影响或主宰朝政。宋哲宗在元祐时期受太皇太后高氏压抑，一朝得以亲政，自然更加重视自身皇权的威势。在用人策略上，章惇、曾布、蔡卞三人可以说是赞助绍述的三驾马车，宋哲宗必须要倚靠他们，但同时又有意沿袭宋朝“异论相搅”的传统，保留一些“异论”人士来牵制章惇等新党人士。绍圣元年（1094），大臣黄履推荐权发遣开封府推官常安民为监察御史，宋哲宗亲自召见问对。常安民并没有隐讳他和元祐旧臣的关系，明确承认元祐时期苏轼、苏辙也曾经推荐过自己为台谏官。常安民还向宋哲宗进言：“元祐中进言者，以熙宁、元丰之政为非，而当时为是；今日进言者，以元祐之政为非，而熙宁、元丰为是，皆为偏论……愿陛下公听并观，是者行之，非者改之，无问新旧，惟归于当。”这种“异端”言论却被

① 《长编纪事本末》卷130《久任曾布》，第4070–4071页。

宋哲宗认可，以为“议论公正，并无阿附”，最终任命其为监察御史。[①]宋人王巩《甲申杂录》又载：“（陈）次升之为御史也，尝劾章惇，奏入不报。他日，上（笔者按，指宋哲宗）谓次升曰：‘章惇文字勿令绝了。’次升唯唯。退以告王巩……巩遂诘次升曰：‘上语云然，公胡不白上：臣任耳目之官。帝王，犹心也。心所不知，故耳目为传达之；心若自知，何用耳目？陛下既知惇，何不罢斥，更须臣等文字？’次升曰：‘良是。’后数日再对，上复语及惇，次升即以巩所言白上，上曰：‘未有以代惇者。’”[②]宋哲宗明知章惇无可替代，却要求谏官不要断绝弹劾章惇的文字，这种微妙的心态进一步表明宋哲宗想利用台谏力量牵制新党集团。政治上倾向于元祐旧党的士人陈瓘、张庭坚也曾经在台谏任职，并屡次弹劾章惇、蔡卞等人。台谏官多用中立、甚至倾向于旧党的士人，这正是宋哲宗“异论相搅”的御臣之术的一种表现。

与此同时，宋哲宗又有意在章惇、蔡卞、曾布三人之间形成一种相互牵制的机制，以此来控制朝中的大局。其时章惇为尚书右仆射，蔡卞为尚书左丞，二人同在三省；曾布为知枢密院事，掌管枢府。宋哲宗亲政时，三省与枢密院的奏事方式为独奏合奏相结合的三班奏事：第一班为三省、枢密院同进呈奏事取旨；第二班为三省同进呈取旨，枢密院待于殿庐；第三班为枢密院单独进呈奏事取旨。[③]这种奏事方式，可以让大臣们在第一班合奏时快速奏议三省与枢密院意见一致的事务，有利于提高行政效率，也可以让大臣们在分奏时就意见不同的事务充分发表自己的见解，但也由此造就了互相牵制的机会，南宋朱熹云：“每奏事，布必留身对，必及厚（按，指章惇，以其字子厚故）。厚独对，必及布。哲宗欲两闻其过失，亦多询及之。”[④]由于枢密院的分奏在第三班，曾布可以利用第三班的后发优势，向皇帝施加更多影响。《长编》中记载了很多曾布利用再对攻击章惇、蔡卞的典型例子，如：“曾布既与章惇、蔡卞等同进呈蹇序辰、范镗制狱，再对，又言：‘惇、卞各有所主：卞主序辰，惇主镗。此两人皆惇、卞未相失时共力荐引。今惇恶序辰，卞以

---

① 《长编拾补》卷 11，绍圣元年十月庚寅条，第 453 页。

② 《长编》卷 510，哲宗元符二年五月戊辰条后，第 12184 页。

③ 参见田志光《北宋中后期“三省—枢密院”运作机制之演变》,《史学月刊》, 2012 年第 3 期。

④ 《朱子语类》卷 130《自熙宁至靖康用人》，第 3124 页。

镗举吕升卿自代，疑附惇而异己，遂恶之，以此议论各有所偏。不唯此两人，如周穜、吕嘉问亦皆惇、卞所主。今既相失，惇遂恶嘉问，而卞恶穜。此数人者，亦诚各有所专附。'”[①] 当时大臣蹇序辰、范镗皆有过失，三省长官章惇、蔡卞对他们的处罚意见不一致，曾布遂利用枢密院独奏的机会，攻击政敌结党营私。

宋哲宗还经常通过某个大臣的言论来验证其他大臣所奏之事。元符二年（1099）闰九月，曾布独身留对，宋哲宗问：“‘蔡卞兄弟不协？’布曰：‘外议多言如此，然不知其实，大抵言争先作执政尔。’上曰：‘妻亦不和，至不相见？’布曰：‘臣与之瓜葛，亦粗闻之，诚不相得，然不至于不相见也。’是日，章惇留身甚久，布疑上所问，皆惇所奏也。”[②] 绍圣四年（1097），曾布劝宋哲宗“以先帝御王安石之术为意”，宋哲宗也是心领神会。在宋哲宗亲政时期，朝中大权也的确一直掌握在他的手中，并未出现某一大臣势力膨胀的现象，但这无疑也加剧了新党内部的矛盾。

宋哲宗还很注意防范宰执培植亲党。绍圣四年（1097），通远军通判李深上书声称泾原帅章楶为章惇之兄、雄州帅张赴为章惇妻弟、熙河帅张询为章惇妹夫，三处边帅皆为宰执亲戚，引用亲党，经常通过私人信件指挥边事。[③] 元符元年（1098）六月，泾原走马承受利珣又上奏朝廷边帅亲戚故旧中多有干扰边政，随军冒赏者，最终引起了宋哲宗的重视，结果曾布的女婿向子莘、章惇的侄子章綖、尚书右丞黄履的外甥李夔罢免边镇之职，宋哲宗同时下诏约束边镇帅臣宰执亲信的言行。[④] 当月，宋哲宗还下旨令后京官辟举不得举荐执政有服亲，并命令三省清查犯此条例的官员，结果曾布外甥王旂、林希

---

① 《长编》卷 510，哲宗元符二年五月戊申条，第 12134 页。

② 《长编》卷 516，哲宗元符二年闰九月辛巳条，第 12276 页。

③ 《长编》卷 491，哲宗绍圣四年九月是月条，第 11670–11673 页。

④ 《长编》卷 499，哲宗元符元年六月戊子条载：“诏：‘陕西、河东逐路帅臣及见任宰相执政亲戚，谓于编敕合迴避者，除见充帅臣、监司、知州军并城寨及兵将官应出入者，徐虽有职事，不许赴军前。如帅臣亲临，许带书写机宜，随行军指使前去，其门客亲戚亦不得随军出入。违者并以违制论，不以赦降去官原减。’先是……上问：‘宰执亲戚为谁？’布曰：‘向子莘是臣婿，鄜延勾当李夔是黄履甥，章綖是惇侄。’惇曰：‘綖已罢。’布再三对，上曰：‘黄履乞罢李夔。’布曰：‘如此，则臣亦乞罢向子莘。’上曰：‘甚好！’惇又言：‘有甥黄宰为河东运司属官，亦乞罢。’于是子莘、李夔皆罢。”第 11876、11878 页。

女婿张元礼被罢官，户部官员各因举荐不当被罚铜三十斤。[①]

曾布的“毅然中立”之道恰恰与宋哲宗的御臣之术不谋而合。为博取宋哲宗的信任，消除君王对自己的猜忌之心，曾布总是以无党无派、一心侍君的面目出现，他多次表白：“臣在西府，亦无以威福人，兼亦无所党与，故门下亦无人”[②]，“臣孤立自守，所恃者，惟睿明每加洞照，议论稍伸尔”[③]。与此同时，曾布在处理政事的时候颇注意避免给人以独断专行的印象。元符元年（1098）八月，曾布与宋哲宗议边事，宋哲宗命枢密院降指挥给边帅，曾布则主动要求与三省合议，且云：“此等事密院固可施行，然臣独当枢府，无与议事者，故稍涉及三省文字，必须与三省议，及同进呈，不敢自用，恐有差失尔。”[④]而章惇为相，居然数次绕过枢密院，以“私书”直接指挥边帅，引发了宋哲宗的不满。[⑤]元符元年（1098）闰九月的一天，曾布又向宋哲宗诉委屈：“刘何本以密院职事罢，若三省以为可复，亦须与密院商量；却一面进呈复差遣，是何意？外议皆言三省意谓密院罢（刘）何，三省却复，但欲形迹密院尔。”[⑥]原来是章惇的亲戚刘何违法，三省与枢密院同签书罢免刘何的官职，章惇却绕过枢密院恢复了刘河的差遣。曾布抓住章惇的错处，揭发了章惇平时飞扬跋扈的行事作风，在宋哲宗面前狠狠地告了章惇一状。章惇种种不知忌讳的行为，无疑会让宋哲宗更加觉得重用曾布以牵制章惇的重要性。

曾布也经常在某些朝政上提出与宋哲宗及众人不同的建议。如在元祐党人的贬斥与引用上对宋哲宗进行劝谏；对西夏开边，边将折可适兵败，章惇与宋哲宗都欲按军法将其处斩，曾布力争不可，终免其祸害。[⑦]这也很容易给宋哲宗造成曾布敢言，于国于君忠诚有加的感觉。但是，曾布也会时常

---

① 《长编》卷 499，哲宗元符元年六月乙巳条，第 11892 页。

② 《长编》卷 510，哲宗元符二年五月戊申条，第 12134 页。

③ 《长编》卷 513，哲宗元符二年七月壬子条，12195 页。

④ 《长编》卷 501，哲宗元符元年八月戊寅条，第 11930 页。

⑤ 《长编》卷 491，哲宗绍圣四年九月是月条，第 11670–11673 页；《长编》卷 501，哲宗元符元年八月壬寅条，第 11944 页。

⑥ 《长编》卷 516，哲宗元符元年闰九月辛巳条，第 12278 页。

⑦ 《长编》卷 491，哲宗绍圣四年九月丁丑条，第 11664 页。

试探宋哲宗对此的反应，以免过激越界：“近日议论者莫亦以臣为党助元祐之人否……臣固自知于元祐之人无一毫干涉，然见其变乱是非如此，臣亦不敢自保。”[①] 他会不断根据宋哲宗的反应来调整自己的言论。一些学者喜欢引用曾布对宋哲宗所说的一段言论：“蔡确五年不移，惠卿十年止得移居住处，吴居厚等十年不与知州军，此皆元祐所起例，自可依此”，以此来证明曾布对旧党的痛恨与严厉态度，但事实上，曾布说这段话是以一定的背景为前提的，其完整的全文应如下：“先是，曾布独对，既论路昌衡等，又言：‘更有一事，大礼恩宥在近，去岁贬谪人，不知何以处之？’上应声曰：‘莫不可牵复，岁月未久，亦不可迁徙。’布曰：‘诚如圣谕。蔡确五年不移……自可依此。’”[②] 也就是说，曾布这句愤激的言辞并非其主动提出的，而是“诚如圣谕”的结果，与其说是激愤成分居多，还不如说是迎合成分居多。宋哲宗认为吴安持不称职，曾布即顺其意，攻击吴安持在元祐中有附丽吕大防的行为。[③]

而在重大事情上，曾布总是尽量与宋哲宗保持一致。关于“宣仁之诬”，曾布多有缓和的言行。但是，这个事件之所以不了了之，其一是因为长期审讯，终无实证；其二是向太后干预求情的结果；其三也与宋哲宗犹疑不定的态度有关。绍圣四年（1097）八月同文馆之狱兴起，当年九月天象有异，发生星变，宋哲宗下诏求直言，此时已有缓和纠治之意。[④] 次年三月，章惇等人欲追废宣仁太后，史载：向太后“方寝，闻之遽起，不及纳履，号哭谓上曰：‘吾日侍崇庆，天日在上，此语曷从出？且上必如此，亦何有于我？’皇太妃同皇太后谏上，语极悲切，上感悟，取惇、卞奏就烛焚之，禁中相庆。（郝）随觇知，亟以语惇、卞，明日再具奏，坚乞施行。上怒曰：‘卿等不欲朕入英宗庙乎！’抵其奏于地。”[⑤] 鉴于宋哲宗从一开始态度就有所动摇，曾布自然不会参与其中。相反，他还抓住星变求直言的契机，提醒宋哲宗提防大臣

① 《长编》卷 488，哲宗绍圣四年五月辛未条，第 11582 页。

② 《长编拾补》卷 12，绍圣二年八月甲申条，第 476–477 页。

③ 《长编》卷 488，哲宗绍圣四年五月乙亥条，第 11589 页。

④ 据《长编》卷 493，哲宗绍圣四年十二月癸未条载：“先是，蔡京、安惇共治文及甫并尚洙等所告事，将大有所诛戮，会星变，上怒稍息，然京、惇极力锻炼，不少置。”第 11707 页。

⑤ 《长编》卷 495，哲宗元符元年三月戊午条，第 11774–11775 页。

"醉翁之意不在酒"，借助诛戮元祐大臣谋个人私利。①

绍圣三年（1096），宋哲宗孟后所生之女福庆公主病重，药石无效，孟后之姐持道家符水入宫医治。符水之事向为宫中禁忌，孟后大惊之余忙命人将符水收藏，等宋哲宗来时再一一说明原委。本来宋哲宗并不怪罪，不料公主病逝后，孟后养母燕夫人等人又借助道家法事为孟后及公主祈福，让宋哲宗专宠的刘婕妤得以在宋哲宗面前搬弄是非，诬告孟后诅咒皇帝，行厌魅之事，宋哲宗命宦官梁从政、苏珪调查此案。章惇有意助刘婕妤谋图后位，遂出力不少。梁从政、苏珪在章惇授意下逮捕了皇后左右侍女及宦官数十人，严刑逼供，伪造供词。最终宋哲宗废黜孟后，将她安置在被废妃嫔出家所居的瑶华宫，号"华阳教主""玉清妙静仙师"，法名"冲真"。刘婕妤如愿成为皇后。《宋史》本传称曾布也曾推波助澜："掖庭诏狱成，付执政蔽罪，法官谓厌魅事未成，不当处极典。（曾）布曰：'驴媚蛇雾，是未成否？'众皆瞿然，于是死者三人。"②曾布与章惇因争权，在许多事上，都是每每互唱反调，在孟后案件上却一致，因而杨希闵、刘子健先生均怀疑此记载的真实性，综合起来的根据有：（一）曾布曾经营救过反对废孟后的此案录问官董敦逸；（二）曾布不可能助章惇；（三）因一段间接的私人关系，曾布可能同情孟后；（四）曾布在元符末宋徽宗即位后主张复孟后之位。③

笔者看法与此略有不同。《宋史》本传该条记载还可见于杨仲良《续资治通鉴长编纪事本末》卷113《（哲宗皇帝）立后·废后附》，其史源来自李焘的《续资治通鉴长编》，南宋史家采信此事，应有一定根据。曾布主张严厉惩治孟后案的相关人员，并不一定就是为了助章惇，很可能与宋哲宗的态

① 据《长编》卷491，哲宗绍圣四年九月是月条载："是月，上以星变，屡戒大臣以修政事，又下诏求直言。曾布因奏事白上：'狂猾之人，虽不求言，无所不道，其间狂妄者固多，今诏求直言，则有识之士或有所陈，望陛下省览。然则间有奸言，亦不可不察。闻林希言方天若者，登舟欲行，闻诏复留上书。其所陈不过更欲诛戮元祐之人，且欲扫除邪党异论者。既而闻林自果有此论，而御史邓棐遂以此应诏，以扫除异意之人，足以应除旧布新之象。棐乃卞党，京所荐焉，其言多类此。'"第11667页。

② 《宋史》卷471《曾布传》，第13715页。

③ 《曾文定公年谱·附曾文肃文昭二公事略》，北京图书馆珍藏年谱丛刊本，第14册，第284–285页；刘子健：《王安石曾布与北宋晚期官僚的类型》，台湾《宋史研究集》（第三辑），台北中华书局1966年版。

度有关。孟后案与朝中新旧党争有密切关系，孟后是太皇太后高氏所立，这是促使章惇积极出力废黜孟后的根源所在。[①] 宋哲宗本人对孟后也不满意，而是专宠刘婕妤。审讯者伪造供词，宋哲宗居然深信不疑，本身便已说明他对孟后缺乏信任。南宋陆游《老学庵笔记》卷 8 又载：“元祐七年，哲庙纳后，用五月十六日法驾出宣德门行亲迎之礼。初，道家以五月十六日为天地合日，夫妇当异寝，违犯者必夭死，故世以为忌。当时太史选定，乃谓人主与后犹天地也，故特用此日。将降诏矣，皇太妃持以为不可，上亦疑之。宣仁独以为此语俗忌耳，非典礼所载，遂用之。其后诏狱既兴，宦者复谓：‘若废后可弭此祸。’上意益不可回矣。”这条史料进一步表明，在宋哲宗心目中，孟后之立是一件祸事，其中更隐藏了宋哲宗对太皇太后高氏的怨念。当时宋哲宗废黜孟后的决心甚大，御史董敦逸上章反对，被贬出朝。在这种形势下，曾布不可能冒着触怒宋哲宗的危险去发表什么异论。相反，为了顺从宋哲宗之意，曾布出现以上的举动也不是没可能。在没有与其相抵触的直接证据之前，《宋史》《长编纪事本末》的相关记载不敢说一定没有。

至于说因一段间接的私人关系，曾布可能同情孟后，其事见王明清《挥麈录》第三录卷之 2：“曾文肃熙宁初为海州怀仁令，有监酒使臣张者，小女甫六七岁，甚为惠黠，文肃之室魏夫人怜之，教以诵诗书，颇通解。其后南北暌隔。绍圣初，文肃柄事枢时，张氏女已入禁中，虽无名位，以善笔札，掌命令之出入，忽与夫人相闻。夫人以夫贵，疏封瀛国，称寿禁庭，始相见叙旧。自后岁时遣问。夫人没，张作诗以哭云：‘香散帘帏寂，尘生翰墨闲。空传三壸誉，无复内朝班。’从此绝迹矣。后四十年，靖康之变，张从昭慈圣献南渡，至钱唐。朱忠靖《笔录》所记昭慈遣其传导反正之议，张夫人者，即其人也，年八十余终。”从这条记载来推算，绍圣初张氏年约三十岁，在禁中掌文书命令，当时未必在孟后门下。孟后被废黜出宫居于道观，张氏似

---

① 《皇宋编年纲目备要》卷 26，建中靖国元年二月，“再窜章惇”条云：章惇“以孟后宣仁之所厚，忌之，一旦掖庭秘狱起，惇即迎合，与郝随相表里，以挤后。”第 647 页。

乎没有受到牵连，仍居于禁中，直至元符二年（1099）十一月魏夫人去世[①]之前，都与曾氏家族往来如故。至于南宋立国后，张氏跟随已称隆祐太后的孟后南下，那已经是四十年之后的事情了。建炎三年（1129），护卫军将苗傅和刘正彦在杭州发动政变，诛杀宋高宗赵构宠幸的权臣及宦官，逼迫赵构将皇位禅让给三岁的皇太子赵旉，并要求隆祐太后出来主政。隆祐太后与宰相朱胜非（谥忠靖）暗中商议寻求应对之策，张氏亦参与其中，史载："（朱）胜非乞屏左右，后曰：'惟张夫人在此。'胜非问：'何人？'后曰："张夫人年高习事，官品亦尊。尝教哲宗、道君读书，朝廷文字皆经其手，禁中事莫不预知。即今往来睿圣宫，卿但奏事。'"[②]由此可进一步确知，张氏资历相当老，在宫廷中教授过诸位皇子读书，其中就包括后来成为帝王的宋哲宗、宋徽宗。曾为"帝师"的她在绍圣年间可能就有一定地位，当时应该不在孟后门下，也没有卷入到孟后废黜案中。如此一来，曾布因私人关系同情孟后之论就无从说起了。

宋哲宗要出贬御史董敦逸，曾布为其说情："陛下以皇城之狱出于近侍，故特命敦逸录问。今又贬敦逸，臣恐天下疑惑。"[③]按照曾布的说法，保全董敦逸，是为了安天下人心，使罢黜孟后事更加名正言顺。从这点看，曾布并没有为孟后说什么公道话，笔者也没有看到任何关于曾布在当时援救孟后的只言片语的史料记录。至于元符末宋徽宗即位后，曾布主张恢复孟后之位，一方面是为了攻击章惇，另一方面是为了讨好向太后与宋徽宗。

就官僚专制社会而言，在君王与大臣之间，当然是前者处于强势地位，皇帝个人的向背与好恶往往是主宰大臣仕途沉浮的决定性力量，曾布在复杂的党争形势中寻求皇权的支持是很正常的事。绍圣、元符间，曾布"毅然中立"政治策略最终取得巨大成功，即在于宋哲宗的认可、默许与支持。时曾布知

---

① 据《云阳曾氏十四修家乘》卷4《内纪世系》记载，魏夫人"生康定辛巳五月十三日，卒元符己卯十一月廿二日，寿五十九岁。"康定辛巳年即康定二年（1041），是年十一月改庆历元年；元符己卯年即元符二年（1099）。

② ［宋］李心传：《建炎以来系年要录》卷21，建炎三年三月己丑条，上海古籍出版社影印文渊阁四库全书本，1992年版，第325册，第332页。

③ 《长编拾补》卷13，绍圣三年十月丁丑条后，引曾敏行《独醒杂志》卷5，第532页。

枢密院，除了西府事宜之外，有关中书政事及朝中其他大事，如官员的任免和评价等等，宋哲宗往往也会征询他的意见，因此曾布对政局的影响远远要超过西府的职权范围。

至宋哲宗去世前夕，曾布与新党内部的矛盾已经发展到水火不容的程度。曾布在元符末称其“自先朝与惇、卞议论无一事同者”，[①] 此语或有夸大不实之处，但也显示了新党内部矛盾之尖锐，这对元符末的政治走向影响甚剧。

第二节　曾布与“绍述”及对外开边事宜

与章、蔡的纷争固然是曾布在绍圣元符间的一种政治表现，但他同时也参与了一系列朝政的策划与运作，在其中发挥了一定的积极作用。

一、赞助“绍述”与“损益先朝法度”

宋哲宗亲政，除了清算旧党之外，还有一个重要的任务，就是要恢复熙丰之法，进行“绍述”，从这点来看，宋哲宗亲政，也并非是“专务报复”，还是希望能革除政治弊端而有所作为的。曾布一向是新法的支持者，在推行“绍述”方面，他表现出积极的态度，当许多新党还沉浸在对旧党报复的快意之中的时候，曾布是率先提出并致力于恢复先朝法度的人之一。《太平治迹统类》卷24《元祐党事本末》（下）记载：“曾布具札子言：‘毁废先朝法度之人既已黜逐，则前日之良法善政当次第讲求，增损施行，而国论未尝及。’又言：‘政事非得人不能举，若但以私爱憎喜怒为意，则人才必难进。今既不能公选人才，则政事何从而举？若不稍复可行之法度，则是先朝政事不可行。若不可行，则毁废之人何以得罪？’”从这段文字上看，曾布在提醒宋哲宗将注意力的重心从打击旧党尽快转移到恢复熙丰新法方面。在章惇、曾布等人的合作下，青苗法、募役法次第恢复施行。绍圣四年（1097），曾布上《废马监奏》，积极推动保马法的施行：“元祐中，复置监牧，两厢所养马止万三千匹，而不堪者过半。今即以租钱置蕃落十指挥于陕西，养马

① 《曾公遗录》卷9，元符三年四月丁未条，第246页。

三千五百。又人户愿养者亦千数，而所存两监各可牧万马。马数多于旧监，而所省官吏之费非一，近世良法，未之能及。”①

针对当时的客观情况，曾布还提出了“先朝之法，固当损益”的观点。先朝之法是否应该损益，抑或该如何损益，这是新党在“绍述”过程中遇到的大难题，意见很难统一。措置募役法复行之时，也是众说不一。史称：章惇“久不决。京谓惇曰：‘取熙宁成法施行之尔，何以讲为？’惇然之，雇役遂定”。② 由此可知，蔡京是主张固守成法。绍圣四年（1097）三月，宋哲宗君臣在集英殿讨论殿试进士名次，原取第五名进士对策言“先朝法度当损益”，宋哲宗认为应该降其名次，曾布极力面陈：“事有适于事变，近于人情，固当损益，恐无可降之理，使先帝在位至今，闻有可增损，亦当随宜损益。”而这一意见遭到了蔡京的反对：“先帝则当损益，陛下方绍述先志，不当损益。”最终还是将第五名降为第七名。③ 事实上，经历了八年的元祐更化，宋神宗之时所行的法令已经被拦腰截断，且随着时间的推移与政治形势的变化，因地制宜的调整对任何法令来说都是必要的，因此，教条式地绝对照搬熙丰之法是不可取的。曾布就指出：“即今行保甲如先朝团教事，皆未可行，三省行八路差官法度，屡经修改，终未如旧法。凡此之类，岂非损益！”大臣林希也认为：“法度无不损益之理。如编敕，熙宁中修成，元丰中又修，今复重修。”④ 另外，新党在绍述宋神宗之法的过程中，也不是一味地排斥元祐之法，史载：“（元符二年）八月癸酉，章惇等进《新修敕令式》。惇读于帝前，其间有元丰所无而用元祐敕令修立者，帝曰：‘元祐亦有可取乎？’惇等对曰：‘取其善者。’”⑤ 经过宋哲宗与新党集团的商讨乃至争论，损益先朝之法的问题，最终有了结论，宋哲宗表示：对于宋神宗旧制，“但不失大意可矣”⑥。但在如何损益方面却没达成一致，尤其在市易法与保甲法的推行上，曾布与其

---

① 《宋史》卷198《兵十二》，第4944页。

② 《宋史》卷472《蔡京传》，第13722页。

③ 《长编拾补》卷14，绍圣四年三月癸亥条，第563页。

④ 《长编拾补》卷14，绍圣四年三月癸亥条，第563、564页。

⑤ 《宋史》卷18《哲宗本纪二》，第353页。

⑥ 《长编拾补》卷14，绍圣四年三月癸亥条，第563页。

他新党的矛盾尤为突出。

曾布在先朝因市易法纷争而外贬，此番重新当政，自然是坚持前议不变，但市易法终在章惇等人的坚持下于绍圣四年复行，曾布事后向宋哲宗宣称复行市易法实属无益之事。[①]保甲法为曾布亲手措置，但曾布也不欲复行，据《长编》卷518，哲宗元符二年十一月乙未条载：“蔡卞劝上复行畿内保甲教阅法，上屡以督曾布。是日，布进呈，畿内保丁总二十六万，熙宁中教事艺者凡七万。因言：‘此事固当讲求，然废罢已十五年，一旦复行，与事初无异，当以渐推行，则人不至惊扰。’上曰：‘固当以渐行之。’布曰：‘圣谕如此尽之矣。若便以元丰成法一切举行，当时保丁，存者无几，今保丁皆未教习之人，若便令上番及集教，则人情汹汹，未易安也。熙宁中施行亦有渐，臣是时方判司农，首尾本末，无非出臣措置，容臣检寻文字，讲求施行。’退以语卞，卞殊以为不快也，乃云：‘熙宁初，人未知保甲之法如何，今耳目已习熟，自不同矣。’布不答。”

在损益先朝法度方面，曾布也有与蔡卞等人意见一致的时候，如，宋哲宗欲恢复导洛司而不果，曾布曾以此攻击蔡卞：“市易之害与导洛司无异，止是熙宁中王安石所主，故（蔡）卞必欲复行，导洛乃元丰先帝所行，故无力主之者。以此言之，诚可不平。”[②]值得注意的是，曾布虽然攻击蔡卞崇王安石抑宋神宗，但同时也认为导洛司与市易法一样有害，并没有支持宋哲宗恢复导洛司。这里首先得了解一下导洛司的兴废始末。导洛司，又称导洛通汴司，为了使汴河的水质清澈，宋神宗元丰二年（1079）四月废黄河口上的汴口，引洛河水注入汴河，设置导洛司主其事。运河工程完工后，导洛司负责运河日常维护。宋廷又在汴京、京西、泗水置货物场，称为“堆垛”或“垛场”，运抵汴京的货物必须在此转由导洛司的官船运载，由导洛司负责进京货物课

---

① 《长编》卷506，哲宗元符二年二月乙未条，第12063页。
② 《长编》卷506，哲宗元符二年二月乙未条，第12063页。

税的检验,并禁止私船运货与使用垛场。[①]这项措施与市易法有一个共同之处,即国家直接控制商业贸易的某些领域。太皇太后高氏主政后陆续罢废新法,于元丰八年(1085)五月废除了导洛司货物场。[②]同年六月,大臣吕公著上章表示:"近日方罢导洛司堆垛场,沿汴税额已有增数。此古人所谓'百姓足,君孰与不足'者也。"[③]这句话透露出两层信息。其一,旧党罢废导洛司货物场有学术思想上的原因,主要是将其看作是与民争利的行为而加以反对;其二,罢废导洛司货物场也有实际利益的考量,即可以增加沿汴税额。关于后者,苏轼在元祐七年(1092)七月上章建议朝廷放松对东南漕运船只私载货物的搜查,曾提及:"自元丰之末,罢市易务导洛司堆垛场,议者以为商贾必渐通行,而今八年,略无丝毫之效。京师酒税,课利皆亏,房廊邸店皆空,何也?盖祖宗以来,通许纲运揽载物货,既免征税,而脚钱又轻,故物货通流。缘路虽失商税,而京师坐获丰庶。自导洛司废,而淮南转运司阴收其利,数年以来,官用窘逼,转运司督迫诸处税务,日急一日,故商贾全然不行,京师坐至枯涸。今若行臣此策,东南商贾久闭乍通,其来必倍,则京师公私数年后,必复旧观。"[④]这其实指出了国家过度控制商业通流领域的弊端,其短时间内虽然可以增加政府商业税收,但长远来看损害了中小商人的利益,导致商业流通不畅,最终结果是公私两亏。元祐四年(1089),大臣李仲、梁焘先后以洛河水流过细不足以供应汴河,仍需加注黄河浊水入汴,且维护耗资过大为由,提出废除清汴、关闭洛口,恢复旧有的黄河汴口。[⑤]但对这项提议,宋廷经过反复考虑之后,未予采纳。当时曾布正出知河阳,督促通判考察河情,并向朝廷都水官力陈不可放弃清汴,也算是维护有功。[⑥]

---

① 《宋史》卷186《食货志下八》载:元丰二年,"导洛通汴司请置堆垛场于泗州,贾物至者,先入官场,官以船运至京,稍输船算。明年,诏:近京以通津水门外顺成仓为场。非导洛司船而载商税入汴者,许纠告,虽自请税,犹如私载法。惟日用物非贩易,若薕箔、柴草、竹木之类勿禁。"第4543–4544页。

② 《长编》卷356,哲宗元丰八年五月乙未条,第8512页。

③ 《宋朝诸臣奏议》卷117,吕公著《上哲宗论更张新法当须有术》,第1285页

④ 《长编》卷475,哲宗元祐七年七月是月条,第11330页。

⑤ 《长编》卷436,哲宗元祐四年十二月是月条,第10520–10523页。

⑥ 《长编》卷488,哲宗绍圣四年五月乙亥条,第11588页。

宋哲宗亲政之后，内侍蓝从熙提出恢复导洛司货物场的职能，宋哲宗遂出内批令大臣商议措置其事。在这件事情上，章惇、蔡卞、曾布三人意见高度一致，都认为不可行，章惇甚至说：“要之是先朝不好事，当时行之，固终身以为恨，今岂可为？”曾布的态度很明确，向宋哲宗力陈导洛司的清汴功能不可废，但货物场与民争利决不可恢复：“肉市麪市皆与细民争利，汴渠初引黄河水，湍悍可畏，公私舟船多覆溺者，惟清汴无复此患。然商贾之物悉载以官舟，私船不得入汴，人实患之。”他还明确指出：“若导洛之类，所得不多，国用无所赖于此，兼废罢十年，一旦复行，则都邑之人鼎沸矣。先帝经营四方，蓄财利有所待，故阔略细故而行之。陛下既无此费，诚无用此。”① 最终宋哲宗放弃恢复导洛司货物场之事，这是章、蔡、曾三人合力的结果。

有学者认为，曾布因为与章、蔡二人争权夺势，从最初极力主张绍述熙丰之法，退回到主张“先朝法度固当损益”，并发展到极力阻止保甲、市易法的恢复。② 这一视角在解释曾布反对导洛司货物场的恢复上就行不通了。事实上，曾布在赞助绍述方面出力颇多，所谓损益先朝法度，仅体现在保甲、市易、导洛司货物场这三法而已。然凡此种种，不能单一地归结为争权夺利的行为，曾布与其他新党政见上的区别也是一个重要因素，从中更体现出曾布的政治个性。

抛开党争视角，不难发现，曾布反对这三法有一个共同的原因，即认为它们实施起来实际效果不佳。曾布向宋哲宗宣称市易务收回的息钱远抵不上本钱，得不偿失，这是他反对恢复市易法的很重要的一个依据：“市易用千五百万本钱得息钱九百万，失陷者乃七百八十万，徒作一大事，一无所得，复行之何益？”③ 曾布的意见虽然没有被采纳，但市易法最终于宋高宗建炎二年（1129）二月被废除了，正是因为“言者以为所入不偿所费”。④ 可见，曾

① 《长编》卷 490，哲宗绍圣四年八月庚子条，第 11639、11640 页。

② 裴汝诚、顾宏义：《宋哲宗亲政时期的曾布》，载漆侠、王天顺主编：《宋史研究论文集》，宁夏人民出版社 1999 年版，第 52 页。

③ 《长编》卷 506，哲宗元符二年二月乙未条，第 12063 页。

④ 《建炎以来系年要录》卷 13，建炎二年二月癸亥条，第 325 册，第 224 页。

布这一见解还是有一定道理的。恢复导洛司货物朝廷可岁入二十万，但曾布认为所入不多，为此扰民实无必要，据《长编》卷 490，哲宗绍圣四年八月庚子条载："蓝从熙提举京城所奏乞复行导洛司事：官员商贾等物货，皆载以官舟，官员物货不及百千者，许以所乘舟载，免纳脚钱之半；百千以上以违制论。馀皆徒官舟，于泗州及京师洛口各置垛场，岁收课利二十万缗。又乞麸市岁课三万，又复牛羊圈岁课七万。……布曰：'四海之富，二十万不难办，岁供此数可矣。'惇及蔡卞皆以为然。惇又曰：'水磨茶场自足供此费。'布曰：'先朝经营财利，志在边鄙，子孙承之，敢忘厥志？故阔略细故以就大事。今幸无此图，何必尔。'"这也是从实际利益的角度予以考量的。至于保甲法，是曾布熙宁年间亲自措置的，但绍圣年间却不想复行，也是考虑到推行起来的实际困难："若便以元丰成法一切举行，当时保丁，存者无几，今保丁皆未教习之人，若便令上番及集教，则人情汹汹，未易安也。"实际上，曾布并没有完全反对恢复保甲法，他只是认为需要缓行，给民众一段适应时间。①

刘子健先生曾经将北宋晚期官僚分为理念类、仕进类、渎职类三大类型，其中仕进类又分为因循型、干才型。他认为曾布是仕进类干才型官僚的典型代表，这类官僚行政能力高，还有政治手腕，传统术语称为"能吏""干才"，"长于吏事"，或"多谋"。② 从熙宁变法到赞助绍述，曾布的确是体现出了高度的行政能力，将从曾致尧以来的"能吏""勇于有为"等曾氏家风一以贯之。与王安石等理念类官僚相比，曾布偏向吏干，在学术、政治理论上相对欠缺，这就决定了他在看待绍述之政时鲜有理想色彩，比较讲究实效。笔者以为，这是曾布反对恢复保甲、市易、导洛司货物场三法的根源所在。也就是说，曾布对绍述之政有自己的看法。他又是执拗自傲的，很难改变自己的立场去逢迎他人，遂不免与章、蔡等人产生种种冲突。权力之争与政见之政纠缠在一起，令人眼花缭乱，很难一一分辨。这样一种情形同样也体现在其与西夏开边事宜方面。

---

① 以上见《长编》卷 518，哲宗元符二年十一月乙未条，第 12339 页。

② 刘子健：《王安石曾布与北宋晚期官僚的类型》，载台湾《宋史研究集》（第三辑），台北中华书局 1966 年版，第 136–140 页。

二、曾布与西夏开边事宜

开边拓地（主要是指对西夏开边）是宋哲宗亲政期间的一个非常重要的举措。元昊称帝以来，宋夏战争不断。宋神宗时期已致力于西夏边事的经营，元丰四年（1081）到六年间，北宋两次大规模进攻西夏，虽均以惨败告终，但也给了西夏一定的打击，并在熙河路增置兰州，鄜延路增置塞门、安疆、米脂、浮图、葭芦五寨，使边防得到加强。元祐更化时期，宋廷一反宋神宗积极开拓政策，放弃宋神宗时期所拓的安疆、米脂、浮图、葭芦四寨，以换取和平。宋哲宗君臣对此深以为耻，故宋哲宗亲政后，新党集团即高举“绍述”旗帜，议元祐党人弃地之罪，策划对夏作战以开边。

对夏用兵开边乃兵事，宋制，边事须二府同议、同进呈，曾布掌枢密院事，章惇掌三省，他们是边事措置的两个主要人物，如果没有二人的通力合作，至少是局部范围的合作，开边事宜根本就无法开展。所幸的是，曾布与章惇等人的政见分歧颇大，唯独在此事上，他们意见相对而言比较统一。史称：章惇“用浅攻挠耕之说，肆开边隙”，[①] 而枢密院也在绍圣四年（1097）进言：“欲令鄜延、环庆路经略司详此，当切多方体探贼界有贼马屯聚首或部族住坐去处，决有万全可乘之机，即不限时月，选遣精锐兵将前去痛行讨荡。使贼界兵不解严，人户不敢安居耕种，免致秋成更为边患。况今来西人已困，当乘势攻扰，使其不得暂时安居，则可以坐至困弊。”[②] 这段话是对“浅攻挠耕之说”的最好注释，所谓浅攻挠耕，就是对西夏边境发动经常的骚扰性攻击，并不深入，目的是破坏敌方的农田，宋方军队时出时入，使西夏人防不胜防。

“进筑”，是当时宋廷对付西夏的又一种方式，即通过军事行动，获取一些重要的军事要冲和形胜之地，并就地修筑城堡、镇寨，屯兵驻守，使之成为钳制西夏进犯和宋人进一步进攻西夏的据点。开拓进筑的政策并非一帆风顺，绍圣二年（1095），朝廷诏令熙河经略使范纯粹乘机进筑汝遮寨，安焘、韩忠彦等人极力反对，朝堂上一时争议不已，据曾布回忆，当时“安焘尝言，汝遮先帝（宋神宗）所不敢为，谁敢议此？初罢分画时，韩忠彦坚不肯，臣

① 《宋史》卷471《章惇传》，第13712页。

② 《长编》卷485，哲宗绍圣四年四月乙酉条，第11518–11519页。

力与之争。忠彦云：'待捉了高永能后相度。'臣云：'若须待捉了钤辖，实羞见天下人。'忠彦方屈……既罢分画，安焘犹力说臣云：'边事诚不可轻动，如此何时可了？负责不轻，不若如故。'臣答以已罢分画，何可中变？遂已。"[①] 此后，韩忠彦虽为知枢密院，但对曾布所主开边之事，也不敢不从。

宋廷的"浅攻挠耕"与"进筑"政策在对夏战事上运用得比较成功，绍圣三年（1096）八月，宋军在鄜延一线挡住西夏的大规模进攻。十月，钟传与王文郁进筑西城，环庆帅孙路进筑安疆寨，打响了宋进筑的战斗。元符二年（1099），西夏崇宗乾顺甚至主动派使节到北宋朝贡求和，但遭到了宋朝的严词拒绝。为此，乾顺只好请求辽朝出面从中斡旋。辽道宗应西夏的请求，派签书枢密事萧德崇，礼部尚书李俨到宋朝"持书为夏解和"，还威胁宋哲宗："北朝（辽）皇帝敢告南朝（宋）皇帝，西夏事早与休得即甚好。"宋廷并未给辽朝情面："西人累年犯顺，理须讨伐，何烦北朝遣使。"[②] 同年九月，西夏再次遣使赴宋谢罪，宋哲宗兴奋异常，称"西人未尝如此逊顺"，曾布亦云："元祐中固不论，元丰中表章极不逊，未尝如今日屈服也。"[③] 当日，宋哲宗赐诏西夏："朕喜尔改图，姑从矜贷。"[④] 给宋哲宗西夏开边活动画上了一个圆满的句号。此次对夏用兵开边取得了北宋历史上前所未有的战绩，这是新党集团通力合作的结果，其间自然也有知枢密院事曾布的一份功劳在内。从发起到措置，曾布都倾注了很多心力，他曾经对宋哲宗说："臣待罪两府，凡措置应接边防事，无非臣躬亲斟酌草定，三省于其间不过移易一两句语言，其措置大概，亦无以易臣所定。"[⑤] 而在对外开边事宜上，曾布的决策也多被宋哲宗认可与采纳。北宋与西夏最终休战，曾布的影响不可忽视。

虽然曾章二人在开边事宜上能够协作，但在对夏用兵开边的具体操作上，二人的分歧颇大。自宋神宗熙丰以来，北宋对夏开边大致有两个方略：一是谋取横山（在今陕西省北部），断西夏之右臂；二是开熙河之役，谋取青海

① 《曾公遗录》卷 7，元符二年五月丁巳条，第 40 页。
② 《曾公遗录》卷 7，元符二年三月丙辰条，第 3 页。
③ 《曾公遗录》卷 8，元符二年九月丁未条，第 110 页。
④ 《长编》卷 515，哲宗元符二年九月丁未条，第 12240 页。
⑤ 《长编》卷 516，哲宗元符二年闰九月辛巳条，第 12278 页。

东部的青唐（在今青海省西宁市）、邈川（在今青海省海东市乐都县）、廓州（在今青海省黄南藏族自治州尖扎县北）、溪哥（在今青海省海南藏族自治州贵德县）等河湟吐蕃之地，目的是通过经略河湟吐蕃，从右翼边境压迫西夏，与左翼横山地区构成一堵伞形包围线，从根本上消除西夏对北宋的边患。[①]章惇有强烈的立功进取之心，其对外开边的最终目标是要消灭西夏政权，所以在边事措置上比较急切；而曾布却力求稳健，以与“西人画河为界”，取得黄河以南疆土为满足。元符元年（1098）七月，曾章二人就进驻横山的问题在宋哲宗面前进行了一场激烈的争论：

曾布对三省为上言：“边事累年未了，今泾原已逼天都，势不可已。然今秋见西贼举动，即可以知其强弱，若果困敝，有可以灭亡之理，亦须年岁间便为殄灭之计。若西人未有殄灭之势，年岁间未可殄灭，亦须随宜收敛，休兵息民，以图安静……若天都进筑了当，当与西人约，以画河为界，此乃非常之功也。”章惇曰：“若此措置，则安可望画河为界？……但得横山及天都一带，亦可结绝。”布曰：“若得横山、天都，亦非常不世之功也。朝廷出师常为西人所困者，以出入界便入沙漠之地，七八程乃至灵州，既无水草，又无人烟，未及见敌，我师已困矣。西人之来，虽已涉沙碛，乃在其境内，每于横山聚兵就粮，因以犯塞……今天都、横山为我有，则遂以沙漠为界，彼无聚兵就粮之地，其欲犯塞难矣。此所以为我之利不细，何必举兴州然后为快哉？”[②]

曾布满足于控制横山，与西夏画河为界，但章惇显然是想以横山为据点，进一步进攻西夏本土。由此，二人在开边活动上产生了矛盾。曾布指责章惇“欲灭西夏”为“心疯”，而章惇则反过来言其“欲与西人画河为界”“是杂赁院子里妇人言语”。[③]

① 参见李华瑞《宋夏关系史》，河北人民出版社 1998 年版，第 67–91、394–405 页。
② 《长编》卷 500，哲宗元符元年七月甲子条，第 11911–11912 页。
③ 《曾公遗录》卷 7，元符二年七月己巳条，第 76 页。

章惇因一些措施难以得到枢府的赞同，经常在边事上绕过枢密院，以“私书”直接指挥边帅行动。元符元年（1098）八月，章惇私下与边帅张询密谋，欲先图青唐，从青唐出发夺取西夏右厢地，达到最终制服西夏的目的。事情暴露后，曾布极为不满，指责章惇“行险侥幸”。[①] 次年四月，章惇又欲令边帅进驻喀罗，进逼青唐，曾布全力反对这种“西夏未了，又生一敌国的做法”[②]。元符二年（1099）七月，青唐内乱，宋军乘机进驻邈川，控制了青唐。[③] 宋哲宗君臣商讨是否要在邈川、青唐设置州郡，曾布再次反对，因争之过急而失言道：“先朝创熙河一路，元祐之人皆以谓财力不及，可弃。今乃更与熙河之外创置州县，岂易供给？”被章惇抓住把柄，以为“非先朝而是元祐”，[④] 遂不敢再多谈论青唐开边之事。此后，宋朝在邈川设湟州，在青唐设鄯州。这说明曾布并不主张将边事扩大化，与章惇积极开拓边地的态度形成了鲜明的对比。

曾布对待边事的稳健态度与其讲究实效的政治个性是一致的。军事活动只是开边活动的环节之一，得地之后随之而来的治理问题是更长远、更值得重视的环节。曾布提出“熙河之外创置州县，岂易供给”的疑问，也正是从实际控制治理的角度来考虑的。在这个问题上，曾布是有行政经验与发言权的。熙宁年间外放后，曾布所任职务多涉及边事，如，熙宁十年（1077）知广州、兼广东经略安抚使；元丰元年（1078）知桂州、兼广南西路经略安抚使；元丰四年（1081）知庆州、兼环庆路经略使等。其中，广南西路与交趾（今越南）相连，北宋又在境内融州、宜州、邕州等地设置羁縻州县，凡重要边事，宋神宗经常直接下诏指明要广南西路经略安抚使曾布亲自处理，可

---

① 《长编》卷 501，哲宗元符元年八月壬寅条，第 11943、11944 页。

② 《长编》卷 509，哲宗元符二年四月乙未条，第 12124 页。

③ 《三朝名臣言行录》卷 6 之 2《丞相荆国王文公》云：“绍圣初，章惇作相，曾布作枢密院，董氊巳为强臣阿里骨所篡，国人畏之。阿里骨死，其子瞎征立。国人思故主，不辅瞎征。瞎征懦弱，欲为僧，国人又欲杀之，瞎征遂乞纳上归朝廷。”

④ 《曾公遗录》卷 8，元符二年八月丁丑条，第 92 页。

见对其措置能力还是非常信任的。[①] 处理交趾之事也是曾布的分内之职，元丰二年（1079），顺州土著首领侬志春联合交趾人作乱，曾布指挥部下平定之，[②] 先后上《贺安南班师表》《贺安南捷奏表》。[③] 接着，曾布又措置广南西路与交趾边境榷场贸易事宜，[④] 最终因措置其事有功受朝廷推恩，于元丰二年（1079）十一月由龙图阁待制升龙图阁直学士。[⑤] 曾布又曾出任过环庆路经略使，对西北城寨进驻等事务也有一定了解。[⑥] 这是曾布再度入朝后，宋哲宗让他掌管主管兵事的枢密院的重要原因。而此前已可看出曾布在对待边事上的谨慎实用态度。元丰二年（1079）七月，有大臣建议在邕州望仙坡筑新城，以加强对羁縻地的管理。宋神宗下诏命知曾布及其同僚相度可否，曾布认为难以操作："增筑旧城，自可守御，若城望仙坡，不惟地势欹斜，亦恐公私劳费。邕州地僻，尤难致钱粮，若徙经略司，须增置吏员，益屯马军，宜如旧便。"

---

① 如，《长编》卷 298，神宗元丰二年五月己卯条载："据广西经略司奏：'根括团结到邕、钦州峒丁，成一百七十五指挥，内先籍定武艺上等一万三千六百七人。'知邕州刘初又乞于邕州左、右江增置将官二员，令左、右江提举官就充副将，及选两江知州峒班行轮十人或八人充队将或指使，逐指挥官给旗号锣鼓，其器甲标排之类，依溪峒例私各置办，官置籍拘收。诏：'备录前后所降朝旨及赵卨、刘初论列更制什伍、训隶部勒等利害，并凡诸臣献议应干措置峒丁事，并降付曾布，令参酌便宜，撮取众善。如尚有阙漏，即创为规画，务要详尽，便于施行，疾速条列闻奏。'其后布言：'欲乞令逐镇寨监押、寨主同管辖兵甲使臣并与巡检等，分定州峒等专一管勾，立赏罚条约，以为惩劝。增置都巡检使两员，分地分提举。及增首领、丁壮每岁按阅及大教犒设例物，其武艺绝伦之人，保明闻奏，量材补授名目及分擘使臣管勾地分。'诏添置都巡检使二员，馀送熊本择可行者一面施行。"第 7244–7245 页。《长编》卷 298，元丰二年六月乙巳条载："广南西路经略司言：'土兵额阙，乞许湖南路团结教阅诸军投换本路雄略、澄海指挥。'上批：'近曾布乞募诸路差来屯驻兵级内愿投换就粮见阙诸军，庶免往来纷纷，道路劳费，可速相度指挥。'遂诏除团结诸军不许投换，余如布请。"第 7254 页。

② 《长编》卷 298，神宗元丰二年六月甲辰条载："广西提点刑狱刘宗杰言：'知邕州刘初申，监冻州、奉职黄案高等下头首斩知宫阙峒侬智春，并执妻子，乞加优赏。'上批：'可下曾布速具有功人姓名比优例取旨。'智春先为内殿崇班，与知武峒麻顺福合谋攻顺州，兵败复趋交阯求援，至是平之。"第 7253 页。

③ 《全宋文》卷 1834，第 42 册，第 200、201 页。

④ 如，《长编》卷 298，神宗元丰二年六月癸亥条载："广南西路经略使曾布言：'钦、廉州宜各创驿安泊交人，就驿置博易场，委州监押、沿海巡检兼管勾。'从之。"第 7260 页。

⑤ 《长编》卷 301，神宗元丰二年十一月壬辰条，第 7324 页。

⑥ 《长编》卷 328，神宗元丰五年七月壬寅条载："诏：'鄜延路见修六寨，其长城岭寨以西，接连环庆路金汤、白豹，已指挥环庆路差三万人并边照应。若别有兴作，即是虚劳军马。令徐喜、沉括计议其当进筑城寨处，与曾布议定以闻。'"第 7905–7906 页。《长编》卷 329，元丰五年八月乙亥条："环庆路经略使曾布言：'洛原故城可以建一城，白豹和市可以建一寨，官马川可以建堡。'从之，令李察应副，候鄜延兵势相接，方兴版筑。"第 7925 页。

宋神宗接受了这一意见。[1] 这与曾布反对在邈川、青唐设置州郡的理由是一致的。

熙河开边设州郡还牵涉宋朝与河湟吐蕃的关系问题。在宋神宗熙河开边之前，北宋奉行的是联合吐蕃压制西夏的安抚政策，其后改成招纳征略为郡县为主,而联蕃制夏为辅的政策。因而,宋哲宗时期以军事高压手段进驻青唐，是以灭亡河湟吐蕃为皈依，虽然由此扩大了对西夏作战的地利范围，但也激化了宋与吐蕃之间的矛盾，促成吐蕃弃宋转向与西夏联合，这就是曾布所反对的“又生一敌国”之意。迄今为止，宋史学界对宋廷这一策略的评价也是毁誉参半。[2]

两府在开边事宜上意见不一，但最终还是曾布占据了上风，这是因为在此事上，宋哲宗与曾布的态度比较接近。宋哲宗在开边上的态度非常谨慎，曾布曾说：“初兴边事时，人人以谓不可为，从官而下皆以为笑。”[3] 最初三省、枢密院也认为贸然对西夏开边，“将生衅端，不若令边臣商议，待其背约，然后绝之”。[4] 至绍圣二年（1095）八月，由于西夏“背约，为迁延之词，辄虏捉说话弓箭手指挥使，骄慢如此”，宋哲宗才听从章惇、曾布等人的用兵建议，决定“置增边备，勿复与议”。[5] 此后开边费用浩大，“内库绢才百万，已缀其半矣”，[6] 宋哲宗担心会造成财政危机，影响政局的稳定。绍圣四年（1097）发生星变，古人认为星变与兵事有关，又引发了宋哲宗对西夏开边事宜的忧虑。其时章惇上奏：“公孙路有书来言，区区志在灭贼。”宋哲宗颇不以为然，谓曾布曰:“贼何可灭也？”并直言章惇不谨畏天变，无谨戒之意。[7] 曾布乘机进言“收敛边计”:“进筑城寨，虽为困敌之计，然搬运财植、刍粮，不免差保甲，雇脚乘，即吾民已先困矣。当且休息、爱养公私事力。”史称：

---

① 《长编》卷 299，神宗元丰二年七月戊辰条，第 7265 页。

② 参见李华瑞《宋夏关系史》，第 401–406 页。

③ 《曾公遗录》卷 7，元符二年五月丁巳条，第 40 页。

④ ［清］徐松辑，刘琳、舒大刚、尹波等点校：《宋会要辑稿》方域 19 之 12，上海古籍出版社 2014 年版，第 16 册，第 9656 页。

⑤ 《宋会要辑稿》兵 28 之 36，第 15 册，第 9229 页。

⑥ 《宋史》卷 175《食货上三》，第 4247 页。

⑦ 《长编》卷 491，哲宗绍圣四年九月是月条，第 11667 页。

“上每以为然。”[①]此后，西夏国主多次遣使谢罪求和，极大地满足了宋哲宗的自尊心。在曾布的支持下，宋哲宗不顾章惇的极力反对，结束了对夏战争。

元符二年（1099）十月，章惇再次兴起灭西夏的念头，被曾布与宋哲宗君臣所阻：“上谕布曰：‘章惇以夏人犯邈川，欲因此讨伐，遂灭夏国。’布曰：‘不审圣意以为如何？’上笑曰：‘何可听！’布曰：‘陛下圣明远虑，此天下之福。近岁，诸路进筑城寨，兵民劳敝，财用粮食俱阙乏。幸而西人款塞，遂可休息。今青唐用兵，士卒困敝日甚，若更经营诛灭夏国，如此即忧在中国不在四夷也。”[②]宋哲宗与曾布君臣二人一唱一和，昭示出宋夏休战和议已成不易之定局。此后，青唐部族亦多反叛，是年十一月，传来了知河州种朴阵亡的消息，宋廷在青唐开边中损兵折将，宋哲宗震惊，曾布借此抱怨宋哲宗当初未能听从他的意见。[③]有了宋哲宗的支持，再加上宋廷对青唐开边的失利，在开边问题上与章惇的冲突中，曾布占尽了上风。

---

① 《长编》卷 491，神宗绍圣四年九月壬戌条，第 11653–11654 页。

② 《长编》卷 517，哲宗元符二年十月丙辰条，第 12301 页。

③ 《长编》卷 518，哲宗元符二年十一月乙亥条，第 12324–12325 页。

第四章

“龟鹤宰相”：曾布与宋徽宗初立政局

元符三年（1100）正月，宋哲宗病逝，北宋政局再次显露逆转的契机。自“徽宗继统”到“崇宁党禁”，这段时期的政局演变是导致北宋政治文化最终走向衰败的一个重要环节，但期间所经历的建中之政却博得后人好评。[①] 曾布是建中之政的倡导者，考察他在此期间的政治活动，对于揭示当时政局的变化与走向有着重要的意义。

第一节　徽宗策立与建中靖国格局的奠定

在党争激烈的北宋政治生活中，皇权的向背是主导政局的关键因素。宋哲宗病逝，没有留下子嗣，皇位继承问题成为各方政治势力关注的焦点。经过激烈的争夺，在皇太后向氏的扶持下，最终端王赵佶继位，是为宋徽宗。徽宗策立，曾布在其中起了非常关键的作用。

一、曾布与徽宗策立

《宋史》卷19《徽宗本纪一》载：

---

① 学界相关文章有张邦炜《关于建中之政》，《四川师范大学学报》（哲社版），2002年第6期；罗家祥《曾布与北宋哲宗、徽宗统治时期的政局演变》，《华中科技大学学报》（社会科学版），2003年第2期；罗家祥《向后垂帘与“建中初政”》，载《历史文献与传统文化》第十辑，兰州大学出版社2003年版。

元符三年正月己卯，哲宗崩，皇太后垂帘，哭谓宰臣曰："家国不幸，大行皇帝无子，天下事须早定。"章惇厉声对曰："在礼律当立母弟简王。"皇太后曰："神宗诸子，申王长而有目疾，次则端王当立。"惇又对曰："以年则申王长，以礼律则同母之弟简王当立。"皇太后曰："皆神宗子，莫难如此分别，于次端王当立。"知枢密院曾布曰："章惇未尝与臣等商议，如皇太后圣谕极当。"尚书左丞蔡卞、中书门下侍郎许将相继曰："合依圣旨。"……于是惇为之默然。乃召端王入，即皇帝位。

关于宋徽宗策立之事的记载，《长编》与之大致相似。端王乃是宋神宗第十一子，其最终被推上皇位，首先是向太后的个人意愿。向太后乃宋神宗向皇后，故宰相向敏中的曾孙女，元祐中被尊为皇太后，政治上倾向旧党，熙宁年间，曾与高太后多次向宋神宗言新法不便。向氏依旧例以皇太后身份主持新君即位事宜，她当然会借此良机，选择一个“合适”的皇位继承人，尽量为旧党获取更好的政治环境，使政局能朝有利于旧党的方向发展。

章惇以礼律为依据，率先提出立宋哲宗同母弟简王，向太后断然否决，这中间牵扯到一系列的政治利害关系。向太后无子，宋哲宗并非其亲生。高太后在时，待向太后不薄，封其为皇太后，而压制宋哲宗生母朱氏，仅封其为皇太妃。宋哲宗病危，朱太妃曾进言云：“只十（二）[三] 哥是姐姐肚皮里出来，你立取十（二）[三] 哥即稳便。”[①] 宋人有称母亲为姐的习俗，朱太妃是希望宋哲宗立其同母弟简王为储。在宋哲宗弥留之际，内侍梁从政还迁圣瑞（按，指宋哲宗生母朱太妃，圣瑞为其所居宫名）椅子之类于福宁寝阁前，欲以朱太妃取代向太后主事。[②] 而章惇与朱太妃之间有牵连，向太后曾云：“他（章惇）初作相时，是蓝从熙去宣召，从熙是圣瑞閤中人，说与章惇云：‘此命皇太妃之力为多，将来何以报答？’”[③]“（梁）从政是神宗任使之人，昨

① 《曾公遗录》卷 9，元符三年二月己酉条，第 212 页。“十三哥”原作“十二哥”，误，据《宋史》卷 246《宗室传三 · 神宗子蔡王似传》改。

② 《曾公遗录》卷 9，元符三年三月辛巳条，第 225 页。

③ 《曾公遗录》卷 9，元符三年二月己酉条，第 212 页。

见大行疾已不可，遂呼他问云：‘官家如此，奈何？’从政云：‘但问章惇。’寻便疑之，却问他云：‘惇若说得未是时，如何？’从政云：‘他是宰相，须是。’”[①] 再结合朱太妃在宋哲宗病危时的进言及梁从政“搬椅子”事件，章惇力举简王的用心就不仅仅是从礼律出发那么单纯了，而是在积极主动地为自己攫取政治资本。有此利害关系，向太后当然要极力反对简王策立，当章惇依长幼次序再推举申王时，她又以“目疾”为由再次否决，而另推端王继统。如此一来，新君是出于自己的举荐，自己今后在政局中也就能发挥更多的作用。而就端王本人而言，其政治倾向在当时并不明显，但向太后对他却寄予厚望，曾屡次云：“上（宋徽宗）聪明，莘王以下皆不及”，“上性仁慈，见打人亦怕”。据蔡卞回忆，在宋哲宗孟后废黜案件中，“有宫妾被拷掠者，至死于鞭捶。上（徽宗）闻之，至为之泣下”。[②] 向太后说宋徽宗“见打人亦怕”，当指此事。前文已提及，孟后乃是太皇太后高氏与向太后所喜之人，其被废黜亦与新旧党争有关。时为端王的宋徽宗如此表现，在向太后看来，他如果不是同情孟后，至少也与新党没有什么牵连，立端王对自己还是比较有利的。

因此，这场新君册立之争亦可视为是新旧党争的延续。双方本应势均力敌，向太后虽有太后身份和祖宗旧制为倚仗，但新党也不是毫无对抗之力。在经历了多年的“绍述”新政后，朝中已经是新党的一统天下，向太后身居后宫，在政治势力上难与整个新党集团抗衡。当时在福宁殿前议策立大事的五人中，除向太后外，其余四人皆为新党，而倾向简王的内侍梁从政为都知，押百名亲兵在旁护卫，若新党齐心协力，在立简王上达成一致，以“礼律”为依据与其力争，向太后势单力孤，只怕也无可奈何。但新党内部矛盾重重，成为影响形势发展的又一重要因素。元符三年（1100）四月，曾布、许将、蔡卞三人同呈当日议立宋徽宗首尾本末的时政记，各人所录的文字出入甚大，引起了争执，最终通过向太后的审核，删去了全部异议文字后方达成“统一”。但从当事人曾布所撰的《曾公遗录》中，还可从侧面窥探出当时斗争过程中的一些具体情况：

---

① 《曾公遗录》卷 9，元符三年三月辛巳条，第 225 页。

② 以上见《曾公遗录》卷 9，元符三年正月辛巳条，第 183 页。

是日……遂与（许）将、（蔡）卞同呈《时政记》事。余云：“此事非陛下所闻，当一一质正于皇太后。”上云：“蔡卞言：章惇降阶，犹云：‘召五王来看。’问得内侍张琳等云‘是有此语’。”既至帘前，出余所录文字，太母云：“总是，只是不曾道‘如何’字。”余云：“已删去。”太母云：“若道‘如何’，却去与惇量也。”卞亦云：“曾闻‘如何’之语。”太母云：“不曾。”次呈（许）将文字，从首至尾，太母云：“不闻。”盖（许）将云“乞宣入端王”，又云“上不受奠服，将进云‘披著’”，又云“有传言者云‘著了’”。皆众人所不闻。将是日早忿怒，云余劄子云“将等皆唯唯”，是不曾道一句言语，须吵闹。余云：“但吵不妨。”既进呈，太母皆以为不闻，将但愧怍而已。既又呈（蔡）卞文字，坚云：“臣曾言‘令依皇太后圣旨’。”太母亦黾勉从之。至言“章惇降阶语云，臣卞面折惇云：‘太后圣旨已定，更有何拟议！’”太母云：“不闻。”余云：“适皇帝宣谕，云内侍亦有闻者。”太母坚云：“不闻。”卞遂云：“如此，乞削去。”①

从中我们可以看到，向太后开始的态度并不强硬，有问“如何”与章惇商量的语气，曾布与蔡卞俱闻，但向太后事后自己不承认这一点。章惇并不顺服，拥立端王的决议已定，仍有不顺之语。而许将、蔡卞二人态度暧昧，当时只是看风使舵，曾布临阵倒戈，使其阵脚大乱。须知册立新君是非常敏感的政治事件，稍有差池，就可能给仕途带来毁灭性的打击，最终许、蔡二人出于明哲保身而随声附和，态度并不坚决，事后却极力为自己邀功。章惇孤掌难鸣，随之默然。正因为新党内部成员不团结，各有心思，都想在这一事件中为个人捞取利益，端王即位遂成事实。因此，宋徽宗继位，是新旧党争与新党内部矛盾共同作用的结果，曾布为自己的政治利益，率先站出来支持向太后，对徽宗成功策立起了关键作用。

自绍圣末以来，曾布一直在新旧两党之间搞政治平衡，将自己装扮成中

① 《曾公遗录》卷 9，元符三年四月甲辰条，第 242 页。

立不党之士，至宋哲宗病逝之时，曾布与其他新党，尤其与章惇之间的矛盾已经到了水火不容的地步，赞助向太后，是其为击败政敌所进行的有意识的政治投机。此外，曾布与向太后家族河内向氏有姻亲关系。曾布第三女嫁给了向敏中四世孙向子莘，[①] 向子莘之父向宗旦与向太后是堂姐弟关系。元符三年（1100）六月，向子莘除閤门祗候，子莘妻女入宫谢恩，向太后赐茶酒，抚慰甚厚，曾布于帘前致谢。[②] 这一层关系或许对曾布支持向太后也有一定影响。

章惇在定策之际言端王“轻佻不可以君天下”，[③] 宋徽宗因此怀恨在心：“惇于定策之际，罪恶固不待言。”[④] 向太后又称其交通近习，曾布趁机挑拨：“今外则宰相，内则都知，皆在众人之上，又皆异意之人，朝夕亲近，岂得稳便……今日事既不成，惇与从政皆怀家族之忧，惇为首相，从政握亲兵，内怀反侧，但无可为尔。”[⑤] 章惇因此政治命运堪忧。曾布自己则因“定策之功”取得向太后和宋徽宗的信任，政治地位急剧提升，成为这场斗争中的赢家。

二、曾布与建中靖国格局的奠定

宋徽宗策立，使得北宋政风再次发生逆转。元符三年（1100）正月，宋徽宗即位，恳请向太后垂帘听政，北宋再次出现母后临朝的局面，这一切与宋哲宗即位、高太后垂帘的情形具有惊人的相似性，但“元祐更化”的历史并未重演，帝后共政的局面孕育出比之更为理智的“建中之政”。

“建中之政”是宋徽宗与向太后共政的结果。宋徽宗继位已十九岁，是为长君，有单独处理政事的能力，但由于其为非正常即位，为稳定皇权，引向太后垂帘为助是必要的，用曾布的话说，即：“皇帝践祚，内外皆有异议之人。上识虑高远，以此坚请太后同听政，不然，谁冀与为助者？”[⑥] 因此，宋徽宗即位初，其施政方针便多以向太后的政治向背为从违。

---

① 《嘉定镇江志》卷 19《人物》，《宋元方志丛刊》本，第 3 册，第 2531 页。

② 《曾公遗录》卷 9，元符三年六月癸卯条，第 278、279 页。

③ 《宋史》卷 22《徽宗本纪·赞》，第 417–418 页。

④ 《曾公遗录》卷 9，元符三年四月丁未条，第 246 页。

⑤ 《曾公遗录》卷 9，元符三年三月辛巳条，第 225 页。

⑥ 《曾公遗录》卷 9，元符三年二月己酉条，第 212 页。

与高太后不同，向太后是一个比较低调之人，在北宋诸多垂帘的太后中，以不贪恋权力而享有盛名。她拒绝宦官黄经避其父向经之讳的请求，宋徽宗欲加恩于向氏，封其弟向宗回、向宗良为使相，亦为向太后谢绝。① 向太后为人又极谦抑，垂帘之初，便宣称不久当还政，曾自嘲云："瞎字也不识，怎生理会得他天下事？"② 这可能也与向氏的门风熏陶有关。向太后曾祖父向敏中在宋真宗朝为相，作风就比较谦和、谨小慎微，向太后曾对大臣云："先丞相（向敏中）最被遇真皇，先一年薨，不及策立仁宗，相公等皆知先丞相事业。旧尝见父言：'慈圣（曹太后）盛德，然还政亦差迟。'至今记得此语，以此不自遑安，如此，庶几不违父教，不辱先相门风。又俗语云：'被杀不如自杀。'不成更待他时，教他人有言语后还政，何如先自处置为善。"③ 另一方面，在政见上，向太后偏向旧党，但也并不全盘否定熙丰之政，她认为："神宗政事，岂可专欲毁废？"④ 对熙丰之政的批判也以间接的指责居多："神宗圣明，岂近世人主可比，只是晚年不免错用却人，不免致天下论议。"⑤ 可见，向太后作风较柔，没有高太后那种将局势全盘翻转的魄力，她曾宣谕宰执："有甚熙宁、元丰、元祐、绍圣，但是者则用，不是者则不用，更不必分别此时彼时。"⑥ 这是向太后为政局发展定下的基调，也指明了"建中之政"的方向。

当时朝政为新党把持，且经过六年多绍述之政的全面清洗与打击，旧党集团的力量已基本上被瓦解，主要人物大部分相继去世，幸存的如苏轼兄弟等业已进入风烛残年，这决定了旧党的力量已不可能与新党集团相抗衡，要完全彻底地清算新党绝非易事，非短时内所能做到，这也是促使局势向建中之政发展的一个客观的外部条件。此时，大多数新党分子进入了高度紧张的政治气氛中，而曾布的心情却比较轻松。自绍圣以来，他就一直努力为自己塑造中立不党之士的形象，在定策之时拥立宋徽宗，又确保了他高人一筹的

---

① 《曾公遗录》卷 9，元符三年正月辛巳条，第 182、183 页。
② 《曾公遗录》卷 9，元符三年正月己亥条，第 202 页。
③ 《曾公遗录》卷 9，元符三年二月甲辰条，第 206–207 页。
④ 《曾公遗录》卷 9，元符三年二月壬戌条，第 221 页。
⑤ 《曾公遗录》卷 9，元符三年三月丙子条，第 223 页。
⑥ 《曾公遗录》卷 9，元符三年六月甲辰条，第 282 页。

政治地位，因此，当其他新党唯恐国事有变之时，曾布却想借此良机，将自己的仕途继续推向顶峰。据《曾公遗录》卷 9,元符三年正月庚辰条记载:“左辖（蔡卞）云:‘天下大计已定,唯是先帝法度、政事当持守。’余（曾布）云:‘事止有是非，若所持守于公议为是，孰敢以为不然？’”曾布此时已经准备抛弃自己的同党。南宋朱熹认为:“建中纪号，调亭两党，实曾丞相之策。”[①]此语或有夸大之嫌,建中之政是以向太后和宋徽宗为代表的皇权向背的结果,但在建中之政的具体酝酿、策划和实施的整个过程中，曾布无疑是一个非常重要的人物。

首先，向太后垂帘之际的施政方针是向旧党倾斜的，如：大批元祐党人相继还朝，复司马光、吕公著、文彦博等已故元祐党人在绍圣时期所夺之官，为“宣仁太后”平反，复宋哲宗孟皇后名位等等，在这些方面，曾布都积极赞助，为结束新党一统天下的政局和“建中之政”的实施创造了条件。

向太后垂帘的当月,宋廷便“遣使劳问范纯仁于永州”,[②]接着又批复三省，“以尚书及从官阙，令与枢密院参议，具前执政等十人、余可充从官者二十人具名进入”。[③]这是明显要援引元祐之人入朝，故遭到蔡卞等人反对，曾布却为之周旋：

> 左辖（蔡卞）云：“只是恐有人援引诋毁先帝之人，望皇太后主张照察。”余（曾布）云：“同是臣子，古人有言：‘见无礼于其君者，如鹰鹯之逐鸟雀。’亦必无此理。”左辖退云曰：“公之言甚好，然外人已传召梁惟简归也，不可不虑。”余云:“公但安心，苏轼、辙辈必未便归也，其他则未可知。”[④]

经过一番磋商，韩忠彦、李清臣、黄履等一批宋哲宗朝被贬之人得以重返朝廷。其中，韩忠彦乃北宋中期元老大臣韩琦的长子，向太后的外甥，倾

① ［宋］朱熹：《晦庵集》卷 82《书曾帖程弟跋后》，文渊阁四库全书本。
② ［宋］彭百川：《太平治迹统类》卷 24《元祐党事本末》（下），文渊阁四库全书本。
③ 《曾公遗录》卷 9，元符三年正月丙戌条，第 189 页。
④ 《曾公遗录》卷 9，元符三年正月乙未条，第 196–197 页。

向旧党中人，由于其与向太后特殊的政治关系，还朝后立刻被重用。元符三年（1100）二月，韩忠彦任门下侍郎，任命之时，给事中刘拯以外戚不得为执政而封驳词头。[①] 其后，曾布在宋徽宗面前攻击刘拯为蔡卞门下士，要求予以黜责，宋徽宗听从曾布之言，将刘拯出知濠州。[②] 韩忠彦顺利进入宰辅机构，也有曾布的一份功劳。曾布又在宋徽宗面前引荐董敦逸、陈次升、邹浩等人，且言："陈瓘、王涣之、张庭坚皆可用。"[③] "朝廷之上，唯是邪正是非分明，则君子小人各得其所。（王）涣之等高科，二十余年沉屈，但以不附执政，故多方排抑。"[④] 这是亲自引荐旧党入朝。在曾布的支持下，大批的元祐党人先后被起用，吴安持、邹浩、蒋之奇、陈瓘、龚夬等还朝。当年三月，陈瓘为左正言，邹浩为右正言，龚夬为殿中侍御，台谏基本上为倾向元祐党人的官员控制。四月，韩忠彦拜右仆射，与章惇并相，新党地位动摇，整个局势迅速发生变化。[⑤]

旧党的还朝，与向太后垂帘，朝政方针向旧党倾斜有关，但曾布于其中的引荐作用不容忽视，宋徽宗就曾对曾布言：台谏"多卿等所属"。[⑥] 曾布举荐旧党入朝还有一个目的，即利用他们击垮新党内部的政敌。与此相配合，曾布也强烈要求贬黜章惇等人："欲先且逐卞……卞既去，惇亦不能害政矣。"[⑦] 在贬黜蔡京一事上，曾布更是态度坚决，不惜触怒向太后与宋徽宗。[⑧] 四月，陈瓘等人开始大张旗鼓地对章惇、蔡卞等新党进行弹劾。经过这些活动，新党势力被明显削弱，章惇、蔡卞、蔡京等人先后被贬出朝廷。朝中政治力量的对比发生变化，形成了分别以曾布、韩忠彦为首的新旧两党同时并立于朝

① 《长编拾补》卷 15，元符三年二月庚申条，第 573 页。
② 《长编拾补》卷 15，元符三年二月辛酉条，第 574 页。
③ 《曾公遗录》卷 9，元符三年二月庚戌条，第 214、215 页。
④ 《曾公遗录》卷 9，元符三年三月丙子条，第 223 页。
⑤ 《宋宰辅编年录校补》卷 11，元符三年四月甲辰条，第 662–663 页。
⑥ 《曾公遗录》卷 9，元符三年六月癸卯条，第 279 页。
⑦ 《曾公遗录》卷 9，元符三年三月辛巳条，第 226 页。
⑧ ［宋］陆游撰，李剑雄、刘德权点校：《老学庵笔记》卷 4 云："曾子宣丞相尝排蔡京于钦圣太后（向太后）帘前。太后不以为然，曾公论之不已，太后曰：'且耐辛苦。'盖禁中语，欲遣之使退，则曰'耐辛苦'也。"中华书局 1979 年版，第 53 页。又据《长编拾补》卷 16，元符三年六月辛亥条："殿中侍御史龚夬上殿论蔡京罪状，上甚愠曰：'夬所陈，皆曾布之语也。'"第 601 页。最终在曾布与旧党的恳请下，蔡京于元符三年十月外贬。

的政治局面，这成为实施建中之政的政治基础。

曾布也是“建中之政”的倡言者之一。在宋哲宗亲政后期，曾布已经在努力将自己打扮成中立不党之士，而元符三年正月宋徽宗策立之初，曾布又有“事止有是非”，当“所持守于公议为是”的言论，因此，“建中之政”的主张其实与曾布之前所奉行的“毅然中立”的政治策略有某种契合之处。其后，曾布适应形势的发展，不失时机地提出调和两党的主张，据《曾公遗录》卷 9，元符三年六月癸卯条载：

> 余又为上言：“元祐之人愤疾熙宁、元丰之人，一切屏斥，已失之偏；绍圣用事者，又深怨元祐之人，故窜斥废黜无不过当，其偏则又甚矣。今日陛下方欲以大中至正之道，调一两党，则但当区别邪正是非，处之各得其所，则天下孰敢以为非者？若今日但知收复元祐之人，退黜绍圣之人，则不免又偏矣。如此，则与元祐、绍圣何以异？非陛下所欲扶偏救敝、持平近厚之意也。”

所谓“以大中至正之道，调一两党”，这是在绍述之政的格局被打破之后，曾布提出的对今后政局走向的规划与主张，“建中之政”在此时已经开始酝酿了。是年十月，宋徽宗下诏云：

> 朕于为政取人，无彼时此时之间，斟酌可否，举措损益，惟时之宜；旌别忠邪，用舍进退，惟义所在，使政事不失其当，人才各得其所，则能事毕矣。无偏无党，正直是与，体常用中，祇率大体，以与天下休息，以成朕继志述事之美，不亦韪欤？若夫曲学偏见，妄意改作，妨功扰政，以害吾国是者，非惟朕所不与，乃公议之所不容，亦与众弃之而已。[①]

此诏令的出现，表明“建中之政”的国策已经正式确立。十一月，宋廷

① 《长编拾补》卷 16，元符三年十月己未条，第 615–616 页。

再次下诏:“改明年元,时议以元祐、绍圣均有所失,欲以大公至正,消释朋党,遂改元为建中靖国。”[①] 这一局面的出现与曾布的倡导与主张是分不开的。此后，他又多次在与宋徽宗议论时政时强调“建中靖国”的主题思想，建中靖国元年（1101）七月壬戌，曾布作如下开陈：

> 陛下欲持平用中，破党人之论以调一天下，孰以为不然。而偏见异论之人各私其党，又有报复怨仇之意纷纷不已，致圣意厌恶，此诚可罪，然元祐、绍圣两党，皆不可偏用……缘此等人在朝，决不免怀私挟怨，互相仇害，则天下士类为之不安；士类不安，则朝廷亦不安矣。愿陛下深思熟虑，无使两党得志，则和平安静，天下无事，陛下垂拱而治矣。[②]

经过了一系列令人眼花缭乱的政治斗争后，曾布终于凭借“建中之政”而登上了其仕途的顶峰。元符三年（1100）十月，韩忠彦升左仆射，曾布升右仆射，新旧党人共居宰相之位。宋人云：“建中靖国初，韩忠彦、曾布同为宰相，曾短瘦而韩伟岸，每并立廷下，时谓‘龟鹤宰相’。”[③] “龟鹤宰相”分别是新旧两党势力的象征，也是建中之政政治格局的象征。

韩忠彦为向太后所信任，乃旧党势力的代表。在议复孟皇后问题上，宋徽宗与向太后曾经发生分歧。向太后一定要废刘皇后，复孟皇后；宋徽宗则认为复孟氏则可，但若废刘氏，“如此则彰先帝（哲宗）之短”，不妥当，宋徽宗恐向太后不易被说服，蔡卞云：“韩忠彦乃帘中所信，须令忠彦开陈，必听纳。”[④] 结果韩忠彦于帘前开陈，果然一说便通。

韩忠彦为“帘中所信”，曾布则与宋徽宗的关系更为亲密。曾布首先因定策之功获得宋徽宗的信任。之后，在向太后垂帘的格式问题上，他又提出：“今上长君，岂可垂帘听政？……如嘉祐故事施行，乃得为礼”，确定了“奏

---

① 《宋史纪事本末》卷48《建中初政》，第473页。
② 《长编拾补》卷17，建中靖国元年七月壬戌条，第639页。
③ ［宋］庄绰撰，萧鲁阳点校：《鸡肋编》卷上，中华书局1983年版，第25页。
④ 《挥麈录》后录卷之1，第57页。

事先奏皇帝，次覆奏太后”的“定式”，[①] 在迎合向太后的同时，确保了宋徽宗的政治利益。而宋徽宗似乎也更信任曾布，常与其密议朝政。如元符三年（1100）五月，曾布私下提醒宋徽宗须防范太后左右之人，并为其策划向太后还政事宜，据《曾公遗录》记载：

乙亥。余留身……余云：“……今日垂帘，太后殿中近习气焰有过于陛下左右之人者，一旦还政，岂不冷落？万一此辈妄生意见，太母有一言，则陛下难处，须预防之。”……余云：“臣更有一事，不敢不尽愚忠。升祔后既还政，则便须分画分明，若事须与闻，则恐未便，须事初便画断乃可。”……上云：“固须如此。除亲王公主间事或有可商量，余外事岂可更白？”

曾布还一再告诫宋徽宗：“君不密则失臣，臣不密则失身。愿陛下更赐垂意，此语稍漏露，臣实无所措身矣。”宋徽宗连连表示：“会得！会得！”[②] 从中可以看出，曾布与宋徽宗的关系非同一般。

当其他新党纷纷外贬之后，曾布便成为新党的领头羊。在抵制旧党势力的扩张，维护新党地位方面，他也做了不少的努力。曾布曾在宋徽宗面前排挤苏轼兄弟：“元祐、绍圣两党奸恶，皆不可令得志。使轼、辙、京、卞在朝，则更相报复，无有穷已，天下无安静之理。”[③] 可见，新旧两党的领袖都是其打击的对象。《曾公遗录》卷 9，元符三年六月癸卯、甲辰条又记载了宋徽宗与曾布君臣二人进行的私下商谈，其内容很能说明问题：

余云：“然今日城寨尤不比前日，不惟不可轻议弃舍退缩，若备御不至，异时西人万一犯顺，若一处为西人所破，则边计便须动摇，此不可不慎。”上深然之，云：“若破一处，则他处皆动摇必矣。”上又云：“茶

① 《曾公遗录》卷 9，元符三年正月庚辰条，第 178–179、181 页。
② 以上见《曾公遗录》卷 9，元符三年五月乙亥条，第 263、264 页。
③ 《长编拾补》卷 17，建中靖国元年七月癸未条，第 641 页。

马事亦不可罢。”余云：“茶马岁课二百万，元祐中所不能废，今若罢去，则边费及岁买马二万匹将何以给？”上又云：“不独茶马，免役法亦不可改。”余云：“元祐罢免役，天下百姓以为不便，皆愿复行，何可改？然不独免役，常平法亦不可废。”

（布云）：“不审陛下以为光等为有罪无罪？”上云：“莫须是有罪。”余云：“圣意如此，臣乃敢尽言。绍圣中，以光等有反逆心，谋废立事，天下皆以为冤。至于诋毁神宗，变乱法度，则事迹具存，岂得为无罪？如光论免役法，以先朝为剥肤椎髓，岂不是诋毁？而免役之法，天下百姓以为便，而光以为不便，必须毁废而后已。又如苏辙章疏云：‘鹿台之财聚而商亡，洛口之仓积而隋灭。’是以神考方纣及炀帝，可以为无罪乎？”

在这两次谈话中，曾布与宋徽宗至少在两个问题上达成一致：其一，司马光、苏辙等旧党有罪；其二，熙丰之法，至少是部分熙丰之法不可废。而宋徽宗倾向新党亦可从中略窥一二。当时，旧党范纯礼亦对曾布言：“上有所涵蓄，恐撤帘后必更有所为。”[①]元符三年（1100）六月，建中之政尚处酝酿时期，曾布此时已经确定，在未来的政治格局中，因为有宋徽宗的支持，新党将立于不败之地。

第二节 入元祐党籍：建中之政的失败与曾布的政治结局

自熙丰以来，政局变幻莫测，新旧两党反复受祸，人们对于党争普遍感到厌恶，建中之政，欲调停两党，这对于长期陷入朋党倾轧的北宋政治来说，无疑有积极的意义，因而也得到了部分士大夫的认同，建中靖国元年（1101），苏轼自儋州北归，便欣慰地说：“建中靖国之意，又恃以安。”[②]但现实是，新

① 《长编拾补》卷16，元符三年六月辛亥条，第601页。
② ［宋］赵彦卫撰，傅根清点校：《云麓漫钞》卷9，中华书局1996年版，第154页。

旧两党虽并立于朝，在政见上又各有所偏，并未达成统一，建中之政是向太后与韩忠彦、宋徽宗与曾布为代表的两方实力平衡的结果，基础相当薄弱，最终昙花一现，演变为比绍圣更为惨烈的“崇宁政局”。而对于崇宁政局的出现，旧党难辞其咎。

一、旧党倾轧曾布与建中局面的失控

建中之政使得大批旧党得以牵复或入朝参政，但他们并不满意“元祐、绍圣两均为有失”的结论，而是一心向往重建元祐政局。随即，旧党打着“辨邪正”的旗帜，开始了全面清洗新党出朝的行动，此前曾力引旧党入朝的曾布也成为他们攻击的目标：陈次升为御史，前后九次上章对曾布进行弹劾，其言有云：“伏见右仆射曾布，性禀奸邪，心怀凶险。顷居枢府，阿顺宰臣，进用非人，大开边隙，费财用如粪壤，轻人命如草芥。今独归罪章惇，未知布之所职何事？”[①]这不仅是在弹劾曾布，更有攻击前朝绍述开边之政的嫌疑。建中靖国元年（1101）正月，皇太后向氏病逝，朝廷选派曾布担任山陵使。[②]山陵使是指皇帝（包括曾经临朝称制的皇太后）去世后，朝廷为兴办丧事临时设置的职位。自唐代设使至宋代，围绕山陵使一职衍生出独特的政治传统：一是山陵使必须由先朝宰相担任；二是山陵事毕后担任山陵使的宰相必须辞职离任。这一传统产生了强大的约束力，使山陵使职位成为有力的政治工具。皇帝可以通过山陵使辞去前朝宰相，除旧布新，完成人事任免的血液更新，臣僚也可以借助它排斥异己、攻击政敌。[③]章惇在担任过宋哲宗的山陵使之后就去职了。曾布当然也要预防政敌以此为借口排挤自己，在当年四月离开三省出任皇太后山陵使之前，特地提醒宋徽宗要保全自己：“众论皆以为，臣出使之后，必有合谋并力为倾摇之计者，愿陛下察之。”并得到了宋徽宗的允诺：“渠辈待人如此，岂有此理也！”[④]正如曾布所料，在曾布山陵使之职尚未完成时，右司谏陈祐已连上两章弹劾曾布，曾布归任后，再次累章弹

① ［宋］陈次升：《党论集》卷3《弹奏曾布》，文渊阁四库全书本。

② 《长编拾补》卷17，建中靖国元年正月丁丑条，第622页。

③ 参见孙健：《家国理念下的政治传统与政局变迁——唐宋时期以山陵使为核心的政治文化考察》，《学术研究》2013年第1期。

④ 《长编拾补》，卷17，建中靖国元年四月壬寅条，第634页。

劾其自山陵使还后不乞求去职。更有旧党岑象求扬言：“（苏）轼、辙不相则不已。”其目的正如曾布所言：“众欲逐臣，复行元祐之政。”① 宋徽宗此时还离不开曾布的扶持，陈祐最终出知滁州。但旧党对曾布的攻击并未停止，建中靖国元年（1101）八月，右正言陈瓘又上书言绍圣史官专据王安石《日录》改修神宗实录、变乱是非之罪，指责曾布：“尊私史而压宗庙，缘边费而坏先政，此二者，阁下之过也。”②

旧党的所为显然与时议的“调停”之策相违，作为宰相的曾布当时也采取了各种手段，试图笼络、控制这一异端势力，但局势已经有些失控了。如:《宋史》卷348《傅楫传》云:“时曾布当国,自以于（傅）楫有汲引恩,冀为之用。楫略无所倾下，凡命令有不当，用人有未厌，悉极论之，虽屡却不为夺，布大失望。”又《桯史》卷14《陈了翁始末》云：“陈了翁（陈瓘）在徽祖朝，名重一时，为右司员外郎。曾文肃敬之，欲引以附己，屡荐于上，使人谕意，以将大用之。了翁谓其子（正彙）曰:‘吾与丞相议多不合，今乃欲以官相饵。吾有一书将遗之，汝为我书。’且曰：‘郊恩不远，恐失汝官，奈何？’正彙再拜愿得书，了翁喜。明日持以见文肃于都堂，适与左司朱（彦）会，待于宾次，朱借读其书，动色。既见，文肃果大怒，嘻笑谓曰：‘此书他人得之必怒，布则不然。虽十书不较也。’了翁退，即录所上文肃书及《日录辨》《国用须知》，以状申三省。”对于此种失控局面的出现，宋徽宗大为不满，且将其归咎于曾布：“上临朝谓文肃曰：‘瓘如此报恩地耶！’又曰：‘卿一向引瓘，又欲除左右史，朕道不中，议论偏，今日如何？’文肃愧谢。”③ 由此可知，建中政局是旧党率先打破的。曾布于建中靖国元年七月给其弟曾肇的一封信中即指出：

> 上践祚之初，深知前日之弊，故尽收元祐窜斥之人，逐绍述之挟怨不逞者，欲破朋党之论，泯异同之迹，以调一士类。而元祐之人持偏如故，

① 《皇朝编年纲目备要》卷26，建中靖国元年六月“解陈祐言职”条，第651页。《长编拾补》卷17，建中靖国元年六月甲辰条，第635–636页。

② 《长编拾补》卷17，建中靖国元年八月壬子条，第648页。

③ ［宋］岳珂撰，吴企明点校：《桯史》卷14《陈了翁始末》，中华书局1981年版，第158页。

凡议论于上前，无非誉元祐而非熙宁、元丰，欲一切为元祐之政，不顾先朝之逆顺，不卹人主之从违，必欲夺上意，使舍熙、丰而从元祐，以遂其私志。致上意愤郁，日厌元祐之党，乃复归咎于布。合谋并力，诡变百出，必欲逐之而后已，上意益以不平。①

此后，大臣邓洵武趁机挑拨："陛下乃先帝子，今相忠彦乃琦之子。先帝行新法以利民，琦尝论其非，今忠彦为相，更先帝之法，是忠彦能继父志，陛下为不能也。"② 宋徽宗本就倾向新党，向太后病逝，使其又少了一层政治上的钳制，遂坚定了改弦易辙的决心。建中靖国（1101）十一月，宋廷下诏改次年为崇宁元年，"崇宁者，崇熙宁也"，③ 将"建中靖国"的年号改为"崇宁"，意味着宋徽宗执政方针的大转变，表明宋廷要再度绍述宋神宗政事，建中之政归于失败，同时也表明，在党祸日甚一日的北宋后期，调停两党只能是一个梦想。

在从建中之政向崇宁政局的演变中，曾布又起了什么作用呢？《朱子语类》卷 130《自熙宁至靖康用人》云："曾子宣初亦未尝有甚恶元祐人之意。被陈莹中（陈瓘）书之后，遂乘势作起徽宗攻治之。"也就是说，曾布本意还是热衷于建中之政的，其后来转向绍述之政也是被元祐党人逼出来的。《长编拾补》卷 18，徽宗建中靖国元年九月己未条又载：

陈瓘既黜……是日，布入对，留身面谢，(上)慰劳加勤，且谓布曰："先朝法度，多未修举。"又曰："元祐小人，不可不逐。"布对曰："陛下初下诏，以为用人无彼时此时之异，若臣下便能将顺奉行，则必不至今日如此分别，然偏见之人，终不可率，当更缓治之。"上曰："卿何所畏？"且曰："卿多随顺元祐人。"布曰："臣非畏人者，处众人汹汹中，独赖眷属，有以自立，偏见异论之人诚不少，彼不肯革面，固当去之。然上体陛下仁厚

① 《长编纪事本末》卷 130《久任曾布》，第 4069-4070 页。
② 《宋史》卷 130《邓洵武传》，第 10600 页。
③ 《铁围山丛谈》卷 1，第 12 页。

之德，每事不敢过当，故欲从容中节耳。若言臣随顺及畏元祐人，不知圣意为如何？”上笑曰：“岂有此，但人言如此，故及之。”

此时，曾布的心情是非常复杂的。旧党极端不合作的激烈言行已经将其置于一个非常尴尬的处境：一方面，自己被屡屡弹劾，宋徽宗亦因旧党不顺服而归咎于己，政治地位岌岌可危；另一方面，若就此转入绍述之政，被贬逐的章惇等新党重新入朝的局面将不可避免，这种局面的出现也是非常可怕的。其弟曾肇就曾指出：“兄与惇、卞异趋，众所共知，绍圣、元符间惇、卞可以挤兄者无所不为，亦众所共知。使其得志，必不肯舍兄，就令兄肯与之解仇，彼必不信，亦必不听，然则不独宗社生灵、善人君子罹其患害，曾氏之祸必不在众人之后矣。”[①] 因此，当宋徽宗提出“元祐小人，不可不逐”时，曾布并不想急于打破建中之政的局势，而是以“缓治之”相劝。但随即被宋徽宗指责为“随顺及畏惧元祐人”，曾布不得已放弃了“建中靖国”的目标，转而攻击元祐党人。南宋史学家吕中认为：曾布“至建中之时，初知上有消朋党之意，乃排蔡京而主元祐；及知上有绍述之意，则排（韩）忠彦而主绍述”。[②] 亦有史称：“曾布初以熙丰法行之岁久，当补其弊，已而，布背前议，以为熙丰之法万世不可改，力陈绍述之说。上久不决。”[③] 两种说法虽有不同，但都认为曾布在从建中之政向“绍述之政”转化的政局演变中起了重要作用。然而，放弃“建中之政”是曾布无可奈何的选择，崇宁政局的出现是另一新党人士——蔡京策划的结果。

二、曾布、蔡京之争与建中之政的失败

建中之政的失败，崇宁局面的出现，与曾布在政治上的溃败同步。宋徽宗决意恢复宋神宗政事，但在其心目中，曾布却不是能担当此任务的理想人选。曾布作为新党，其政治倾向过于暧昧，尽管他在绍圣、元符间也参与了排击旧党，奉行“绍述”，但其间又多有异论；建中靖国年间，曾布更是力陈：

---

① 《长编纪事本末》卷 130《久任曾布》，第 4068–4069 页。

② 《类编皇朝大事记讲义》卷 21《徽宗皇帝 · 小人变法》，第 366 页。

③ 《皇宋编年纲目备要》卷 26，建中靖国五月“以徐勣为翰林学士”条，第 650 页。

“元祐、绍圣两党奸恶，皆不可令得志”，[①] 竭力将自己与绍圣新党区分开来，因而给宋徽宗造成了一个“多随顺及畏惧元祐人”的印象。宋徽宗需要的是一个能将局势迅速翻转的铁腕人物，曾布做“建中”之相还可，主持绍述政局则差强人意。关于曾布不为宋徽宗所喜的原因，还有另外一些说法，据王明清《挥麈录》后录卷之1记载：

> 徽宗初践祚，曾文肃公当国。禁中放纸鸢落人间。有以为公言者。公翌日奏其事。上曰：“初无之，传者之妄也。当令诘治所从来。”公从容进曰：“陛下即位之初，春秋方壮。罢朝余暇，偶以为戏，未为深失。然恐一从诘问，有司观望，使臣下诬服，则恐天下向风而靡寔，将有损于圣德。”上深惮服，然失眷始于此也。

应该说，宋徽宗不仅对曾布的政治行为不满，而且在性格与气味上也难与之相投。宋徽宗十九岁即位，少年天子，且多才多艺，诗文词赋、琴棋书画无所不通，在历史上是一个“放荡不羁、骄奢淫逸”的亡国“昏君”；而曾布此时已经年近七十，整日喋喋不休于国事，动辄以忠直敢言自居，形象陈腐，宋徽宗于此不免厌倦。

与此同时，曾布的政敌蔡京则成为宋徽宗所认可的最佳宰执人选呼之欲出。蔡京是主宰宋徽宗朝政局的关键性人物，与宋徽宗之间有着牢不可破的奇特关系。《宋史》卷472《蔡京传》云：“帝七幸其第，赉予无算。命坐传觞，略用家人礼。”从宋徽宗崇宁元年七月至宣和末，虽曾三次罢相，然“屡罢屡起”，宋徽宗始终与其难解难分。而蔡京与宋徽宗最初的政治合作便是从崇宁初绍述宋神宗政事开始的。当时，大臣邓洵武向宋徽宗进言，若欲推行绍述非用蔡京不可，据《宋史》卷329《邓洵武传》记载：

> 洵武为帝言：“陛下方绍述先志，群臣无助者。”乃作《爱莫助之图》

① 《长编拾补》卷17，建中靖国元年七月癸未条，第641页。

以献。其图如《史记》年表，列旁行七重，别为左右，左曰元丰，右曰元祐，自宰相、执政、侍从、台谏、郎官、馆阁、学校各为一重。左序助绍述者，执政中唯温益一人，余不过三四，若赵挺之、范致虚、王能甫、钱遹之属而已。右序举朝辅相、公卿、百执事咸在，以百数。帝出示曾布，而揭去左方一姓名。布请之，帝曰：“蔡京也。洵武谓非相此人不可，以与卿不同，故去之。”布曰：“洵武既与臣所见异，臣安敢豫议？”明日改付温益，益欣然奉行，请籍异论者，于是决意相京。

邓洵武是蔡卞的门人，绍圣元符年间，曾布经常在宋哲宗面前攻击蔡卞与邓洵武等人结党营私。① 邓洵武绕过曾布引荐蔡京，再次吹响了新党内部权力之争的号角。

值得注意的是，旧党韩忠彦在蔡京入朝上也起了重要作用，目的却是为了压制曾布。韩忠彦无论在资历还是能力上，都比不上曾布，其居左相，位在曾布之上，完全是因为向太后的关系。向太后病逝后，韩忠彦本身已少了一层倚靠。而韩忠彦援引的一些旧党人士也因与曾布的矛盾相继被清除出朝，更让其感觉到势单力孤。最终，韩忠彦居然引狼入室，采取了援引蔡京入朝的方式来缓解来自右相曾布的压力。据《邵氏闻见录》5 记载：

元符末，哲宗升遐，上皇即位，钦圣皇太后垂帘同听政，召范忠宣公于永州，虚宰席以待。忠宣病，不能朝，乃拜韩忠彦为左仆射。安焘有时望，方服母丧，乃拜曾布为右仆射。次年，改建中靖国，钦圣太后上仙，布为山陵使。布与内臣刘瑗交通，多知禁中事，就陵下密谕中丞赵挺之，建议绍述以迎合上意。布还朝，与忠彦势相敌，渐逐忠彦荐引之士，右丞范公纯礼为人沈默刚正，数以言忤上，布惮之，谓驸马都尉

① 如《长编》卷 501，哲宗元符元年八月丙戌条载：“（宋哲宗）又问周穜、邓洵武，（曾）布曰：‘臣论之多矣。穜专附惇，洵武专附卞，故卞不喜穜，惇不喜洵武，各有所偏，非公论也。穜固不正，然洵武正似其父绾，天资柔弱，然有所朋附，则击搏害物，无所不敢为。’”第 11933 页。《长编》卷 518，哲宗元符二年十一月庚辰条载，曾布对宋哲宗云：“惇、卞亦各有党，惇所悦即曾旼、周穜之类，卞所悦即郑居中、邓洵武、叶棣之徒，要皆不协公议。”第 12328 页。

王诜曰："上欲除君枢密都承旨，范右丞不以为然，遂罢。"盖诜尝以札子求此官于上，上禀皇太后，后曰："王诜浮薄，果使为之则坏枢密院。驸马都尉王师约在先朝为此官称职，可命之。"上从王诜所纳札子，批除王师约枢密都承旨，皇太后之意也。布妄言出于范右丞，以激怒诜，诜信而恨之。后诜因馆伴大辽使、妄称范右丞押宴，席间语犯御名，辱国。右丞不复辩，以端明殿学士出知颍昌府，自此忠彦之客相继被逐矣。布专意绍述，尽复绍圣、元符之政，忠彦懦而无智，既怨布，乃曰："布之自为计者绍述耳。吾当用能绍述者胜之。"遂召蔡京，京之大用，自韩忠彦始。

曾布同时受新旧两党夹击，进一步表明，在激烈的党争环境中，"毅然中立"就等于自我孤立。蔡京是曾布的宿敌，他的复起使曾布的地位岌岌可危，因而最初曾布试图阻止此事，但宋徽宗对蔡京颇为青睐，他借助韩忠彦的支持绕过曾布，直接提拔蔡京为学士、知大名府，有意借助蔡京过阙谢恩之机，将其留在朝堂。据《长编拾补》卷19，徽宗崇宁元年三月辛丑条载，"龙图阁直学士、新知定州蔡京为端明殿学士、知大名府。先是，大名阙帅，曾布白上前，两府惟有刘奉世。上默然。韩忠彦与布交恶，阴欲结京，乃言熙宁故事，尝除学士不必前两府。因请用京，上从之。"王明清《挥麈录》后录卷之6也记载了此事：

曾文肃元符末以定策功爰立作相，壹意信任，建言改元建中靖国，收召元祐诸贤而用之，首逐二蔡，而元长先已交结中禁，胶固久矣，虽云去国，而眷柬方浓。自是屡欲召用，而文肃辄尼之。一日，徽宗忽顾首相韩文定（韩忠彦）云："北方帅藩有阙人处否？"文定对以大名府未除人。少刻，批出蔡京除端明殿学士，知大名府，仍过阙朝见。文肃在朝堂，一览愕然，忽字呼文定云："师朴（韩忠彦）可谓鬼劈口矣。"翌日白上，以为不可。上乾笑曰："朕尝梦见蔡京作宰相，卿焉能遏邪？"

皇权的向背成为压倒曾布的最后一根稻草。有意思的是，当蔡京入朝已成定局之后，曾布的态度也发生了戏剧性的变化，《朱子语类》卷130《自熙宁至靖康用人》条记载：

韩忠彦欲挤子宣，遂引蔡京入来。子宣知之，反欲通殷勤于京。忠彦方遣其子迓京，则子宣之子已将父命迎之于二十里外矣。先时子宣攻京甚力，至是遂不复谁何。凡京有所论奏，不曰“京之言是”，则曰“京之言善”，又不自知其疏脱，载之《日录》。

曾布沦落到此地步，昭示着其“毅然中立”的政治策略的彻底失败。此时他已经在朝中相当孤立。尽管曾布曾援引旧党，但元祐党人并不以其为“善人君子”，韩忠彦引蔡京入朝便能说明这一点，而此前曾布对新党多有排挤，在他们重新得势后，报复亦在所难免。面对此时的局势，曾布已经是无可奈何，尽管他及时调整策略，转而支持绍述，但宋徽宗的眷顾已经转向了蔡京，朝中很快形成了宋徽宗、蔡京为首的新集团，并控制了政局的发展，曾布从政治权力的中心被挤到了外围。

蔡京在崇宁元年（1102）三月重新入朝，他的意图非常明显，即赞助宋徽宗实行“绍述”，以获取自己数十年来梦寐以求的权力——登庸拜相。蔡京奏响了崇宁党锢的序曲。史称：“崇宁初，蔡京起祠馆，留钥北部。有旨，许过阙日朝见。邓洵武知其必大用，迎见于东水门船中，留语终日。有见其论事劄子者，其大略引三桓七穆当国，乱至于亡。先帝良法美意所以再至纷更者，以故家大族未尽灭也。京大以为然。”[①] 可见，蔡京与其同党此时已有以专制暴力靖平朋党的设想，以后的政局也的确是朝这方面发展的。当年四月，徽宗首次单独召见蔡京，五月，即有臣僚上言，提出了打击旧党的建议：

神考在位凡十有九年，所作法度，皆本先王。元祐党臣秉政，紊乱

① 《曲洧旧闻》卷7，第188页。

殆尽……今奸党姓名具在，文案甚明，有议法者，有行法者，有为之唱者，有从而和者，罪有轻重，情有浅深，使有司条析区别行遣，使各当其罪，数日可毕。庶几得罪名者，无所致怨，不忧后祸。观望者消于冥冥之中，天下忠臣良士，各得自尽以悉心于上，不疑复有害之者，以显神考盛德大业，以成陛下继志述事之孝，而天下可以无为而治矣。①

接着，向太后垂帘时期的政治活动也被彻底否定："窃见元符之末、帘帷同听政之日，元祐大臣乘间用事，尽复绍圣间负罪责降之人；或尽复旧官，或超授职任，不问其得罪之因，惟务合党，扶同异论。赖陛下察见弊端，力持正道，保全神考法度，绍复祖宗基业，万世之治，自此而定。然前后得罪之人所授官职过当，与援引之奸不治，未厌公论云云。伏望圣慈令所属取上件合该行遣之人，或削夺官职，或旋行惩戒，各以类举，必当其罪，即号令简重，刑罚肃清。"② 宋廷于此迅速作出反应，安焘、丰稷、范纯礼、苏辙、刘奉世等一批在向太后垂帘时期得以牵复的元祐党人再次遭到贬责，元符末特别活跃的任伯雨、陈瓘、陈次升等人还被除名勒停，编管于边远之州。

向太后垂帘之政既被否定，作为建中之政的宰相，曾布当然难逃被贬责的命运。曾布是蔡京的宿敌，又是其权力路上的绊脚石，蔡京更是必欲除之而后快。蔡京培植亲己势力，拉拢曾布政敌，共同打击曾布，宋徽宗为端王时的潜邸旧僚温益即是其中一个。③ 其后，蔡京在宋徽宗面前攻击曾布以爵禄营私，温益因与曾布有旧怨，在一旁推波助澜，据《宋史》卷 471《曾布传》云："（蔡）京与布异。会布拟陈佑甫为户部侍郎，京奏曰：'爵禄者，陛下之爵禄，奈何使宰相私其亲？'布婿陈迪，佑甫子也。布忿然争辩，久之，声色

① 《长编拾补》卷 19，崇宁元年五月乙丑条，第 677 页。

② 《长编拾补》卷 19，崇宁元年五月庚午条，第 678–679 页。

③ 据《挥麈录》后录卷之 3 云："温益，字禹弼。徽考以端邸旧僚，即位未久，擢尹开封府。钦圣因山，曾文肃为山陵使，益为顿遞使。梓宫次板桥，以人众柱折几陷，时外祖空青公侍文肃为山陵所主管文字，偶问左右曰：'顿遞使何在？'不虞益之在旁，忽应曰：'益在斯。'由是怨外祖入骨髓。时蔡元长已有中禁之授，使运力为引重，至于斥文肃于上前。元长大感之，遂以为中书侍郎，兴大狱，欲挤文肃父子于死地，赖上保全之，得免。未几，益卒于位。后元长复用其子万石为阁学士以报之。"第 119–120 页。

稍厉。温益叱布曰：‘曾布，上前安得失礼？’徽宗不悦而罢。御史遂攻之，罢为观文殿大学士、知润州。”而《宋史》中所说的攻击曾布的御史乃殿中侍御史钱遹，他在崇宁元年（1102）闰六月辛酉上章攻击曾布，口实即是曾布在元符末援引旧党入朝等表现：“伏见尚书右仆射曾布，力援元祐之奸党，分列要途；阴挤绍圣之忠贤，远投散地……兼布初以韩忠彦为心膂，李清臣为爪牙，协济奸谋，共伸私忿，其趋虽异，厥罪惟均。忠彦免官，已正生前之罪（戾）；清臣褫职，实诛死后之奸回，岂容斯人尚司魁柄！况日食、地震、星变、旱灾、岂盛时常度之或愆，乃柄臣不公之所召，人神共怒，天地不容。欲乞早正典刑，慰中外之望。”[①] 崇宁元年（1102）闰六月，曾布罢相，出知润州。同年七月，蔡京拜右仆射，顺利地登上了宰相之位。

曾布出知润州，蔡京并未解恨，再次请出曾布的又一宿敌——吕嘉问，以贪赃枉法重加其罪，《宋史》卷471《曾布传》云：“京积憾未已，加布以赃贿，令开封吕嘉问逮捕其诸子，锻炼讯鞫，诱左证使自诬而贷其罪。布落职，提举太清宫、太平州居住。”是年九月，宋廷又治元符末臣僚议复宋哲宗孟皇后及谋废刘皇后之罪，曾布降授中大夫、司农卿，分司南京，依旧太平洲居住，被剥夺了参与任何政事的权力；其后，坐尝荐叛贼赵谂充学官，再贬为武泰军节度副使，衡州安置。[②] 十二月，论弃湟州罪。湟州乃宋哲宗时期对青唐开边时宋廷在邈川设置的州郡。此后，青唐部族反叛，宋朝在对青唐开边中损兵折将。至宋徽宗初立向太后垂帘之际，在韩忠彦与曾布的支持下，宋廷再次收敛边计，停止对青唐的开边活动，并放弃湟州。“崇宁党锢”兴起，向太后垂帘之际的政治被全盘否定，遂议弃湟州之罪，曾布再次贬为贺州别驾，依旧衡州安置；[③] 次年六月，以开封府上奏坐实曾布诸子受赃之事，又责曾布廉州司户，衡州安置。曾布之子承议郎曾纡特送永州编管；承奉郎曾缲除名。[④] 在与蔡京的这场斗争中，曾布及其主导的建中靖国之政可谓是一败涂地。

---

① 《长编拾补》卷19，崇宁元年闰六月辛酉条，第686–687页。
② 《长编拾补》卷20，崇宁元年九月丁酉、壬寅条，第713、717页。
③ 《长编拾补》卷20，崇宁元年十二月癸丑条，第724页。
④ 《长编拾补》卷21，崇宁二年六月辛酉条，第746–747页。

三、曾布晚年政治生涯与结局

为了杜绝类似于元符三年那样的政局反复出现，蔡京集团力图将所有得罪之人的罪名定成铁案。自崇宁元年至崇宁三年，宋徽宗与蔡京三次籍定“元祐奸党碑”：第一次是在崇宁元年（1102）九月十七日，只及文彦博、司马光、苏轼、吕公著、程颐等旧党人士及其门人，约一百一十九人，曾布尚不在其中，而当时也只是限定健在入籍者不得授在京差遣。[①]第二次是在崇宁二年（1103），当年三月，宋廷加大打击力度，下诏限定元祐党人子弟亦不得在京为官及擅到阙下；[②]九月六日诏“宗室不得与元祐奸党人子孙及有服亲为婚姻，内已定未过礼者，并改正”；[③]九月二十五日，宋廷下诏以宋徽宗御书奸党名单刻石，树“元祐党籍碑”于端礼门外，曾布仍不在其列。[④]第三次是在崇宁三年（1104）六月，宋廷扩开了奸党范围，以“元符末奸党并通入元祐籍”，“重定元祐、元符党人及上书邪等事者，合为一籍，通三百九人，刻石朝堂，余并出籍，自今毋得复弹奏”，又命蔡京书大碑，颁之天下，曾布赫然在列。[⑤]曾布作为新党领袖，居然与司马光、苏轼等旧党同居“元祐党籍”，与其同命运的新党头面人物还有章惇、李清臣、蒋之奇等。如果说曾布在元符末主张过建中调停，有毁坏哲宗绍述之政的嫌疑，其入党籍算有迹可循，但章惇在元符末并无异论，始终赞助绍述，蔡京也将其打入元祐党籍，定的是“为臣不忠”之罪，[⑥]很明显是因为章惇曾反对过宋徽宗策立，秋后算账，更与宋哲宗绍圣元符年间章惇与蔡氏兄弟的矛盾有关。这表明蔡京导演崇宁党锢，目的在于清扫一切与之相左的势力，结束纷乱之局，实施专横独断的统治。元祐党籍的设立彻底结束了两党的纷争，从此也揭开了宋徽宗与蔡京集团的

---

① 《长编拾补》卷 20，崇宁元年九月己亥条，第 714–716 页。

② 据《长编拾补》卷 21，崇宁二年三月乙酉条载：“诏：‘应元祐及元符之末党人亲子弟，不论有官无官，并令在外居住，不得擅到阙下。令开封府界各据地分觉察。如当职官知而不纠，或不用心探缉，遂致容隐，别因事败露者，并重行黜责。其应缘趋附党人罢任在外、指射差遣及得罪停替臣僚，并依党人子弟施行。’”第 737 页。

③ 《长编拾补》卷 22，崇宁二年九月壬午条，第 770 页。

④ 《长编拾补》卷 22，崇宁二年九月辛丑条，第 773–774 页。

⑤ 《长编拾补》卷 24，崇宁三年六月甲辰条，第 810、811、815 页。

⑥ 《长编拾补》卷 24，崇宁三年六月甲辰条，第 814 页。

专权统治。

在曾氏家族中，与曾布同入党籍的还有其弟曾肇（汀州安置）和其子曾纡（永州编管）。[①] 曾氏子弟亦因之受牵连，在仕途上遭到遏制。[②] 如，曾肇八子中曾统最知名，“以恩补太庙斋郎，调州县官，以党人子辄罢之”。[③] 曾肇幼子曾纁，“未冠，试有司，已能超出其辈类，坐党家子不得至京师”，三十多岁后中进士甲科，“除京畿提举学事，言者犹指君党家子，免之”。[④] 曾氏享有的许多殊荣亦随之被剥夺。如，在宋代，朝廷会特敕额允许一些王公勋贵大臣拥有私家寺院，以守卫先祖坟墓，岁时祭奠，称为坟寺或功德寺。绍圣元年（1094），因曾布之请，宋廷特赐江西南丰七都“禅祖院”，敕额“崇觉报慈禅院”，作为曾氏家族的功德寺。崇宁四年（1105）七月，宋徽宗下诏收回元祐党人家族功德寺，曾氏家族也在其中，“崇觉报慈禅院”被政府收回，改赐敕额“寿宁禅院”，大观四年（1110）又易名“崇觉寺”。[⑤]

在进行崇宁党锢，打击政敌的同时，蔡京也向宋徽宗大力进言进行文化礼制建设，以渲染新皇登基太平盛世之景象，其中一个举措就是制作新的礼仪音乐：先铸造国家权力的象征——“九鼎”，再铸帝坐大钟，然后铸四韵

① ［宋］李埴撰，燕永成校正：《皇宋十朝纲要校正》卷16，崇宁二年七月庚寅条载：“提举灵仙观曾肇坐缔交元祐党人，草求言诏书讥訾先烈，责授散官，安置汀州。”中华书局2013年版，第440页。［清］陆心源辑：《宋史翼》卷26《曾纡传》云：“布免相，言者指纡尝夜过韩公仪家议复瑶华事，且受父客金，入元祐党籍，窜永州。”中华书局据光绪三十二年初刊朱印本影印，1991年版，第281页。

② 据《长编拾补》卷24，崇宁三年六月戊午条载：“诏：‘章惇、曾布、黄履、岑象求、董敦逸、马涓、孙谔、王回、尹材、葛茂宗、范柔中，并依元祐系籍人逐次已降指挥；其余续入籍人子并亲兄弟并免，即不得到阙，仍依已降指挥施行；内李偁、阎守勤等子弟，关枢密院取旨。寻改‘不得到阙’字作‘即不得任在京差遣’字，余依已降指挥。’”第817页。《长编拾补》卷25，崇宁四年五月戊申条载：“诏：‘前降元祐奸党五服内亲属不许保充三卫官，及知同保有犯不告条内‘五服’字上各添入‘本宗’二字。’又诏：‘元祐奸党系籍除情罪人子不得到京师及不注知州、知县差遣外，父子孙兄弟并余指挥并罢。’”第840页。

③ ［宋］佚名：《京口耆旧传》卷2，文渊阁四库全书本。

④ 《浮溪集》卷27《奉议郎知舒州曾君（纁）墓志铭》。

⑤ ［清］邵子彝修，鲁琪光纂：《建昌府志》卷2《建置志》，清同治十一年刻本。又，《长编拾补》卷25，崇宁四年七月甲寅条载：“御批：‘元祐奸恶即今皆有坟寺，岁度僧行及紫衣师号等尚如故，未曾降指挥厘改，可令从今并住罢，更不施行，以戒为臣之不忠者。礼部勘会吕大防、韩维、司马光、韩忠彦、傅尧俞、孙固、郑雍、曾布、胡宗愈、黄履、蒋之奇、陆佃、文彦博、吕公著、李清臣、王岩叟、苏辙、张商英、刘挚十九人所管坟寺，诏本身所乞寺额特免毁拆，不得充本家功德院，并改赐敕额为寿宁禅院，别召僧住持。’”第844–845页。

的清声钟和铸二十四气钟，再调和琴弦，校准乐管，作一代新乐。崇宁四年（1105）九月，宋徽宗因为九鼎铸成，到大庆殿接受朝臣祝贺，正式开始使用新乐。① 其后，宋廷大赦天下，元祐人贬谪者亦均沾雨露，被允许迁徙近地居住，曾布从衡州（在今湖南省衡阳市）移舒州（在今安徽省安庆市）安置，曾肇从汀州（在今福建省龙岩市、三明市）移台州（在今浙江省台州市）安置，曾纡从永州（在今湖南省永州市）移和州（在今安徽省马鞍山市和县）编管。②

崇宁五年（1106）正月，发生一系列星变，彗星出西方，太白星昼出，宋廷大赦天下，入元祐党籍者的处境再度有所改善。宋徽宗下诏毁元祐党人碑，除党人一切之禁，稍复元祐党人官职。③ 曾布叙复大中大夫、提举崇福宫，曾肇叙复朝散郎，曾纡叙复承事郎。④ 是年三月，宋徽宗又下诏允许大部分元祐党人任意择地居住。⑤ 曾布兄弟与曾纡乃得以于崇宁五年（1106）归居润州（今江苏镇江）。次年（大观元年［1107］）八月乙卯，曾布卒于润州，时年七十三岁。

大观二年（1108）正月，宋徽宗受八宝于大庆殿，大赦天下，下诏再次牵复部分元祐党人官职。是年六月，曾布追复通议大夫，⑥ 后复光禄大夫。大观四年（1110），复资政殿学士。政和三年（1113），复观文殿大学士。⑦ 宣和七年（1125）十月，宋徽宗赐曾布谥曰文肃，⑧ 此时距曾布去世已经十九年了；就在当年十一月，金兵第一次南下攻宋，北宋江山亦岌岌可危了。

---

① 《长编拾补》卷 25，崇宁四年九月乙未条，第 854 页。
② 《长编拾补》卷 25，崇宁四年九月己亥条，第 857 页。
③ 《宋史》卷 20《徽宗二》，第 375-376 页。
④ 《长编拾补》卷 26，崇宁五年正月庚戌条，第 871、872 页。
⑤ 《长编拾补》卷 26，崇宁五年三月戊戌条，第 880 页。
⑥ 《长编拾补》卷 28，大观二年正月壬子、六月戊申条，第 935、947 页。
⑦ 《云阳曾氏十四修家乘》卷 1《文肃家传》。
⑧ 《宋史》卷 22《徽宗四》，第 416 页。

第五章

书香传家：南丰家学与曾布的文苑风采

南丰曾氏的声望并非仅取决于政治上的成败，更多的是以渊博的知识和精湛的学术赢得了世人的赞赏和称誉。曾布厕身其中，虽以政事见长，但在学术上亦有可书之处。

诗词文章方面,《宋史》卷208《艺文志七》著录"《曾布集》三十卷";《宋史》卷204《艺文志三》则著录了曾布"《熙宁新编常平敕》二卷,《审官东院编敕》二卷",是曾布主持革新期间编修的一些行政文牍。以上诸文皆已散佚。今存《全宋诗》第13册卷782辑录曾布诗十首，残诗六句；《全宋词》第1

册辑录其词八首；[①]《全宋文》第42册卷1834–1836辑录其佚文三卷。

史学方面，《宋史》卷203《艺文志二》著录"《曾布三朝正论》二卷"，晁公武《郡斋读书志》卷2上《杂史类》著录"《曾相手记》三卷"；陈振孙《直斋书录解题》卷7《传记类》著录曾布"《绍圣甲戌日录》一卷，《元符庚辰日录》一卷"，都是曾布宋哲宗绍圣元符年间为执政时的日记，统称《曾布日录》，从"政府奏对、朝廷政事"至"日常交游、家常琐事"，事无巨细，均有记载，史料价值颇高。今存清人缪荃孙辑录《曾公遗录》三卷（藕香拾零本）。以缪荃孙辑录藕香拾零本《曾公遗录》三卷为底本，今人傅林辉先生整理出版《曾布日录校注》（中国社会出版社2007年校注本），顾宏义教授点校出版《曾公遗录》（中华书局2016年点校本）。校注本谬误颇多，然据南丰曾氏族谱收录了一些曾布佚文，可资参考；中华书局本点校精良，并从宋代史料中辑录了大量藕香拾零本未收的《曾布日录》佚文，足资参考。

此外，曾布还留下了不少碑刻题名、尺牍书信，书法也颇值得称道。

---

① 《宋史》卷208《艺文七》著录有"曾布之《丹丘使君诗词》一卷"，罗伽禄先生《曾巩家族》（第88页）一书将其归为曾布所作，误。按，丹丘，是浙江台州的别称；又据龚延明先生《宋代官制词典》（中华书局1997年版，第536、537页），"使君"是宋代"知某府军府事""知某军事"等差遣官的别称。纵观曾布一生仕宦，与台州素无瓜葛，故知《丹丘使君诗词》绝非曾布所作。笔者以为，"曾布之"应为"曾布之孙曾惇"之误。首先，宋人陈耆卿所纂《嘉定赤城志》卷9、卷10详细列举了宋代台州知府、通判的在任时间与名单，其中并无"曾布之"这样一个人物，现存的台州方志中亦找不到其相关信息。其次，据《建炎以来系年要录》卷151，绍兴十四年六月辛巳条记载，曾布之孙曾惇于绍兴十四年（1142）受诏知台州。秩满离任之时，门生故吏将曾惇在台州任上所作诗词编辑成集，友人谢伋（1099–1165）曾经为之作《曾使君新词序》（见宋人林表民编《赤城集》卷17），开篇称"临海使君南丰曾侯惇"。临海也是台州的别称，可知，时人以职任称曾惇为曾使君、临海使君等。曾惇则更喜欢称台州为丹丘，明人汪砢玉《珊瑚网》卷28载有曾惇跋《米敷文潇湘长卷》，落款"绍兴丁卯三月壬午，南丰曾惇观于丹丘郡斋"。由上可知，曾惇亦可称为丹丘使君，并在此任期内留有诗词集。再次，曾惇诗词集在南宋流传时已形成多种版本与名称：（一）《曾使君新词》，谢伋曾作《曾使君新词序》。（二）《曾使君诗集》，据孙觌（1081–1169）《内简尺牍》卷3载："曾宏父寄近诗（门人李祖尧注：名惇，时为台守），可见宾客之盛（门人李祖尧注：详见天台所刻《曾使君诗集》）。"《宋史·艺文七》著录了"《曾惇诗》一卷"，应即《曾使君诗集》流传后的版本。（三）又有《丹邱集》之说，见周紫芝（1082–1155）《太仓稊米集》卷29《谢曾使君惠丹邱集》。（四）《曾纮父诗词》一卷，见陈振孙（1183—？）《直斋书录解题》卷20："《曾纮父诗词》一卷。知台州曾惇纮父撰。纡之子也。皆在台时所作。"《宋史·艺文七》所录"《丹丘使君诗词》一卷"，与"《曾纮父诗词》一卷"在篇幅上是一致的。由此推测，两者或为类似版本在流传中的两种名称，皆曾惇在台州（丹丘）为官时所作。《丹丘使君诗词》的著录底本应该提及作者为"曾布之孙曾惇"，或许是流传中字体脱漏，又或许是编修《宋史·艺文志》的元代史官在采集信息时过于疏漏，将作者误注为"曾布之"。

曾布所学源自南丰家学，并与其生活的时代有密切关系。本章重点探讨曾布的文苑风采，以期将曾布、曾布家族及其时代更立体地呈现于读者面前。

第一节　曾布与南丰家学

古代中国非常注重家学，陈寅恪先生认为，中国“自汉代学校制度废弛，博士传授之风气止息以后，学术中心移于家族，而家族复限于地域，故魏晋南北朝之学术宗教皆与家族地域两点不可分离”。[①] 这种描述运用于宋朝也十分恰当，以学术传家的风气，深受当时士大夫阶层注重，涌现了许多以家学传世而声名赫赫的家族，如眉山苏氏、东莱吕氏、临川王氏等。南丰曾氏从曾致尧太平兴国八年举进士始，由北宋而及南宋，进士及第者多达数十人，入仕参政者不可胜数，在“以文入仕”的风气中亦形成了以曾致尧、曾易占、曾巩、曾布、曾肇、曾纡、曾纮、曾协、曾惇等为代表的曾氏作家群。南丰曾氏之所以能较长久地保持兴盛，也应归功于几世积累的家学。作为文人的曾布，其学术受南丰家学的影响颇深，并在其中占有一定的地位。

一、南丰曾氏宋代作家群体概况

兹列一表，先将南丰曾氏宋代作家群体概况勾勒于下：

① 陈寅恪：《隋唐制度渊源略论稿》之《礼仪》，台湾商务印书馆 1966 年版，第 15–16 页。

南丰曾氏宋代作家群体表[1]

人物	文集	残余诗词句收录情况	备注
曾致尧	《四声韵》五卷；《僊凫羽翼》三十卷；《广中台志》八十卷；《清边前要》三十卷；《西陲纪要》十卷；《为臣纪要》三卷；《直言集》三卷；《山亭六咏集》	《全宋诗》第 1 册卷 54 第 579–581 页辑录诗六首及残诗三句	文集已佚。《全宋文》第 7 册卷 130 收录其文四篇
曾易简	《唐臣事迹》二十卷；《两汉谏论》五十卷	《全宋诗》第 3 册卷 153 第 1748 页辑录诗一首	年十三以神童召试舍人院，卒于京师，文集已佚
曾易占	《时议》十卷	《宋诗纪事》卷 11 据《能改斋漫录》录其诗一首《题洪州僧寺》，非其本人作品，有误，见《能改斋漫录》卷 18《曾易占诗谶》	文集已佚。《全宋文》第 13 册卷 279 收录其文《南丰兴学记》一篇
曾巩	《宋朝政要策》一卷；《德音宝训》三卷；《元丰类稿》五十卷，《别集》六卷；《续元丰类稿》四十卷；《外制》十卷	诗以《曾巩集》收录最全，《全宋词》第 1 册第 199 页辑录词一首，存目词一首	今仅存《元丰类稿》，并有宋刻《南丰先生文粹》十卷和金刻《南丰曾子固先生集》四十卷传世，今人编成《曾巩集》

① 本表参考《宋史·艺文志》《德昭先生郡斋读书志》《直斋书录题解》《四库全书总目提要》《全宋诗》《全宋词》《宋诗纪事》等书而制，所列的人物对象仅局限于宋代，辑录文本以最全者为准。又，《宋诗纪事补遗》卷 59 收录"曾渐"诗一首，云：曾渐"字鸿甫，南城人。（曾）巩八世孙。"误，据南宋叶适《水心集》卷 21《中奉大夫尚书工部侍郎曾公（渐）墓志铭》与《二源曾氏族谱》所载可知，曾渐非曾巩后裔。此外，南丰曾氏子弟大都擅长文辞，本表列出的仅是其中有文集诗词在史籍可稽考者，其余如曾晔、曾觉、曾纁、曾炎、曾唤等，都是文学之士。曾晔，字叔茂，曾巩长兄，《曾巩集》卷 46《亡兄墓志铭》《亡侄韶州军事判官墓志铭》称曾晔"有智策，能辩说，其贯穿反复，人莫有能屈之者……其文章尤宏赡瑰丽可喜"，其子曾觉亦"自少则励志，力学问，知道理，善于嘱文"。曾纁是曾肇之子，汪藻《浮溪集》卷 27《奉议郎知舒州曾君墓志铭》称其"警敏力学"，曾"著七志、欧鸟老酒二赋以自见，文昭见而奇之"。入南宋后，曾肇曾孙辈中有曾炎（曾纁之孙，曾协之子）、曾唤（曾统之孙，曾惕之子）相继中进士第，皆名重一时。曾炎官至刑部侍郎，南宋楼钥《攻媿集》卷 97《集英殿修撰致仕赠光禄大夫曾公（炎）神道碑》称其著有《觉菴集》《邑政总类》藏于家。南宋真德秀《西山文集》卷 19《赐正议大夫守刑部尚书兼修国史实录院修撰兼太子詹事兼吏部尚书曾唤辞免除吏部尚书恩命不允诏》则记载曾唤官至吏部尚书、兼修国史，清乾隆《建昌府志》卷 58 存有曾唤《曾文昭公祠堂祭田记》一文。

续表

人物	文集	残余诗词句收录情况	备注
曾宰		《全宋诗》第10册卷579第6816页辑录诗一首《舒州寄王介甫》	字子翊，曾巩之弟。《宋诗纪事补遗》卷23录有曾宰予（字子翊，抚州人）诗一首《寄荆公》（时居官舒州），内容与曾宰《舒州寄王介甫》一致，可知曾宰予即曾宰之误
曾布	《曾布文集》三十卷；《熙宁新编常平敕》二卷；《审官东院编敕》二卷；《曾布三朝正论》二卷；《曾相手记》三卷；《绍圣甲戌日录》一卷；《元符庚辰日录》一卷	《全宋诗》第13册卷782第9065–9067页辑录诗十首，残诗六句；《全宋词》第1册第266–267页辑录词八首	存《曾公遗录》三卷，《全宋文》第42册卷1834–1836辑录佚文三卷
魏玩	《魏国夫人集》	《全宋诗》第13册卷782第9067页辑录残诗一句；《全宋词》第1册第267–270页辑录词十四首	曾布妻，又称魏夫人，封鲁国夫人，文集佚散，今仅存周泳先辑《魏国夫人词》一卷
曾肇	《曾肇集》四十卷；《曲阜集》四十卷；《曲阜外集》十卷；《奏议》十二卷；《迩英进故事》一卷；《元祐外制集》十二卷；《庚辰外制集》三卷；《庚辰内制集》五卷；《尚书解》八卷；《曾氏图谱》一卷；《将作监式》五卷；《滁阳庆历前集》十卷	《全宋诗》第18册卷1039第11883–11890页辑录诗三十首，残诗二十一句；《全宋词》第1册第443–444页辑录词一首	今仅存《曲阜集》四卷

续表

人物	文集	残余诗词句收录情况	备注
曾纡	《空青集》十卷；《南游纪旧》	《全宋诗》第24册卷1369第15724–15727页录诗十首，残诗五句；《全宋词》第2册第731–733页辑录词九首，存目词一首	曾布之子，文集已佚
曾纮	《临汉居士集》七卷；《江西续宗派诗集》二卷	《全宋诗补订.〈全宋诗〉漏收的诗人》据《永乐大典》卷2539录其诗《题蔡昌期梅斋》一首	曾布从兄曾阜之子。文集已佚，现存《评陶公诗》一篇，宋刻递修本《陶渊明集》卷10收录
曾绎		《全宋诗》第22册卷1292第14651页辑录诗一首，残诗一句	曾阜次子
曾统		《宋诗纪事补遗》卷40辑录诗二首	曾肇之子
曾续		《全宋诗》第28册卷1632第18306–18307页辑录诗一首	曾肇之子
曾悬		《全宋诗》第23册卷1350第15438–15439页辑录诗一首	曾巩之孙，曾绾之子
曾惇	《曾惇诗》一卷；《曾竑父诗词》(《丹丘使君诗词》) 一卷	《全宋诗》第34册卷1947第21765–21769页辑录诗一卷；《全宋词》第2册第1174–1175页辑录词六首	曾布之孙，曾纡之子。诗词集佚散，今存周泳先辑《曾使君新词》
曾协	《云庄集》二十卷	《全宋诗》第37册卷2047、2048第22997–23028页辑录诗二卷；《全宋词》第2册第1356–1358页辑录词十四首	曾肇之孙，曾縯之子，今存《四库全书》《豫章丛书》辑录《云庄集》五卷
曾思	《怀岘居士集》六卷		曾阜之孙，曾纮之子。文集已佚

续表

人物	文集	残余诗词句收录情况	备注
曾晦之		《宋诗纪事》卷31辑录诗一首《次唐彦猷顾亭林韵》	曾宰之孙。《全宋诗》第五册卷272收录“鲁晦之”诗一首《次唐彦猷顾亭林韵》，误，当为“曾晦之”。
曾季貍	《艇斋杂著》一卷；《艇斋诗话》一卷；《艇斋师友尺牍》二卷；《论语训解》	《全宋诗》第38册卷2153第24241–24247页辑录诗一卷	曾宰曾孙，曾晦之之子。今仅存《艇斋诗话》一卷
曾极	《舂陵小雅》《金陵百咏》	存《金陵百咏》九五首；《全宋诗》第50册卷2680第31501–2680页辑录诗一卷	临川人，字景建。明吴澄《吴文正集》卷55《跋曾氏墨迹》云：“吾乡文物之盛，无逾曾氏一门者，南丰兄弟之后，有艇斋、景建焉。”可知曾极为南丰曾氏后裔。《宋诗纪事》卷67云其为曾宰之后。
曾用孙		《全宋诗》第38册卷2124第24023页辑录诗一首	曾纡之孙，曾惇之子
曾渊子		《全宋诗》第54册卷3446第41067–41068页辑录诗四首；明正德《瑞州府志》卷12录有《初春过崇真观拜靖节先生祠》诗一首，为《全宋诗》所无	据《宋诗纪事》卷66，曾渊子为曾宰六世孙，曾钰之子
曾子良	《饶宗鲁周易辑说》《中庸大学语孟解》《圣宋颂》《百行冠冕诗》《续言行录诗》《广崇类稿》《咸淳类稿》等	《全宋诗》第66册卷3476第41383–41384页辑录诗六首	曾渊子之侄。其事见《宋季忠义录》卷16、清雍正《江西通志》卷80、81

曾致尧开家族文学之先河，著述颇丰，曾巩称赞祖父的文风云：“方五代之际，儒学既摈焉，后生小子，治术业于闾巷，文多浅近。是时公虽少，

所学已皆知治乱得失兴坏之理，其为文闳深隽美，而长于讽喻。”[1] 此文风自可遗泽后代，并在曾巩曾布曾肇兄弟这一辈发扬光大，形成世代相传的曾氏家法。《宋史》论曰：“曾巩立言于欧阳修、王安石间，纡徐而不烦，简奥而不晦，卓然自成一家，可谓难矣。肇以儒者而有能吏之才。宋之中叶，文学法理，咸精其能，若刘氏、曾氏之家学，盖有两汉之风焉。”[2] 曾布、曾肇所学皆源自其兄曾巩，《宋史》曾布本传称其“年十三而孤，学于兄巩”，曾肇亦“从兄中书舍人子固学”，[3] 其文章“虽深厚不及其兄巩，而渊懿温纯，犹能不失家法”。[4]

学界也有“南丰七曾”之说，他们分别是曾巩、曾肇、曾布、曾纡、曾纮、曾协、曾惇。其中，曾纡是曾布之子，曾惇则是曾纡之子，曾布之孙。曾布—曾纡—曾惇祖孙三代皆入“南丰七曾”，曾布夫人魏氏更是与李清照比肩的女词人。在宋代如曾氏这般男女均能文擅诗，满门风雅之家族并不多见，这种盛况的出现得益于世代相传的家学家法，更昭示了曾氏作家群体的形成是持续性的，它绝不仅局限于某一代，更不应归功于某一人这一事实。曾布置身于曾氏作家群体中，南丰家学是他文学创作的源泉，他自身及其子孙反过来又丰富、延续了家族的文章业绩，在南丰家学中有着承上启下的重要贡献。

二、曾布子孙与南丰家学的延续

受曾布夫妇影响，南丰曾氏文学创作呈现出一些新景象，集中体现在曾布子孙曾纡、曾惇身上。曾布第四子曾纡（1073–1135），字公衮（卷），晚号空青先生，是北宋末南宋初散文家、诗人、词人、书法家。曾纡之学同样源自南丰家学，宋人孙觌《鸿庆居士集》卷 31《曾公卷（纡）集序》称曾纡“年

① 《曾巩集》卷 12《先大夫集后序》，第 194 页。
② 《宋史》卷 319“史臣论曰”，第 10396 页。
③ 《曲阜集》卷 4《（曾肇）神道碑》。
④ 《曲阜集》之《提要》。

甫八岁，南丰先生授以韩吏部诗，一览而诵。先生喜曰：'曾氏代不乏人矣。'"[①]又说："公文章自守家法，而学诗以母夫人魏氏为师，句法清丽，纯去刀尺，有古诗之风。"则曾纡文章学于伯父曾巩，诗词成就得益于其母魏夫人。夫妇互通之余又能母子传承的情况，在宋代仅见于曾布一家。

曾纡是南丰曾氏一门中尤擅长作词者，在当时流传颇广，王明清《挥麈录》第三录卷之2《徽宗宣曾空青至行宫》记载了宋徽宗召见曾纡的故事：

> 徽宗靖康初南幸，次京口，驻跸郡治，外祖曾空青以江南转运使来摄府事应办，忽宣至行宫，上引至深邃之所，问劳勤渥，命乔贵妃者出焉。上回顾语乔曰："汝在京师，每问曾三，此即是也，特令汝一识耳。"盖外祖少年日喜作长短句，多流入中禁，故尔。取七宝盃，令乔手擎满酌，并以盃赐之，外祖拜贶而出。

曾纡之诗亦颇精美，得到了黄庭坚的褒赞，《山谷集》外集卷10《与曾公卷书》云："示《江樾书事》二解，清丽雅正，叹咏不能去口。欲便和去，以久不作诗，盖井泥不食矣。"

文章方面，伯父曾巩以说理胜，围绕一事一理，层层展开，字字有法度，段段有来历，语言质朴淳厚，洗尽铅华，正如清人刘熙载《艺概》所云："曾文穷尽事理，其气味尔雅深厚。"[②]孙觌《鸿庆居士集》卷31《曾公卷（纡）集序》则评价曾纡"属文辞落笔千言，指事析理，命物托论，证据古今，出入经史，

① 按，宋汪藻《浮溪集》卷28《右中大夫直宝文阁知衢州曾公（纡）墓志铭》："年十三，伯父南丰先生巩授以韩愈诗，文学益进。""年十三"，误。据《曾巩集》附录《（曾巩）墓志》记载，曾巩在"（元丰）六年四月丙辰卒于江宁府。"《浮溪集》卷28《右中大夫直宝文阁知衢州曾公（纡）墓志铭》则云"绍兴五年十月戊辰，右中大夫直宝文阁、知衢州曾公卒于信州……春秋六十有三。"由此上推，曾纡生于宋神宗熙宁六年（1073），元丰六年（1083）曾巩去世时，曾纡才十一岁，不可能十三岁从曾巩学文。又，《长编》卷311，神宗元丰四年正月甲寅条云："先是，以龙图阁学士曾布知秦州，后数日，改判将作监。布以母老为请也。甲寅，御史朱服言：'布顾其私，畏远惮劳，乞寝罢将作之命，饬布就道。'……诏札与布知，寻以布知陈州。"由此可知，元丰三年（1080）八岁时，曾纡曾随父入京，居住在开封。再，《曾巩集》附录《（曾巩）墓志》云："元丰三年，徙知沧州，过都，召见劳问久之，留勾当三班院。"可知元丰三年，曾巩亦在京城为官，曾纡从曾巩学文必在此时，时年八岁。

② ［清］刘熙载：《艺概》卷1，清同治刻古桐书屋六种本。

俊壮豪健如走弹丸，如建瓴水，疏畅条达，无间断，无艰难辛苦之态”。由此可知，曾纡得到曾巩文章“指事析理”之真谛，但“俊壮豪健”的气势却是其自身特色。南宋陆游更认为曾纡在建中靖国元年（1101）29岁时代父所作的《景灵西宫碑》“钜丽闳伟”，[①] 南宋名士李壁又称其“文采烂然”，[②] 可见曾纡的文章语言比较华美。这应该是融合了其诗词写作技巧的结果，与其母的教导，南丰曾氏不断吸收其他优秀文化家族的精华有一定关系。宋人对曾纡的评价相当高，叶梦得“以‘亲见扬雄’美其诗，以‘新样元和’评其书，以‘三世风流’颂其文”。[③] 这是像西汉桓谭欣赏扬雄那样，认定曾纡日后必定在文坛上熠熠生辉。然曾纡终未大显，南宋陆游为之叹息：“使得用于世，代王言颂成功，施之朝廷，荐之郊庙，孰能先之。而终宝文公（曾纡）之世，士大夫莫知也。”[④]

从曾致尧的“闳深隽美”，[⑤] 到曾巩的“尔雅深厚”，终至曾纡的“钜丽闳伟”，南丰曾氏三世文风的嬗变正是家族发展的反映。曾致尧、曾巩皆起于寒微，一生饱经风雨，为文自然偏于内向之隽深厚重，曾纡却出生于南丰曾氏声名鹊起之后，其父曾布又至显贵，“自少时所交皆诸父客，天下伟人，出入试用，亦数十年，朋旧满朝”，[⑥] 故其眼界心境开阔，为文能将清丽与豪健相结合，遂转家族文风内敛之深厚为外向之钜丽。可惜曾纡文集已佚失。其词现存五首长调，四首小令，风格倾向婉约，但其中《洞仙歌·相如当日》为怀念故国及旧游而作，却以苏轼一派风格为底色：“相如当日，曾奏凌云赋。落笔纵横妙风雨。记扬鞭辇路，同醉金明，穷胜赏，不管重城已暮。　旧游如梦觉，零落朋侪，遗墨淋漓尚如故。况神州北望，今已丘墟，伤白璧、久埋黄土。但空似、灵光岿然存，怅朗月清风，更无玄度。”[⑦] 可见曾纡在语言文

① ［宋］陆游撰，马亚中校注：《渭南文集校注》卷25《书〈空青集〉后》，载钱仲联、马亚中主编：《陆游全集校注》，浙江教育出版社2011年版，第115页。

② ［宋］马廷鸾：《碧梧玩芳集》卷12《曾空青文集序》，文渊阁四库全书本。

③ 《碧梧玩芳集》卷12《曾空青文集序》。

④ 《渭南文集校注》卷25《书〈空青集〉后》，载《陆游全集校注》，第115页。

⑤ 《曾巩集》卷12《先大夫集后序》，第194页。

⑥ 《渭南文集校注》卷25《书〈空青集〉后》，载《陆游全集校注》，第115页。

⑦ 唐章珪主编：《全宋词》，中华书局1999年版，第2册，第732页。

字上的确是善于修饰铺叙，且风格多样。

至曾纡之子曾惇之时，文风更独具贵公子般的倜傥风流。曾惇（1097？—？），字竑父，竑一作宏，父一作甫，他在北宋宣和末年已以词名震京师，颇受士庶青睐。南宋谢伋云其“年踰二十当全盛时官中都，诸公贵人一口称荐，王邸戚里、名胜豪侠莫不愿交。而竑父亦善与人交，笑言靃靡，各适其意，名声一日满京师。酒酣耳热、遗簪堕珥之前，滑稽放肆之词，播在乐府，下至流传，平康诸曲，皆习歌之，以是乐府尤著。盖识其小者，轻千金，重然诺，夸承平公子之豪。而见其大者，英妙卓绝，可继门户钟鼎之盛”。[①] 南渡之后，曾惇不改风流蕴藉本色。其知黄州时纪念苏轼，重修栖霞楼与雪堂，又效仿苏轼常与名士文酒诗会，有婢女小鬟颇慧黠，曾惇教其熟诵东坡先生《赤壁》前后二赋，“客至代讴”，时人艳羡不已，争相效仿。[②] 曾惇在南宋绍兴年间诗词文名甚著，周紫芝称赞其“风流举世推前辈，文采须公侍禁庐”。[③]《全宋词》辑录章惇词六首，除《念奴娇·送淮漕钱处和》为长调，有意效仿苏轼外，其他五首全为小令，风格温婉洒脱近似其父曾纡，但更加风流缠绵，如《朝中措》二首：“幽芳独秀在山林。不怕晓寒侵。应笑钱塘苏小，语娇终带吴音。　乘槎归去，云涛万顷，谁是知心。写向生绡屏上，萧然伴我寒衾。”“缘华居处渺云深。不受一尘侵。细看宜州新句，平生才是知音。　凌波一去，平山梦断，谁是关心。惟有青天碧海，知渠夜夜孤衾。”[④] 二词咏水仙花，如写美人，将水仙比作“钱塘苏小，语娇终带吴音”，又如诵情人，“凌波一去，平山梦断，谁是关心。惟有青天碧海，知渠夜夜孤衾”。

在宋代，一个家族如果不能及时通过科举在仕宦上有所作为，想要维持长久的声名是很困难的，仕宦与文学并重，缺一不可。南丰三曾中，只有曾布文名不显，与其仕途上积极进取，被后世视为“奸臣”因人废文有一定关系。清人郑方坤《全闽诗话》卷3便说：“熙丰以来之小人，如吕惠卿、章惇、曾布及（蔡）卞兄弟，咸能以文采自见，而抑或傅致经义以文其邪说，所以

① ［宋］林表民编：《赤城集》卷17谢伋《曾使君新词序》，文渊阁四库全书本。

② 《挥麈录》后录卷之11《曾宏父小鬟诵〈赤壁〉二赋》，第216页。

③ ［宋］周紫芝：《太仓稊米集》卷27《送曾宏父守南徐》，文渊阁四库全书本。

④ 《全宋词》第2册，第1174–1175页。

能惑世听而自结于人主也。”但曾布子孙却能及时传承发扬南丰家学，以文学创作继续维持家族声名，一定程度上又得益于曾布仕途的辉煌。这也算曾布对南丰家学的另一种贡献。

第二节　曾布的文苑风采

虽然曾布的文集、尺牍大多散佚，但史籍浩瀚，从遗留下来的残文中，我们依稀还能领略到他的文苑风采，本节将从诗文、词学、书法、史学四个方面勾勒其大致面貌。

一、曾布的诗文成就

在曾布残余下来的诗文中，有不少是与亲族唱酬歌咏家园之作。他有一首与曾肇的唱酬诗，传为一时佳话。曾布诗《布作高阳台众乐园成，被命与金陵易地，兄弟代罪侍从，对更方面，实为私门之庆，走笔寄子开弟》：

楼台丹碧照天涯，塞北江南未足夸。千里烟波方种柳，万株桃李未开花。一麾同下西清路，两镇高迎上将牙。回首林塘莫留恋，风光还属阿连家。

曾肇《次兄子宣先生作高阳众乐园成，被命金陵易镇韵》云：

文物河间信可喜，风流江左亦堪夸。水南水北千竿竹，山后山前二月花。久愧迂儒怀郡绂，聊须隽老驻军牙。两州耆旧无多怪，鲁卫从来是一家。

方回《瀛奎律髓》卷40载有二人诗，并评价道：“此事古今希有，曾布子宣守高阳，弟肇子开守金陵，两易，将吏交迎送于途，诚盛事也。”[①] 曾布

① ［元］方回：《瀛奎律髓》卷40，文渊阁四库全书本。

诗中的“阿连”，指南朝刘宋诗人谢灵运的族弟谢惠连。惠连 10 岁能作文，深得谢灵运的赏识，据说谢灵运《登池上楼》中的名句“池塘生春草”，就是在梦中见到惠连而写出来的。曾布以“阿连”为兄弟的代称，典故运用贴切自然。

《曲阜集》卷 4 还录有曾肇《游石仙岩次兄子宣公韵》诗一首：“尘埃华发换朱颜，十载重来欸故关。天上楼台春寂寂，洞中鸡犬昼闲闲。苔深尚识曾题石，木老难寻旧戏环。未断几心却归去，他年飞鸟会知还。”曾布原诗《全宋诗》《宋诗纪事》等均无辑录，可见于正德《建昌府志》卷 19《仙释·南丰县》之曾布《题石仙观诗》：

> 古木苍苔翠雨颜，仙厓咫尺近乡关。人随天上玉棺去，云掩洞中丹竈闲。禄养不容乌反哺，君恩何似雀衔环。北山猿鹤真吾侣，盍卜幽栖谢往还。

民国《二源曾氏族谱》卷首《列祖名迹》亦收录了此诗，并注云：“元丰七年秋望与弟子开，侄绾、经、统，男纡同游，刻石岩上。”《题石仙观诗》是曾布歌咏故园名胜石仙观之作。据《大明一统志》卷 53 记载，石仙观在南丰县西一十五里，相传有冷真人在观岩中坐化升仙，即曾布诗中所言“人随天上玉棺去，云掩洞中丹竈闲”，其侧还有汉张道陵十八世孙张洞宣的墓冢，是一处道家圣地。诗中又云“禄养不容乌反哺，君恩何似雀衔环”，“乌反哺”是子女报答亲恩之意，元丰三年（1080），曾布受诏知边郡秦州，过阙入朝谢恩时，以母亲朱氏夫人年老需要奉养为由请求改任近地，但最终被台谏官弹劾出朝。[①] 朱氏夫人于元丰五年（1082）九月去世，曾布曾肇兄弟去职回南丰为生母服丧，直至元丰七年（1084）十二月，曾布方以服丧期满，复翰林学士。[②] 这首诗就是作于此期间的元丰七年秋天某月十五日，故诗中有“禄养不容乌反哺”的怆然与无奈，又流露出“北山猿鹤真吾侣”的隐居闲退之

① 《长编》卷 311，神宗元丰四年正月甲寅条，第 7542 页。

② 《长编》卷 350，神宗元丰七年十二月壬午条，第 8395 页。

意，然“君恩何似雀衔环”，又表明曾布对报效君恩的仕宦生涯仍有留恋之心。可以说，这首诗充分反映了曾布自根究市易务后仕途失意的矛盾彷徨心态，寓情于景，情景交融，不着痕迹。其弟曾肇亦游历此处，步兄原韵而和之。从兄弟二人的两首唱酬诗来看，曾肇之诗细润小巧，曾布之诗清健大气，在格局意境上略胜一筹。

南丰曾氏后人家传南丰桂华坊《曾氏宗谱》旧序中有《文肃公题江楼》，保存了曾布另一首歌咏南丰故土名胜之作：

> 军山流泉初滥觞，缭绕东山为盱江。峰峦隐映渊源长，地灵物秀雄吾邦。麻源三谷神仙乡，高林远岫长相望。岿然飞观临沧浪，凝岚净练罗轩窗。太师起家兰省郎，声名藉甚倾四方。剖符持节辞未央，江边往往维归艎。醉洒墨翰留篇章，文字星斗垂光芒。曾孙力学志自强，得此遗搆斯肯堂。探讨古今练缣缃，徙依不复论行藏。一枝敛翼聊徊翔，扶摇有路终骞扬。吾衰两鬓成秋霜，坐视迅景驰飞黄。龙池故原幽径荒，手栽松柏今苍苍。乞身行欲委轩裳，画舸南沂乘风樯。扫洒茔域开庄康，投闲辄静百忧忘。杖履登眺成相将，归与此乐何相当。

这首诗应该也是曾布在南丰为母亲朱氏夫人服丧期间所作的，“龙池故原幽径荒”，龙池原正是曾氏家人坟茔安葬之所，诗中亦有“扫洒茔域开庄康”之语。其时曾布已经年过五十了，两鬓染霜，仕途茫茫，赋诗追念曾祖功业，寄情家园山水以忘忧。明正德《建昌府志》卷 11 收录曾布诗《盱江》，后被《全宋诗》辑录：“军山流泉初滥觞，缭绕东山为盱江。峰峦隐映渊源长，地灵物秀雄吾邦。麻源三谷神仙乡，高林远岫长相望。岿然飞观临沧浪，凝岚净练罗轩窗。”《盱江》原本是这首《题江楼》长诗的残句，有未尽之意，今赖《曾氏宗谱》得以补全。

除南丰县外，曾布游历家园的足迹遍及抚州临川、金溪等地。金溪县南有灵泉寺，元人陈世隆《宋诗拾遗》收录曾布《灵泉寺》诗一首，云：“一掬寒泉照眼明，冰霜凛凛坐中清。生刍想见当时客，华屋空留后世名。晓日净涵金碧影，秋风暗引佩环声。他年卜筑南山下，白首何人共濯缨。”[①] 据康熙《金溪县志》卷12记载，灵泉在抚州金溪县南，又名五星泉，泉水自石中如跳珠般迸泄而出，泉上有亭，为北宋金溪主簿徐洪（字孺兴）建造，因名孺兴亭。徐洪是曾布之兄曾巩的朋友，《曾巩集》卷44《抚州金溪县主簿徐洪墓志铭》云徐洪在金溪有德政，卒于嘉祐二年（1057）八月二十一日，是年十二月曾巩为之作墓志铭。此时曾巩曾布兄弟已中进士第，正在家乡南丰等待朝廷授职，曾布《灵泉寺》诗疑作于此时。诗中云“生刍想见当时客，华屋空留后世名”“他年卜筑南山下，白首何人共濯缨”，东汉名士郭林宗母丧，徐稚放一束鲜草在她墓前表示祭奠，后人遂用“生刍、生刍奠、生刍吊、置刍”等指对死者的祭奠，表示赞美死者的德行，该诗可能就是曾布游金溪、追念故人徐洪而作。整首诗余韵悠长，以寒泉、冰霜、晓日、秋风、金碧影、环佩声营造出凄清苍凉的意境，寓情于景，哀而不伤，得性情之正，虽有南山之叹，实无白首之忧，与曾布后期经历过仕途险恶后的彷徨心境大相径庭。

清刘玉瓒修康熙《抚州府志》卷35《艺文·诗》却收录了曾布《灵泉寺》诗两首，一首与上同，另有一首云：“儒兴往事亦难明，对景思人想独清。黄绢异时留好语，幽泉千古擅佳名。五星巧作联珠势，一派尝闻泻玉声。他日相逢如话旧，也曾到此会簪缨。”可以看出，这首与上一首所用诗韵一模一样，姑且称为《灵泉寺二》。然而，元人陈世隆《宋诗拾遗》卷11、清人王有年纂修康熙《金溪县志》卷12亦收录了《灵泉寺二》，作者均署名为宋人楼鐩。楼鐩，鄞县（今浙江宁波）人，南宋嘉定年间（宋宁宗年号，1208—1224）知金溪县事，康熙《抚州府志》卷35或收录有误，《灵泉寺二》非曾布所作，乃楼鐩任金溪县令时的游历之作。若果真如此，则楼鐩当时应该看到了曾布的原诗，特意步原韵和之，相隔百余年，两位诗人穿越时空唱酬，也算一段佳话。

曾布与曾肇兄弟晚年迁居今江苏镇江一带，兄弟二人皆卒于润州（今江苏镇江）。润州是曾布的第二故乡，在这里他也留下了不少诗文之作。润州

① ［元］陈世隆编，徐敏霞点校：《宋诗拾遗》卷22，辽宁教育出版社2000年版，第356页。

丹徒有五州山，相传登上山顶能看见五州，《全宋诗》收录了曾布二句歌咏五州山景胜的残诗:“天际林峦压寿邱，夹江旁瞰两三州。”“海门西北起崇邱，极目参差见五州。”[①] 元《至顺镇江志》卷 12 又载:“故相鲁国公曾布宅在千石墟之东，布尝有诗曰：‘家住城南千石泉。’后为都统司双望酒库，今为道林寺。”可知曾布家在润州丹徒县南千石墟,《全宋诗》亦收录了曾布这句残诗:“家住城南千石泉。”[②]

曾布还有一些出仕地方的游历之诗。清道光《新喻县志》卷 14 记载了曾布《景疏亭》一诗：“广受投冠事隐沦，省郎景慕出天真。当年祖帐成陈迹，今日虚亭继后尘。歌枕绦纱闲白昼，栽花移竹续青春。归来啸傲非无趣，回谢钟鸣漏直人。”疑为曾布熙宁七年（1074）至熙宁八年（1075）知饶州期间游历周边山水之作。《明一统志》卷 79《蒲涧寺》亦收录了曾布诗一首，是曾布熙宁末知广州时游历禅寺之作：“路入青松十里深，涧蒲春水洗尘心。欲寻九节和金鼎，更上千岑听玉音。”元祐五年（1090）十二月，曾布奉诏知青州（今山东潍坊青州市），当地有名胜表海亭，以追念姜太公治齐功德，曾布到任后重新修葺之，并作《表海亭》一诗，云：“表海风流旧所闻，青冥飞观一番新。山河十二名空在，簪履三千迹已陈。极目烟岚九霄近，满川楼阁万家春。由来兴废南柯梦，且喜登临属后人。”[③] 触景生情，于轻叹微吟中感叹世事之兴废无常。

曾布另存留一些与朋友同僚纵情山水之间的唱酬之作。曾布于宋神宗元丰元年（1078）知桂州（今广西），在任期间曾经与同僚同游广西融州（今广西柳州融水县）真仙岩，又称老君岩，作诗唱和，曾布有《和刘谊留题融州老君岩》两首，其一：“神仙遗像出天真，造化胚浑岂易言。访古寻幽空有意，白头轩冕感君恩。”其二：“鹿龙高蹑九霄难，共驾仙车去不还。遗迹

① 《嘉定镇江志》卷 6，《宋元方志丛刊》本，第 3 册，第 2361 页；傅璇琮等主编：《全宋诗》，北京大学出版社 1991–1998 年版，第 13 册，第 9067 页。

② 《全宋诗》第 13 册，第 9067 页。

③ 《全宋诗》第 13 册，第 9065–9066 页。

至今空有桧，不知蝉蜕此山间。”[①] 元丰二年（1079）九月，曾布与同僚游桂林七星山，探寻开发到一处前人尚未发现的新岩，命名为曾公岩，同僚陈倩等人各作《曾公岩诗》，《全宋诗》收录了曾布《和陈倩游曾公岩韵》一诗，也是这次诗会上的唱酬之作：“从事区区厌独贤，寻幽深入翠微间。旋开榛莽东郊路，偶得神仙旧隐山。都峤三天临瘴水，灵岩十里接溪蛮。何如咫尺邻风穴，杖履时时一往还。”[②]

曾布又有一些歌咏日常生活之诗，如《二月》：“二月春华已半归，江天况值雨垂垂。山梅倏忽花经眼，园杏须臾子满枝。”《诗一首》：“晓出东郊信马蹄，青梅墙角两三枝。竹鸡啼罢雨来急，杜宇声乾月落迟。山店煮烟缫丝日，野田锄水插秧时。农桑劝课非无力，为报新安太守知。”[③] 这两首诗淡雅朴实，清新自然。曾布还作过梅花诗，《全宋诗》据宋陈景沂《全芳备祖》辑录了其残句两联云：“海边憔悴多情客，想见一枝寒玉色。愿君攀折赠余香，勿使随风自狼藉。”[④] 这首诗以爱梅自喻，托物言志，其情婉转又不失豪气，属于曾布诗中的佳作。清人裘君弘云：“（曾）布相业颇不满人意，然其诗文皆有可观者。”[⑤] 曾布作诗寓情于景，寓理于情，虽称不上上乘，也算是颇有法度。

至于散文辞章，“南丰三曾”中自然以唐宋八大家之一的曾巩成就最高；曾肇次之，尤擅长制诰等朝廷应用文体，宋人王应麟将曾肇的“诏”与王珪、王安石相提并论，且作为南宋“诏”体之模本：“散文当以西汉诏为根本，次则王岐公、荆公、曾子开诏熟观，然后约以今时格式，不然则似今时文策题矣。”[⑥] 至于曾布，《全宋文》第42册辑录了其佚文三卷，多为文牍、奏议、制词与墓志铭之类，可作史料用，文学价值不高。不过，曾布也曾经拜翰林

---

① ［清］谢启昆:《粤西金石略》卷4《真仙岩诗》,《宋代石刻文献全编》影印清嘉庆六年（1801）铜鼓亭刻本，2003年版，第4册，第227页。［清］陆增祥：《八琼室金石补正》卷86,《宋代石刻文献全编》影印民国十四年（1925）希古楼刻本，2003年版，第1册，第74–75页。

② 《粤西金石略》卷4《刘谊曾公岩记并唱和诗》（元丰二年），《宋代石刻文献全编》影印清嘉庆六年铜鼓亭刻本，第4册，第225页。《全宋诗》第13册，第9066页。

③ 《全宋诗》第13册，第9065页。

④ 见《全宋诗》第13册，第9067页。

⑤ ［清］裘君弘：《西江诗话》卷2，清康熙四十二年裘氏妙贯堂刻本。

⑥ ［宋］王应麟：《玉海》卷202《辞学指南·诏》，广陵书局据清光绪九年浙江书局刊本影印，2016年版，第6册，第3731页。

学士、知制诰。宋代翰林学士的职掌主要包括两个方面——草词与顾问，前者要求入选者必须善于属文，文辞准确通畅，简明得体，且才思敏捷、起草迅速，以便能及时、准确地布达旨意；后者则要求入选者博闻多识，通经晓史、察古知今，以便随时应付君主召问。史载：熙宁四年（1071），宋神宗嫌弃知制诰陈绎“制辞不工，欲用曾布，疑布所领事已多。王安石曰：‘布兼之亦不困。’遂以布直舍人院”。[①] 不独宋神宗对曾布制词青眼有加，宋人王铚也对曾布的制词评价颇高，其《四六话》卷下收录了曾布《谢宰相表》四六文一句：“方伤锦败财之初，奚堪于补衮？况覆栋折足之际，何取于和羹？”认为“四六格，句须衬者相称乃有工，方为造微。盖上四字以唤下六字也”，曾布上句“妙矣”！又说曾布“作笺表有气而备朝廷体。其《贺章子厚复资政启》曰：‘浩若江海，风波莫之动摇。屹如栋梁，蚍蜉无以倾挠。’其自南迁归丹阳，闻之大观元会，作表以贺，略云：‘九宾在列，锵劔佩而肃鹭鸾。五辂在庭，明放常而载日月。’盖虽老而文字不衰，亦久在朝居文字职，习性然也。”由是可知，曾布虽然不像曾巩曾肇那般以文辞名世，但制辞颇为工整，文采亦有可观，只不过南丰曾氏文翰璀璨，人才济济，遂被衬托得泯然众人矣。

南丰桂华坊《曾氏宗谱》中保存有曾布《敕赐金山龙游禅寺度僧荐慈塔记》一文，被傅林辉先生收录进《曾布日录校注》一书中。该文作于元符三年（1100），[②] 详细记载了金山龙游禅寺历史由来、地貌胜迹、登临感受，以及曾氏修建荐慈塔度僧捐田始末，是极其少见的流传至今的曾布散文。全文构架严谨，层层推进，文采斐然。其中有云：“君亲同天地忠孝之道，实臣子所当自尽，而我之未逮焉。顾惓惓图此者，特区区犬马之诚，少效涓埃之万一云耳，若曰尽道其间，则何有哉！惟我神天监兹，悬悃焉耳。”此时曾布刚刚拜相，曾氏至此臻于极盛，君恩浩荡的感激之情溢于文辞。然世事无常，盛极而微，则非其人所能预料。

① 《长编》卷220，神宗熙宁四年二月辛酉条，第5342页。

② 见［宋］曾布撰，傅林辉校注：《曾布日录校注》附4，中国社会出版社2007年版，第46页。南丰桂华坊《曾氏宗谱》旧序载曾布《敕赐金山龙游禅寺度僧荐慈塔记》，其后云：“大宗元符三年冬十有二月朔日之吉立石。”

二、曾布的词学成就

与诗文相比较，曾布之词最具特色，在南丰曾氏中独树一帜，于古代中国词坛上也留下了些微痕迹。曾布妻魏玩在宋代词坛上的声名也颇高。魏玩，字玉汝，襄阳人，出生于文学之家，工于诗词，著有《魏国夫人集》，已佚，今仅存周泳先辑《魏国夫人词》一卷。南宋朱熹称“本朝妇人能文，只有李易安与魏夫人”，[①]魏氏与宋朝另一著名女词人朱淑真有往来，明人田汝成云：“与淑真同时，有魏夫人者，亦能诗，尝置酒以邀淑真，命小鬟队舞，因索诗，以‘飞雪满群山’为韵。”[②]

魏玩入归曾氏，无疑为曾氏作家群体注入了新的活力。她与曾氏家族成员有诗文往来，陆游《老学庵笔记》卷 7 载：“曾子宣丞相元丰间帅庆州，未至，召还，至陕府，复还庆州，往来潼关。夫人魏氏作诗戏丞相曰：‘使君自为君恩厚，不是区区爱华山。’”民国《南丰县志》卷 12 又记载了这么一件盛事：

> 熙宁末，文定公（曾巩）镇洪州兼江西兵马钤辖，文肃公（曾布）自饶州移镇潭州，道洪而西，实邻境也。文昭公（曾肇）时在馆阁，欲至洪省视母夫人，假使指暂出。文定公大合乐，享邻帅及诏使，乃同气三人，亲为宾主。文肃公魏夫人文笔素高，遂为口号一联云：“金马并游三学士，朱幡相对两诸侯。”盖文定带帖职，文肃历翰林，文昭现任馆阁，皆学士也。时人赏其切而羡其荣。

清丁绍仪《听秋声馆词话》卷 8 又称曾、魏二人为词坛佳偶：“宋词学盛行，然夫妇均有词传，仅曾布、方乔、陆游、易祓、戴复古五家。方、戴、易姓氏且无考，戴、陆更系怨偶，易妻词亦甚怨，惟子宣与魏夫人克称良匹。”

《全宋词》辑录曾布之词八首，其中有《江南好》一词，云：“江南好，家有宁馨儿。三世文章称大手，一门兄弟独良眉。籍甚众多推。　千里兄，

---

① 《朱子语类》卷 140《论文下》，第 3332 页。

② ［明］田汝成辑撰：《西湖游览志余》卷 16《香奁艳语》，上海古籍出版社点校本，1998 年版，第 254 页。

来自渥洼池。莫倚善题鹦鹉赋，青山须待健时归。不似傲当时。”[①] 词中所谓的“宁馨儿”指的是其子曾纡，该词是曾布为曾纡庆生而作，[②] 道尽了“三世文章”与“一门兄弟”的文翰风流。其中，《鹦鹉赋》是三国时期迩横奉命而作的千古名篇，迩横恃才傲物，最后招来杀身之祸，死时年仅 26 岁。“莫倚善题鹦鹉赋”，曾布以此教导曾纡为人处世谦虚谨慎、顺时而动之道。所谓“文以载道”，宋代士大夫在政治上和学术上都具有强烈的使命感，十分重视诗文的劝谏教化功能，曾布作诗填词为文惯用典故，好发议论，正是“文以载道”的时代精神的一种反映。

《全宋词》辑录的曾布其他七首词颇具特色，据王明清《玉照新志》卷 2 记载，它们是元祐年间曾布在知太原府时所作的《水调歌头》，七首词组成一个联章体，来铺叙唐人沈亚之《冯燕传》的故事，全文如下：

《水调歌头 · 排遍第一》

魏豪有冯燕，年少客幽并。击球斗鸡为戏，游侠久知名。因避仇、来东郡。元戎留属中军。直气凌貔虎，须臾叱咤风云。凛凛坐中生。

偶乘佳兴。轻裘锦带，东风跃马，往来寻访幽胜。游冶出东城。堤上莺花缭乱，香车宝马纵横。草软平沙稳。高楼两岸春风，语笑隔帘声。

《水调歌头 · 排遍第二》

袖笼鞭敲镫。无语独闲行。绿杨下、人初静。烟澹夕阳明。窈窕佳人，独立瑶阶，掷果潘郎，瞥见红颜横波盼，不胜娇软倚银屏。

曳红裳，频推朱户，半开还掩，似欲倚、咿哑声里，细说深情。因遣林间青鸟，为言彼此心期，的的深相许，窃香解佩，绸缪相顾不胜情。

《水调歌头 · 排遍第三》

说良人滑将张婴。从来嗜酒、还家镇长酩酊狂酲。屋上鸣鸠空斗，梁间客燕相惊。谁与花为主，兰房从此，朝云夕雨两牵萦。

① 《全宋词》第 1 册，第 266 页。

② 王明清《挥麈录》余话卷 1 云：“曾文肃十子，最钟爱外祖空青公。有寿词云：‘江南客，家有宁馨儿……’其后外祖果以词翰名世，可谓父子为知己也。”第 289–290 页。

似游丝飘荡，随风无定。奈何岁华荏苒，欢计苦难凭。唯见新恩缱绻，连枝并翼，香闺日日为郎，谁知松萝托蔓，一比一毫轻。

《水调歌头·排遍第四》

一夕还家醉，开户起相迎。为郎引裾相庇，低首略潜形。情深无隐。欲郎乘间起佳兵。授青萍。茫然抚叹，不忍欺心。

尔能负心于彼，于我必无情。熟视花钿不足，刚肠终不能平。假手迎天意，一挥霜刃。窗间粉颈断瑶琼。

《水调歌头·排遍第五》

凤凰钗、宝玉凋零。惨然怅，娇魂怨，饮泣吞声。还被凌波呼唤，相将金谷同游，想见逢迎处，揶揄羞面，妆脸泪盈盈。

醉眠人、醒来晨起，血凝螓首，但惊喧，白邻里、骇我卒难明。思败幽囚推究，覆盆无计哀鸣。丹笔终诬服，阛门驱拥，衔冤垂首欲临刑。

《水调歌头·排遍第六》（带花遍）

向红尘里，有喧呼攘臂，转声辟众，莫遣人冤滥、杀张室，忍偷生。僚吏惊呼呵斥，狂辞不变如初，投身属吏，慷慨吐丹诚。

仿佛缧绁，自疑梦中，闻者皆惊叹，为不平。割爱无心，泣对虞姬，手戮倾城宠，翻然起死，不教仇怨负冤声。

《水调歌头·排遍第七》（撷花十八）

义城元靖贤相国，喜慕英雄士，赐金缯。闻斯事，频叹赏，封章归印。请赎冯燕罪，日边紫泥封诏，阖境赦深刑。

万古三河风义在，青简上、众知名。河东注，任流水滔滔，水涸名难泯。至今乐府歌咏。流入管弦声。

曾布所制《水调歌头》七首词为七章，每章又称“排遍”第一、第二……第七，每章句式、字数各异，联合起来叙述一个完整的故事，虽以《水调歌头》为名，但与词牌之《水调》有些差异，属于大曲。宋大曲为词体，“词”为“曲”而设，属于宋词与宋代说唱艺术的结合体，是词中通俗文化的代表。据《宋史·乐志·教坊部》载，两宋有“十八调四十曲”，至清代被完整保存下来的就仅有两套北宋大曲，曾布的《水调歌头》就是其中之一，其价值之高不言而喻。清人认为曾布的这首大曲可以作为宋代大曲范式，如《四库全书总目》卷141《玉照新志》提要云："曾布'冯燕水调歌头·排遍七章'，为《词谱》之所未载，亦足以见宋时大曲之式。"同书卷199《钦定曲谱》更认为此曲不仅开金元曲套数先河，而且因其叙事性又开金元杂剧与南戏先河。

《水调歌头》写的是魏侠冯燕避仇至东郡，与滑将张婴之妻一见钟情，误会情妇欲谋害亲夫将之杀死，为免张婴枉死而主动投案，临刑伏法时又被释放并赐金封官的传奇故事，情节跌宕起伏，出人意表。此故事源出唐沈亚之《冯燕传》，可见于《太平广记》卷195《冯燕》，曾布增补了大量的人物心理与情感描写，较原小说更为丰满生动。如，描写张婴嗜酒，女子所嫁非"良人"，自觉如"似游丝飘荡，随风无定"，为其私通依恋冯燕作了心理铺垫。"绸缪相顾不胜情""朝云夕雨两牵萦""新恩缱绻，连枝并翼""情深无隐""割爱无心，泣对虞姬，手戮倾城宠"，皆突出强调冯燕与此女颇有真情。词中又用了大量篇幅描述女子之死的惨烈："凤凰钗、宝玉凋零。惨然怅，娇魂怨，饮泣吞声。还被凌波呼唤，相将金谷同游，想见逢迎处，揶揄羞面，妆脸泪盈盈。"更突出强调了冯燕能超脱于儿女私情之上，以"义"为先，"尔能负心于彼，于我必无情""假手迎天意"，痛挥义剑责女子"授青萍"欲加害丈夫的不义。"翻然起死，不教仇怨负冤声"，最终落足于褒扬冯燕不惧生死主动投案的高风义气。全篇于写景中言情，于言情中叙事，于叙事中明理，既有词的软媚，又有曲的豪壮，形成曾布之词介于词曲之间的创作风格，更体现出一种"文以载道"的创作理念。

魏玩比曾布在词坛上的声名更高，清人冯金伯《词苑萃编》卷4引《乐府雅编》云其词风"雅正"："魏夫人，曾子宣丞相内子，有《江城子》《卷珠帘》诸曲，脍炙人口。其尤雅正者，则有《菩萨蛮》云：'溪山掩映斜阳里，楼台影动鸳鸯起。隔岸两三家，出墙红杏花。　绿杨堤下路，早晚溪边去。三见柳绵飞，离人犹未归。'深得《国风·卷耳》之遗。"这个评价算是比较高的，但也暴露出魏玩创作题材相对狭窄的缺陷。《国风·卷耳》是《诗经》中一篇抒发怀人情感的诗作，写一位女子在采集卷耳的劳动中想起了她远行在外的丈夫，想象他在外经历险阻的各种情况。从魏玩残余的词来看，也基本是描述男女之情的闺阁之作，[①] 与曾布“文以载道”的创作题材风格截然不同。

在词风上，夫妇二人存在一定差异，但也有相通之处。魏玩之词清丽婉媚，偶尔有似散曲之俗语，如《卷珠帘》“多情因甚相辜负，轻拆轻离，欲向谁分诉。泪湿海棠花枝处，东君空把奴分付”，其中“因甚”“把奴分付”都颇有散曲语调气息；《江城子》“几何般，懒临鸾……谁信道，不曾看”，《系裙腰》“谁念我、就单枕、皱双眉……我恨你、我忆你、你争知”，[②] 都是十分曲化的语言，与曾布大曲的创作风格近似。可以想象，夫妇二人应该都比较喜欢乐府叙词曲。曾布词风偏于平实，好用典故，从其《江南好》一词中可见端倪；但在其《水调歌头》中也有一些叙景言情的软媚之语。这些都透露出曾布夫妇二人创作上的互通、互补，[③] 不愧是词坛佳偶。

三、曾布的石刻题名与书法成就

曾布在地方为官时，公务之余常邀请同僚畅游山水，在各处留下了自己的题名。《宋代石刻文献全编》辑录有曾布石刻题名十余处，兹据相关史料，制《曾布石刻文献简表》如下：

曾布石刻文献简表

名称	时间与地点	内容	史源
《九曜石题名》	元丰元年（1078）正月二十九日；广州广东督学署西北池畔		

① 北宋释惠洪《冷斋夜话》录魏玩诗《虞美人草行》一首：“鸿门玉斗纷如雪，十万降兵夜流血。咸阳宫殿三月红，霸业已随烟烬灭。刚强必死仁义王，阴陵失道非天亡。英雄本学万人敌，何用屑屑悲红妆。三军败尽旌旗倒，玉帐佳人坐中老。香魂夜逐剑光飞，清血化为原上草。芳心寂寞寄寒枝，旧曲闻来似敛眉。哀怨徘徊愁不语，恰如初听楚歌时。滔滔逝水流今古，楚汉兴亡两丘土。当年遗事总成空，慷慨尊前为谁舞。”咏史怀古，慷慨激昂。但据南宋胡仔《苕溪渔隐丛话》前集卷60《虞美人草行》所载，此诗为北宋许彦国（字表民）所作。今人张劲松、谭本龙《〈虞美人草行〉作者为许表民考辨》（载《毕节学院学报》，2013年第7期）一文于此有详细辨正，当为定论。

② 以上见《全宋词》第1册，第267–270页。

③ 参见吕肖奂《宋代南丰曾氏家族第三代诗词创作析论》，《淮阴师范学院学报》（哲社版），2010年第1期。

续表

名称	时间与地点	内容	史源
	广东经略安抚使、起居舍人、龙图阁待制曾布子宣，转运副使、都官员外郎向宗旦公美，转运副使、屯田员外郎□通道济，前广西转判官□赓声叔，元丰元年正月晦日游。	《金石粹编补正》卷 15；《金石续编》卷 15	
《游雉山题名》	元丰二年（1079）三月三日；广西桂林	南丰曾布己未上巳，尽室泛舟历览东观岩穴之胜，遂游雉山。	《桂胜》卷 2；《粤西丛载》卷 2；桂林文管会《桂林石刻》上
《龙隐岩题名》	元丰二年（1079）四月二十日；广西桂林	南丰曾布、甬上苗时中、洛阳刘宗杰、历阳齐谌、吴兴刘谊，元丰二年四月廿日同游。	《粤西金石略》卷 4；《粤西丛载》卷 2；《桂林石刻》上
《龙隐岩迴穴题名》	元丰二年（1079）五月十日；广西桂林龙隐岩之迴穴	起居舍人、龙图阁待制、知桂州，兼广西经略安抚使曾布，权发遣转运使、尚书度支郎中、直集贤院陈倩，权副使、殿中丞苗时中，权发遣提点刑狱、太常博士刘宗杰，权发遣提举常平、秘书丞齐谌，管勾常平、前江山县丞刘谊，元丰二年五月十日游迴穴。	《桂胜》卷 2 记“二月十日”；《粤西金石略》卷 4 记“五月一日”；《桂林石刻》上记“五月十日”；今从《桂林石刻》
《风洞题名》	元丰二年（1079）六月三日；广西桂林叠采山	南丰曾布子宣、浦城陈倩君美、符离苗时中子居、永安刘宗杰唐辅、历阳齐谌子期、长兴刘谊宜父，元丰二年六月初三日同游。	《桂胜》卷 3；《粤西金石略》卷 4；《粤西丛载》卷 2；《桂林石刻》上

续表

名称	时间与地点	内容	史源
《伏波山题名》	元丰二年（1079）六月三日；广西桂林	起居舍人、龙图阁待制、知桂州曾布子宣，转运使尚书度支郎中、直集贤院陈倩君美，副使、殿中苗时中子居，提点刑狱、太常博士刘宗杰唐辅，提举常平、秘书丞齐谌子期，管勾常平、前江山县丞刘谊宜父，元丰二年六月初三日，自风洞游伏波岩。	《粤西金石略》卷4；《金石续编》卷15;《桂林石刻》上
《水月洞题名》；又称《漓山题名》	元丰二年（1079）八月十五日；广西桂林漓山	曾布、陈倩、苗时中、刘宗杰、齐谌、刘谊，元丰二年中秋游。	《广西名胜志》卷1；《粤西丛载》卷2；《粤西金石略》卷4；《桂林石刻》上
《游曾公岩诗》	元丰二年（1079）九月二十六日；广西桂林七星山冷水岩	《和陈倩游曾公岩韵》：从事区区厌独贤，寻幽深入翠微间。旋开榛莽东郊路，偶得神仙旧隐山。都峤三天临瘴水，灵岩十里接溪蛮。何如咫尺邻风穴，杖履时时一往还。	《桂胜》卷2；《粤西金石略》卷4；《粤西诗载》卷13
《游老君岩（真仙岩）诗》	元丰三年（1080）；广西融州真仙岩；元丰六年（1083）七月一日内殿承制权知融州军州事钱师孟立石	《和刘谊留题融州老君岩诗》其一：神仙遗像出天真，造化胚浑岂易言。访古寻幽空有意，白头轩冕感君恩。其二：鹿龙高蹑九霄难，共驾仙车去不还。遗迹至今空有桧，不知蝉蜕此山间。	《粤西金石略》卷4；《八琼室金石补正》卷86
《九龙岩题名》	元丰三年（1080）十月十三日；湖南永州	龙图阁直学士、朝奉大夫曾布，自广西移师陇右，元丰三年十月十三日过此，男綖、缨、纁、纡、絢，婿王良肱，甥王絪、缊侍行。	《八琼室金石补正》卷100；道光《永州府志》卷18中

续表

名称	时间与地点	内容	史源
《祷雨题记》	元祐元年（1086）七月十三日；山西太原晋祠	龙图阁学士、河东经略安抚使曾布，提点刑狱、朝议大夫范子谅躬率寮吏祷雨祠下。通判太原军府事田盛高、复签书河东节度判官卢讷、知阳曲县冯忱之、走马承受王演、检法官史辩从行。元祐丙寅岁七月十三日，讷谨题。	《金石续编》卷15；《八琼室金石补正》卷34
《告违题记》	元祐四年（1089）五月二十二日；山西太原晋祠	鲁郡候曾布，以元祐丙寅岁闰二月庚戌，出帅河东。四月丙辰，至太原视事。己巳四月丙午，易守真定。五月辛卯，率僚吏告违于晋祠之神，丙申受代而东。子婿兴国吴则礼书。	《金石续编》卷15；《八琼室金石补正》卷34
《济渎庙曾布题名》	元祐五年（1090）五月二十一日；河南孟州（河阳）	原题内容不详。《寰宇访碑录校勘记》卷9《济渎庙曾布题名》（元祐五年）云："声木谨案：碑文在济渎庙北海坛新置祭器杂物铭碑。左侧上截碑文中有缲、纡侍行之语，非止一人。五年下碑文原有五月乙酉五字。"	《寰宇访碑录校勘记》卷9；《河朔金石目》卷8；《河朔访古新录》卷10；《金石汇目分编》卷9之2；《艺风堂金石文字目》卷6作："元祐庚午五月乙巳。"误，元祐庚午年五月无乙巳日。

续表

名称	时间与地点	内容	史源
《谒李长者像题名》	元祐四年（1089）六月二日；山西太原寿阳方山	鲁郡侯曾布，□帅真定，道过寿阳□方山，谒李长者像。余杭钱景山、乐平潘璟、丹阳邵壎、开封张元淳、长者李毅、禹城李良臣、舒城李乘偕行。元祐己巳岁六月辛丑题。	《山右石刻丛编》卷 15
《云门山题名》	元祐六年（1091）闰八月十五日；山东青州益都县云门山南壁洞西第三佛龛之上	龙图阁学士、知青州、鲁郡侯曾布，右朝奉大夫、通判青州胡之邵，崇仪使、管勾南京鸿庆宫董佶，左承议郎、东路提刑司检法官陈铣，左承议、签书节度判官高昌庸，左奉议郎、知益都县李植，观察推官贺大成，州学教授刘章，元祐辛未闰八月望游此，遂至石子涧。是日鲁侯六子缲、纡、絢、绂、绛、縪，孙悆，尽室奉益昌君从行，单信石匠单三、单四、单八哥。	《益都金石记》卷 3；《金石汇目分编》卷 10 之 3

除了石刻题名外，传世文献中还存留曾布书信尺牍五帖。

其一，《守边帖》（又称《知府帖》）。白粉笺，高九寸，阔一尺三寸四分，行书，大七分，计十三行："布顿首再拜。布区区承乏守边，辱在邻壤，辉光润泽之所沾被，得以庇藏蹇拙，所蒙固已多矣。而抚循劳问，眷与之渥，愈久益隆。孤朽之姿，何以堪此？佩服恩纪，愧载而已。登候略具前纸，不敢重陈悃愊之私。临纸莫罄万一。伏惟幸察，谨奉手启。不宣，布顿首再拜上知府安抚资政左丞台坐。谨空。十八日。"清吴升《大观录》卷 4；清安岐《墨缘汇观》卷上；清佚名《装余偶记》卷 6；《石渠宝笈续编》乾清宫（《宋人法书》第二册之一）；清《石渠随笔》卷 3 等著录了该帖。故宫博物院《宋人法书》第二册中影印了该帖。

今人徐邦达编著《古书画过眼要录》宋代书法篇收录了曾布的《守边

帖》，认为此帖是元丰三年（1080）曾布写给吕惠卿的书札："考曾布于元丰三年闰月，出知秦州。又考吕惠卿也在那年四月以资政殿学士再任鄜延路经略安抚使，知延州。秦州与延州皆在陕右，所谓邻壤也。"[①] 这个判断是错误的。首先，曾布受诏知秦州是在元丰三年（1080）闰九月，在过阙入朝谢恩时，曾布以母亲年老需要奉养为由请求改任，宋神宗遂将其留朝改判将作监。[②] 因而，曾布实际上没有去秦州赴任。其次，吕惠卿在是年七月丁母忧，去职归乡为母服丧，[③] 这个时间尚在曾布受诏知秦州之前，两人邻壤任职相交之事更加无从说起了。最后，此前吕惠卿与曾布因根究市易务之事早已交恶，他们之间不可能存在《守边帖》中流露出的那种情谊，这个"知府安抚资政左丞"应另有其人。

其二，《质夫帖》（又称《还朝帖》）。白纸本，高八寸二分，阔一尺一寸四分，大行楷，十行："布顿首。还朝虽久，未获一接绪论。倾企不忘，比蒙枉顾不遗，岂胜感慰。秋意加爽，切惟优游图史之闲，诸况甚适。拘文无缘造谒，但增向往。谨奉启叙谢不宣。布手启上质夫学士侍史。"清吴升《大观录》卷4；清安岐《墨缘汇观》卷上；清佚名《装余偶记》卷6；《石渠宝笈续编》乾清宫（《宋人法书》第三册之一）；清《石渠随笔》卷3等著录了该帖。《三希堂法帖》第九册；故宫博物院《宋人法书》第二册中影印了该帖。

徐邦达《古书画过眼要录》一书认为此帖是绍圣中曾布写给章楶的书札："考《宋史》楶本传，'哲宗亲御紫宸殿，受贺。累擢枢密直学士，龙图阁、端明殿学士，进阶大中大夫'，时在绍圣年间。布以徙江宁，过京，留为翰林学士，迁承旨，兼侍讲，拜同知枢密院，进知院事。也见于《宋史·曾布传》。与帖所叙的事情、时间和二人的官衔多相符合。此帖应在绍圣中所写。曾布时年约六十岁。"[④] 这个判断或部分准确，曾布的《质夫帖》是写给章楶的，

---

① 徐邦达编著:《古书画过眼要录》（晋、隋、唐、五代、宋书法），湖南美术出版社1987年版，第259页。

② 《长编》卷309，神宗元丰三年闰九月壬寅条，第7496页；《长编》卷311，神宗元丰四年正月甲寅条，第7542页。

③ 《长编》卷306，神宗元丰三年七月乙丑条："诏资政殿学士吕惠卿丁母忧，俸外特给钱五十缗。"第7436页。

④ 《古书画过眼要录》（晋、隋、唐、五代、宋书法），第260页。

但时间也有可能在宋徽宗建中靖国元年（1101）。章楶（1027—1102），字质夫，福建浦城（今属福建省南平市浦城县）人，宰相章惇的堂兄，北宋名将，元祐绍圣年间屡次击败西夏军队，《宋史》卷328有传。据《长编》卷504，哲宗元符元年十二月丙申条记载："以擒获嵬名阿埋、妹勒都逋，宰臣率百官贺于紫宸殿。泾原路经略安抚使、龙图阁学士、左中散大夫章楶为太中大夫，仍赐银绢各二千、对衣、金带、银鞍辔马。"由此可知，宋哲宗受贺在元符年间，不在绍圣年间。而章楶累迁"枢密直学士，龙图阁、端明殿学士，大中大夫"，这些都属于贴职和官阶，不是实际的职任差遣，元符元年章楶的实际差遣仍是泾原路经略安抚使。绍圣元符年间章楶一直在地方为官，直至宋徽宗建中靖国元年（1101）七月，方才入朝拜同知枢密院事，据《宋史》卷328《章楶传》云："绍圣初，知应天府，加集贤殿修撰，知广州，徙江淮发运使。哲宗访以边事，对合旨命知渭州……楶在泾原四年……徽宗立，请老，徙知河南。入见，留拜同知枢密院事。"《宋史》卷19《徽宗一》"建中靖国元年七月丁亥条"亦载："端明殿学士章楶同知枢密院事。"曾布《质夫帖》中云"还朝虽久"，可能写于建中靖国元年章楶还朝之初。《长编拾补》卷18，徽宗建中靖国元年九月己未条又载："陈瓘既黜，上谕蒋之奇、章楶（按：时蒋之奇知枢密院事，章楶同知枢密院事。）曰：'瓘为李清臣所使，元祐人逐大半，尚敢如此。曾布以一身当众人挤排，诚不易。卿等且以朕意，再三慰劳之。'"是时曾布已拜相，但受陈瓘等旧党人士的攻击，处境艰难。他主动致书章楶，很可能是想拉拢章楶，引以为助。

其三，《向往帖》。米色硬纸，高八寸，阔一尺五寸，行楷，书十三行，宋印二小方："布久别，浸深向往。昨承易郡，寻复就职闲馆。方悲苦之初，久失驰问，存照之素，宜未加诮。迩来诸况何如？京口颇便安否？诎伸有命，唯贤者能以理安，但士论滋以为郁尔。然不逞之人，亦终不免。则进退出处，益可以知其非人力也。诸所欲言，非书可悉。非久获申前请，则会晤有期矣。区区非面展，莫罄万一。布又启。"清吴升《大观录》卷4著录了该帖。

绍圣元年（1094）四月，曾布自瀛洲徙江宁，过京留朝，除翰林学士，知制诰，寻迁翰林学士承旨兼侍读，[①] 与帖中云“昨承易郡，寻复就职闲馆”的语境相吻合，《向往帖》应写于绍圣元年。帖中又问“京口颇便安否”，京口即镇江润州的古称，收信之人或者在镇江润州为官，或者闲居镇江润州，正郁郁不得志，寻找东山再起的入朝机会，故曾布书札中有“诎伸有命”“非久获申前请，则会晤有期”等语，但究竟写给何人，则无法判断。

其四，《被召帖》：“布启：被召经途，特辱垂访，迫于行役，不及谒谢，幸冀财恕。乍远，保爱为祝。聊奉启，代面叙，不宣。布手启，上徐君茂材足下。”明赵琦美《赵氏铁网珊瑚》卷 3；清卞永誉《式古堂书画汇考》卷 12《曾子宣被召帖》；清倪涛《六艺之一录》卷 394 等著录了该帖。

其五，《与宋亲帖》：“布叩头：为别滋久，良以驰想，每辱书示审近况。佳福兼承，旦夕遂还。侍下趣装，谅亦劳止。新淦（一作：途）去此不远，因风频惠问为佳尔。未相见间，多爱。五娘子不日离家，想离恋不易，更宜宽中加爱。六妗已下，一一同此伸意。为烦恼中，未及仔细，不讶不悉。布叩头，宋亲茂材。”明赵琦美《赵氏铁网珊瑚》卷 3；清卞永誉《式古堂书画汇考》卷 12《曾子宣与宋亲帖》；清倪涛《六艺之一录》卷 394 等著录了该帖。

由“宋亲”的称呼，及“五娘子、六妗”等语可知，这是一封家书。《赵氏铁网珊瑚》卷 3、《式古堂书画汇考》卷 12、《六艺之一录》卷 394 还收录了曾肇写给“宋亲”的《近疏帖》：“肇近疏闻问，方深企想。辱书，甚以为慰。讯后安否？如何衰薾？比幸安完，他不复道。闲居讲学，想甚自得。尚阻披见，千万厚爱，草草不悉。肇手启，宋亲茂材。”曾布兄弟这两封书札应该是写给同一人的。曾布《与宋亲帖》中云“新淦去此不远”，新淦即今江西新干县，离饶州（州治为今江西鄱阳县）不远，这封家书应写于曾布熙宁末知饶州时期。

南丰曾氏家族成员大多擅长书法，各具特色，曾布书法在其中自成一体，据宋人陈黄裳评价云：“文定公（笔者按，曾巩）书如谢家子弟，虽时偃蹇不端，正自爽垲，有一种风气。文肃公（笔者按，曾布）书如高丽使人，抗浪甚有意气。文昭公（笔者按，曾肇）书如玉环臃肿，自是太平人物。湘潭

① 《长编拾补》卷 9，绍圣元年四月庚戌、癸亥条，第 400、405 页。

公（笔者按，曾宰）书如吴兴小儿，形虽未成而骨体甚隽。一日见此众妙，何其幸与？”[①]南朝袁昂亦曾经评价当时名士殷钧的书法“如高丽使人，抗浪甚有意气，滋韵终乏精味”，[②]抗浪，即粗犷之意，由此推测，在曾氏兄弟中，曾布的书法应该是最有气势的。曾布擅长楷书，主要是学习北宋著名书法家沈辽的笔法。沈辽（1032—1085），字睿达，钱塘（今余杭）人，《梦溪笔谈》作者沈括的同族兄弟，据王明清《挥麈录》余话卷之1云：沈辽“尤工翰墨。王文公（笔者按，王安石）、曾文肃学其笔法。荆公得其清劲，而文肃传其真楷”。《三希堂法帖》存有沈辽、曾布的尺牍，两者对比，曾布得沈辽笔意之挺拔，但构字更为宽厚庄重：[③]

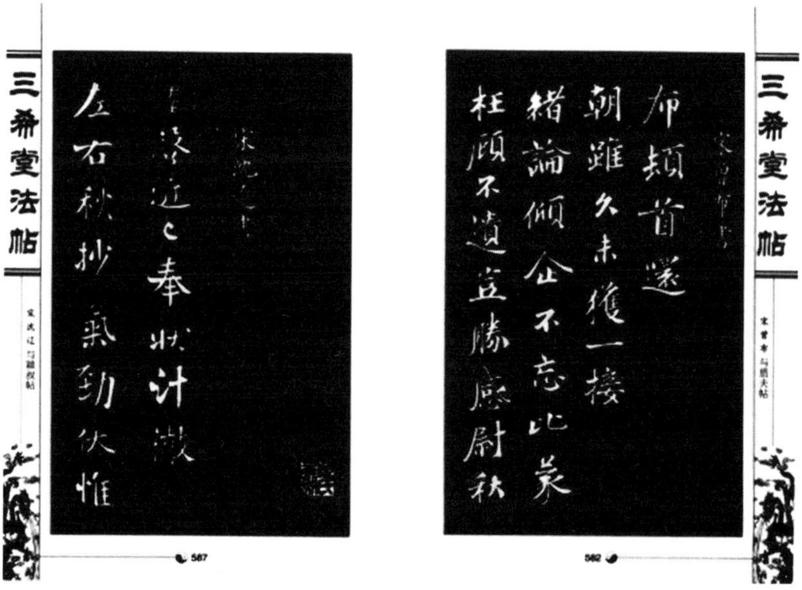

总体而言，曾布楷书庄重雍容、爽直劲挺，风格刚柔相济，宽绰挺拔，得到后人的肯定。如，曾布在山东益都《云门山题名》，字体劲秀，无一懈笔，清人赵秋谷极为赞赏，以至于怀疑这是曾布之子曾纡代笔书写的：“山中石刻文字甚多，非浮即俚。惟曾子宣率僚属及六子游山题名，书法雅逸如

① ［明］赵琦美：《赵氏铁网珊瑚》卷3《曾氏诸帖》，文渊阁四库全书本。
② ［唐］张彦远：《法书要录》卷2《袁昂古今书评》，文渊阁四库全书本。
③ 以下书帖出自郭永利编：《三希堂法帖》卷3，吉林美术出版社2009年版，第582、587页。

新，似空青居士纡笔。”[①]但钱大昕认为这只是毫无根据的臆测，他在广东亲眼见过曾布的《九曜石题名》，两者笔意相近，《云门山题名》就是曾布本人的手笔。[②]清人叶昌炽收藏了曾布的不少碑刻题名，其中也包括《云门山题名》，他认为曾布书法之妙，可比肩苏轼、黄庭坚，主张不能“以人废字”：“曾子宣为子固之弟，文章名位辉映一时，官辙所至，到处留题，余收得其题名最多，益都之云门山、太原之晋祠、方山之李长者旧居、广南之九曜石、广西之临桂诸山，摩厓累累，风流好事，可见一斑……邢和叔、张天觉、曾子宣皆以热中比匪，虽蒙恶名，要非梼杌穷奇，无从湔洗，况翰墨之妙，不减苏、黄诸公乎？”[③]

但在古代中国，要做到不“以人废字”是很难的。多数士人在欣赏曾布书法的同时，往往会不屑其人。如，《益都金石记》卷3《宋云门山曾布题名》后，引清人李南涧评论云：“时布年方五十许，已有六子，其加鲁郡侯不见于史。游山既偕寮属，又挈其妻，小人之举动，不可为训也。”[④]清人李明嶅也曾作诗云：“访石书名笔有神，诸贤仕履半难真。独怜曾子宣题字，宋史奸臣传里人。”[⑤]这已经算是比较中肯的评价了。

四、《曾布日录》的史料价值

曾布著有《曾布日录》，史料价值极高，李焘编《续资治通鉴长编》时，于绍圣、元符间的记载引录《曾布日录》甚多，据《长编》注文，自绍圣四年至元符三年正月，征引《曾布日录》达400多处。南宋周煇《清波杂志》卷6云：“元祐诸公皆有日记，凡［榻］前奏对语，及朝廷政事、所历官簿、一时人才贤否，书之惟详。向于吕申公之后大虬家得曾文肃子宣日记数巨帙，虽私家交际及婴孩疾病、治疗医药，纤悉勿遗。时属淮上用兵，扰扰不暇录，归之。后未见有此书。”清刘永翔先生于其后注释云：“《焦氏笔乘续集》卷6《旧

① ［清］赵执信：《因园集》卷3，文渊阁四库全书本；［清］赵秋谷：《还山集》之《清明登云门山》，文渊阁四库全书本。

② ［清］钱大昕：《潜研堂金石文跋尾》卷14《曾布云门山题名》云：“特以意度之尔。予在粤东见布《九曜石题名》，笔意与此相似。”清嘉庆四年黄廷鉴抄本。

③ ［清］叶昌炽：《语石》卷8，叶昌炽张炳翔校稿本。

④ 载《宋代石刻文献全编》，第4册，第17页。

⑤ ［清］李明嶅：《乐志堂诗集》卷8《曾布题名》，清康熙李宗渭刻本。

曾集诸书药方嗣得者更录于此》引《曾公谈录》,其中正有治其子顺儿中风事，所用药亦具载，与煇说相符。”[①] 可见《曾布日录》的内容从“政府奏对、朝廷政事”至“日常交游、家常琐事”，均有记载，是一种日记体文献。

《曾布日录》早在南宋已经散佚不全，以不同的版本流传于世。陈振孙《直斋书录题解》卷7仅录曾布《绍圣甲戌（元年）日录》《元符庚辰（三年）日录》各一卷；晁公武《昭德先生郡斋读书志》卷2上录《曾相手记》三卷；另据李心传《建炎以来系年要录》卷88，绍兴五年四月庚午条记载，绍兴五年，曾布之子曾纡以曾布所著“熙宁记市易本末”及录自《日录》的“绍圣以来奏对要语”，辑为《三朝正论》二卷，上之朝廷；而南宋尤袤在《遂初堂书目》“本朝杂史”类中同时录有《曾子宣日录》《曾子宣正录》《曾子宣手记节略》三本书,此应为不同版本的《曾布日录》。以上所论及的书皆已佚，今仅存缪荃孙所辑《曾公遗录》三卷，乃是“于《永乐大典》‘录’字韵中钞出，止存七、八、九三卷，实元符二年三月起，至元符三年七月止，一年四月中事”，[②] 曾布在宋哲宗绍圣元年（1094）六月同知枢密院事，元符三年（1100）十月入相，崇宁元年（1102）闰六月罢相，先后在政府九年,《曾公遗录》三卷仅为其在政府十七个月的记载。可以想象,《曾布日录》原本是篇幅很大的一部私家史学著作，裴汝诚、顾宏义先生在《宋哲宗亲政时期的曾布》一文中也认为,《曾相手记》《三朝正论》《曾公遗录》等书应皆为《曾布日录》的节录本。[③]

（一）北宋党争与曾布史学[④]

《曾布日录》作为一部私家史学著作必然要掺入曾布个人的喜好在内。曾布所处的时代是北宋党争最激烈的时候，在党派倾轧中，借助文字攻击和排斥异党是很平常的事。曾布是新党党魁之一，新党为维护本党的利益，曾

---

① 《清波杂志校注》卷6《元祐诸公日记》条后，第238、239页。

② 《曾公遗录》附录《清缪荃孙后跋》，第379页。

③ 裴汝诚、顾宏义:《宋哲宗亲政时期的曾布》，载《宋史研究论文集》(一九九八年年会编刊)，宁夏人民出版社1999年版。

④ 程郁:《〈曾公遗录〉考略》(载《文献》，2004年第4期）一文对曾布遗存的《曾公遗录》一书的史料价值做了详细的介绍。本书试图从北宋党争的视角出发，对《曾布日录》的史料价值作一评析。

以政治干预反对者“非毁时政”的文学活动，曾布亦参与其间。曾布还有利用“文字”打击政敌的记录：“建中靖国初，有宿儒曰徐常，持节河朔，风采隐然，重于时，然持论与时大异。曾文肃布恶之，尝具诋先烈人姓名，陈之乙览，常列其间，然未有以罪也。会市肆有刊武夷先生集者，乃常所为文，文肃之子纡适相国寺，偶售得之。首篇乃熙宁间《上王荆公书》，诋常平法者，纡以置几案间，不为意。文肃偶入黉舍，见之，袖以入，明日遂奏榻前，且谓常元未尝上此书，特沽流俗之名耳。言者从之，遂免所居官，竟以蹭蹬。”[①] 在此情形下，曾布自身的学术创作也就难免染上政治色彩了。

此外，在北宋后期，错综复杂的政治集团与党争联系在一起，影响了文化走向，史学也陷入了这一漩涡，仅《神宗实录》就先后编修过三次：一是元祐史官所修的墨本，“多取司马文正公《涑水记闻》”，[②] 其宗旨为“止是尽书王安石过失，以明非神宗之意”；[③] 二是绍圣史官修改的朱本，又称朱墨本，“尽取王荆公《日录》无遗，以删修焉”；[④] 三是南宋绍兴史官再次修的新本。《长编》作者李焘云：“臣尝尽力史学，于本朝故事尤切欣慕。每恨学士大夫各省所传，不考诸《实录》、正史，纷错难信。如……熙宁之更新、元祐之图旧，此最大事，家自为说。臣辄发愤讨论，使众说咸会于一。”[⑤] 也就是说，当时编修史籍普遍存在着“以私意去取”的现象。

曾布曾经参与过《神宗实录》的编修，其史学倾向可从中略窥一二。绍圣元年（1094），新党主持朝政，提出重修《神宗实录》，“元祐间，吕大防提举《实录》，祖禹、庭坚等编修，刊落事迹，变乱美实，外应奸人诋诬之辞”，[⑥] 并起“神宗实录案”，元祐间参与编修实录的史官皆遭贬逐。新党重修《神宗实录》是出于政治目的，这一方面可以打击政敌，另一方面也是在意识形态上否定“元祐更化”，为宋哲宗继承父业，行“绍圣”之志制造舆论，提

① 《程史》卷 13《武夷先生》，第 152–153 页。

② ［宋］王明清撰，汪新森、朱菊如校点：《玉照新志》卷 1，上海古籍出版社 1991 年版，第 2 页。

③ 《建炎以来系年要录》卷 79，绍兴四年八月戊寅条，第 326 册，第 100 页。此语为范冲向高宗介绍其祖父范祖禹编修《神宗实录》的“大意”时所说。

④ 《玉照新志》卷 1，第 2 页。

⑤ ［元］马端临：《文献通考》卷 193《经籍考二十》，中华书局 1986 年版，第 1637 页。

⑥ ［宋］晁公武：《德昭先生郡斋读书志》卷 2 上《神宗实录二百卷》，四部丛刊本。

供理论依据。曾布与章惇、蔡卞等领旨同修《神宗实录》,他与蔡卞同进呈《王安石日录》，并有奏章云 :“奉诏重行修纂《神宗实录》所载事迹，于去取之义诚有所偏。闻王安石秉政日，凡奏对论议日有记录，皆安石手自书写一时君臣咨诹反复之语。请降旨行下本家取索投进，即降付本院参合照对编修，庶一代信书不失事实。”[①] 在建中靖国初，曾布的这种倾向遭到了以陈瓘为首的旧党的攻击,岳珂《桯史》卷 11《尊尧集表》云:“建中靖国初,曾文肃（布）主绍述，垂意实录，大以据依，陈了翁（瓘）为右司员外郎，以书抵文肃，谓薄神考而厚安石，尊私史而压宗庙，不可。文肃大怒，罢为外郡。”可见，曾布编修《神宗实录》，政治含义大于学术意义。

（二）李焘《长编》为何多引《曾布日录》

《长编》作者李焘最痛恨史家各自为说，但在修宋哲宗绍圣、元符事迹时却对《曾布日录》多有采撷，并非《曾布日录》有过人之处，能超越政治因素的干扰，个中自有缘由。

其一，史料来源的限制。

李焘所生活的南宋时代是以“是元祐非熙丰”为舆论导向的，宋高宗就说过:“朕最爱元祐。”[②] 并下令重修神宗哲宗两朝实录，“绍兴四年三月壬子，太上皇帝顾谓宰臣朱胜非等曰 :‘神宗哲宗两朝史录事实多诬，非所以传信后世，当重别修订。著《唐鉴》范祖禹有子名冲者，已有召命可促来令兼史事。’”[③] 李焘的史学倾向与此一致,但在修撰《长编》宋哲宗亲政时期的内容时，他不可避免地遇到了史料来源的取舍问题。

记载宋哲宗亲政历史的最可靠的依据本应为按照宋哲宗朝起居注、时政记、日历而编成的《哲宗实录》，但《哲宗实录》前后两次编修，第一次编修为蔡京主持,在南宋史官看来,蔡京“以私意修定《哲宗实录》。其间所载，悉出于一时奸人之论，不可信于后世”，[④] 而作为第一手材料的时政记等又为蔡京所毁，为史实的甄别带来困难，此为绍兴史官最痛恨之事 :“然《神宗

① 《宋宰辅编年录校补》卷 8“熙宁九年”，第 467 页。
② 《建炎以来系年要录》卷 79，绍兴四年八月戊寅条，第 326 册，第 100 页。
③ 《昭德先生郡斋读书志》卷 2 上《哲宗新实录一百五十卷》。
④ 《宋史》卷 376《常同传》，第 11625 页。

实录》,其间尤有朱墨元本,他日尚可考订是非。至于哲宗朝事迹载在时政记、日历者,皆为蔡京取旨焚毁灭迹。”[①] 宋高宗绍兴年间第二次编修《哲宗实录》,但《新录》因“急于成书,不复广加搜访”,因而质量不高,“有一传而仅载历官先后者,且据逐人碑志,有传中合书名,犹云‘公’者。读之使人不能无恨”。[②] 李焘在修《长编》时,只能以两种版本的《哲宗实录》为主,参照其他私家史籍加以修订。宋哲宗亲政时期为新党当政,军国大事只有新党人士才能预列其中,熟知详情,曾布是宋哲宗朝枢密,开边为宋哲宗亲政期间的大事之一,而且曾布与宋哲宗谈话中多有论及中书政事者,这些都被记录在《曾布日录》中,李焘将其收入《长编》也就不足为奇了。

其二,南宋的舆论导向对曾布有利。

南宋岳珂云:“盖《长编》以《曾布日录》为正,不复见他书也。”[③] 李焘于众多新党人士中独钟情曾布的原因还在于宋高宗对曾布《三朝正论》的欣赏,据《建炎以来系年要录》卷 88,绍兴五年四月庚午条记载 :

> 庚午,直宝文阁新福建路提刑狱公事曾纡上其父布所著《三朝正论》二卷,诏付史馆。先是,纡子右通直郎惇投匦上书,论布《日记》中亲闻哲宗皇帝、钦圣宪肃皇后圣语,辨正宣仁圣烈皇后诬史,及元符密荐台谏遗稿现在,诏下纡取索,纡奉诏,以布熙宁记市易本末,及绍圣以来奏对要语,集为《正论》,上之。上谕辅臣曰 :“昨观布《正论》,其言皆正当,至如载哲庙册立事及宣仁圣烈皇后圣语,皆是当时所闻,必不妄。”赵鼎曰 :“臣往时守官陕西,从纡弟纬尝见此书,乃布手笔也。”沈与求曰 :“顷在湖州,纡尝以此书示臣,昨来韩璜论纡撰造《正论》,却是不知其详? ”上顾鼎曰 :“布有一疏稿荐陈瓘等十余人,皆名士,卿有跋尾,具言曾见《正论》。”鼎曰 :“诚有之。”

---

① 《建炎以来系年要录》卷 76,绍兴四年五月庚申条,第 326 册,第 72 页。

② 《挥麈录》后录卷之 1,第 68 页。

③ [宋]岳珂 :《宝真斋法书赞》卷 17《林文节绍圣日记前帖》,文渊阁四库全书本。

此外，宋高宗对宣仁皇太后诬谤之事极为关心，曾纡所上《正论》正合其意，其中有云："至元符之末，太上皇帝（笔者按，指宋徽宗）践阼，钦圣献肃皇后垂帘之初，亲于帘前禀问本末，钦圣圣语力辨谤诬，至云：'冤他孃孃，岂有此意。'亲书记录，首尾具全，欲望圣慈宣之外廷，付之史官考验真迹，修定信书，除四十年蔽蚀之妖，正千万世是非之实。"[①]正因为如此，曾布《正论》被宋高宗称为"其言皆正当"，并将其真迹诏付史馆收藏，为史官作史之佐证，并迁曾惇一官，赐银帛百匹两。有高宗的圣谕在此，故当时的舆论导向对曾布是有利的，"《长编》以《曾布日录》为正"即为此。

其三，曾布及其子孙对《曾布日录》有曲笔及删润。

曾布作《日录》，本来就有政治上的考虑，以宋高宗"最爱元祐"的倾向来看，曾布作为新党，《三朝正论》能得到高宗的首肯，其间必然有曲笔与删改之处，当时就有人怀疑其是伪饰之作。晁公武则认为《曾相手记》乃是"绍圣初，元祐党祸起，曾布知公论所在，故对上之语，多持两端，又辄增损，以著此书"，[②]元人袁桷云："尝读丞相日记，类其子侄若公衮辈藻饰术，不可不慎于绍圣作史见之。"[③]也就是说，曾布及其子孙有意无意地迎合时议，共同将《曾布日录》打造成一部"正论"。

从内容上看，曾布有意将自己在元符间的行为与章惇等人区分开，如《长编》卷513，哲宗元符二年七月壬子条引《曾布日录》载："曾布再对，因为言上：'章惇、蔡卞，众人之所畏，臣与之争论，未尝有所假借……臣孤立自守，所恃者，惟睿明每加洞照，议论稍伸尔。然惇等侧目，为易当也。'"《长编》引《曾布日录》的类似语言还有很多，给人的感觉似乎曾布与章、蔡等人政治差异颇大，并非一类。南宋朱熹却认为："曾子宣《手记》，被曾检出好底印行。某于刘共父家借得全书看，其间邪恶之论甚多。"或问："若据布所记，则元符间何为与章子厚同在政府，而能两立？"曰："便是恐不可全信。"[④]曾纡上《三朝正论》，更是把曾布描绘成旧党的保护者："先臣以直道事三朝，

---

① 《建炎以来系年要录》卷102，绍兴六年六月辛酉条，第326册，第415页。
② 《昭德先生郡斋读书志》卷2上《曾相手记三卷》。
③ ［元］袁桷：《清容居士集》卷46《跋曾文肃帖》，四部丛刊本。
④ 《朱子语类》卷130《自熙宁至靖康用人》，第3124页。

知无不言。自绍圣以来，大臣报复元祐私怨，倡为倾摇废立之议，而蔡京、蔡懋等附会增饰，致滔天之谤，上及宣仁圣烈皇后。独先臣每事极谕，痛伐贼谋，故于宣仁，终不能遂其奸计。”[①] 对此，南宋御史中丞常同尖锐地指出：“逮绍圣初，布与章惇、蔡卞同秉大政，元祐之法度，委若弁髦，元祐之人才，弃如断梗，布内愧于私心，外迫于清议，乃间出一善言，引一善士，以求自异于众。故《正论》之作也，虽论元祐人章疏不当编排，然至于一时忠良窜斥无余，而布未尝少假；虽论瑶华不当加妃号，至于掖庭秘狱，疑似难明，而布未略辨；虽以公论为不可废，而以司马光为诋毁，以苏辙为讪上；虽论新法为不可不变，而以免役为便于民。凡所启迪，率皆顺从之言。”[②]

李焘《长编》中所引用的《曾布日录》应该就是经过删润的版本，其中有较多攻击章惇与蔡卞兄弟的言论。《长编》引《曾布日录》，只怕于此还另有一番意味。章惇与蔡卞兄弟在南宋初年一般被认为是继王安石之后造成北宋灭亡的罪魁祸首，李焘等史官恨不能尽书其奸邪之状，在原始资料的引用上，如果能用一个新党的记录去攻击另一个新党，其叙述与得出的结论便会愈加可信，愈加具有说服力，达到“以彼之矛，攻彼之盾”的效果。因此，除元符开边之史实外，《长编》采撷最多的就是《曾布日录》中攻击章蔡诸人的言语及新党倾摇旧党的记录。如，《长编》卷 495，哲宗元符元年三月壬戌条载，知河东孙览上章反对曾布与章惇“合诸路兵取兴、灵”的决定，结果“二府怒，览寻坐责”。李焘原注先引毕仲游《孙览墓志》云“曾布怒，寻以扰夺职”，后又说“按章惇实当国，赏罚岂听曾布？仲游殆偏辞耳，今略删润之。然而据《布录》，其怒览者实布也，更详之”。连《曾布日录》都承认怒孙览是自己，可李焘却以“章惇实当国”为由，在正文中改成“二府怒”，让章惇来分担曾布的过错，此举明显是出于对章惇的痛恨，不放过任何贬斥章惇的机会。相反，对于《曾布日录》中有利于章惇或新党的记录，李焘则不予采用，如《长编》卷 492，哲宗绍圣四年辛卯条后有《曾布日录》记载，云章惇等新党于打击元祐之人有松懈之意，章惇且云：“惇未尝言元祐人才

① 《建炎以来系年要录》卷 102，绍兴六年六月辛酉条，第 326 册，第 415 页。
② 《建炎以来系年要录》卷 120，绍兴八年六月乙丑条，第 326 册，第 624 页。

一切不可用。”李焘以为“章惇用邢恕为中丞，正欲追治元祐人，而《布录》乃如此，殆未可信也，故存之俟考”。

不论李焘出于何种目的引《曾布日录》入《长编》,《曾布日录》的史料价值却是毋庸置疑的，而其中政治因素的影响也是客观存在的，这在北宋后期的党争环境中是一种普遍的现象,《神宗实录》《哲宗实录》的不断编修、重修就是典型的例子。曾布集官僚学者于一身，作为纯粹的文人，其学术还是有过人之处的，但作为官僚，曾布却留下了骂名。“以人废文”，后人或绝口不提其学术上的成就，或提及亦难免叹息其政治品质不良，元朝袁桷甚至将这种意识扩展到曾布之妻魏夫人身上，其跋《吴传朋书曾丞相夫人虞美人草诗》云：“噫！熙宁之逢迎，建中之调停，夫人独无一语谏其夫，而且倚声弄笔，尚论汉高之戚姬，何耶？前辈尝言，妇人与知文墨非美事，殆有深意然。”①

① 《清容居士集》卷46《吴传朋书曾丞相夫人虞美人草诗》。

第六章

曾布交游考

交游对于个人学术与仕途的发展影响甚大，本章将曾布的交游对象分为同年、朋僚门人、方外之士三种类型，来展现曾布交游概貌，以期更深入地勾勒出曾布的人物个性。

第一节　同年之交：曾布与苏轼

苏轼（1037—1101）兄弟与曾布（1035—1107）兄弟皆为嘉祐二年章衡榜进士，有同年之谊。眉山苏氏与南丰曾氏的交往很早就开始了。二苏之父苏洵在宋英宗治平三年（1066）病逝，曾巩应苏轼之请为苏洵撰写墓志，[①]可见于《曾巩集》卷43《赠职方员外郎苏君墓志铭》；元丰年间曾布母亲朱氏夫人去世时，苏辙亦作《曾子宣郡太挽词二首》，以示哀悼。[②]

王安石变法后，曾布与苏轼分属新旧两党，但在私人关系上并非水火不容。二人有过通信往来，《全宋文》中辑录了元祐年间苏轼《与曾子宣》书十三封，其内容大多为日常交往、慰问之事，非但没有任何交恶的迹象，且

---

① 《全宋文》卷1895《与曾子固》，第43册，第397页。

② 《栾城集》卷13《曾子宣郡太挽词二首》云："族大徽音远，年高福祚多。生儿尽龙虎，封国裂山河。象服惊初掩，埋文信不磨。送车江郭满，咽绝听哀歌。""安舆遍西北，丹旐历江湖。存没终无憾，哀荣两得俱。新封崇马鬣，余福荐浮图。家法苹蘩在，空堂始一虞。"第300页。

表现出和睦浓厚的情谊。苏轼《与曾子宣（一）》云："某启。流落江湖，晚获叨遇，惟公照知，如一日也。孤愚寡兴，日亲高谊，谓得永久，不谓尚烦藩翰之寄。违阔以来，思仰日深。特辱书教，伏承履兹初凉，台候万福，欣慰之极。二圣思治，求人如不及，公岂久外。惟千万顺时为国自爱。不宣。"[①] 题下注明写信时间为"登州还朝"。苏轼因反对王安石变法，熙宁元丰年间被贬抑出任地方官。宋哲宗即位后，元丰八年（1085）五月，苏轼复为朝奉郎知登州（今山东蓬莱），九月，以礼部郎中被召还朝，十二月入朝为起居舍人、知制诰，次年三月迁中书舍人、知制诰，八月出使辽朝，九月归国后出任翰林学士。[②] 曾布则是在元丰八年（1085）五月迁户部尚书，因不配合司马光改定募役法，元祐元年（1086）闰二月，宋廷下诏命其出知太原府。苏轼书中有"尚烦藩翰之寄""公岂久外""履兹初凉"等语，可知此时曾布已经外放，《与曾子宣（一）》应为苏轼元祐元年秋天任中书舍人时所作。正是在这一年，南丰曾氏与眉山苏氏结为姻亲之好。[③] 而从苏轼"流落江湖，晚获叨遇，惟公照知，如一日也"之语也可以看出，曾布与苏轼此前已有一定交情，二人交往没有受到新旧党争的影响。

这是因为北宋后期党争的形势非常复杂，既有新党与旧党之争，又有新党内部、旧党内部之争，各种矛盾交织，士大夫之间的交往无法纯以党派来划分。首先，曾布与苏轼虽分属两党，却同时受到新党排挤。熙宁四年（1071），苏轼因与新党不和主动请求出朝外任。元丰二年（1079），新党炮制了乌台诗案，欲置苏轼于死地，党争环境开始恶化了，最终脱险的苏轼对此应有深刻体会。而早在熙宁七年（1074），曾布也因根究市易务案被本党排挤出朝，曾苏二人都在党争中体会到仕途险恶，不免惺惺相惜，因而苏轼书信中有

① 《全宋文》卷1895，第43册，第398页。

② 《长编》卷356，哲宗元丰八年五月戊戌条，第5813页；《长编》卷395，哲宗元丰八年九月己酉条，第5898页；《长编》卷362，哲宗元丰八年十二月戊寅条，第8676页；《长编》卷371，哲宗元祐元年三月辛未条，第8991页；《长编》卷385，哲宗元祐元年八月己亥条，第9381页；《长编》卷388，哲宗元祐元年九月癸未条，第9904页。

③ 曾肇之子曾纵娶苏辙之女，曾协《云庄集》卷5《代从兄作伯母事述》云："元祐初，我祖父曲阜公（曾肇）、外祖父栾城公（苏辙）志同道合，并擢侍从，先人始以胄子拜栾城公于京师，一见而请婚焉。"

“惟公照知，如一日也”“日亲高谊，谓得永久”等语。其次，新旧党争起于政见之争，但双方对某些具体事务的看法并非绝对对立。元祐初，司马光欲全面废除募役法，曾布与苏轼都持反对意见。元丰八年（1085）十二月，苏轼刚入朝，便草奏陈说募役法与差役法各有利弊，可部分保留“给田募役”之法。① 史载，司马光坚持要全面恢复差役法，苏轼与之争执不下，“及归舍，方卸巾弛带，乃连呼曰：‘司马牛！司马牛！’”② 大叹司马光的脾气跟牛一样犟。此后，苏轼上书辞免详定役法，以示最后的抗争，宋廷于元祐元年（1086）七月批准了他这一请求。③ 随即，苏轼致书曾布，表明了在募役法上自己与之一致的立场，其《与曾子宣（二）》当写于此时，其中有云：“数日来，方免得详定役法，自此庶有少闲。”④ 苏轼一直坚持己见，直到元祐三年（1088）二月，还趁着当年冬天雨雪失常朝廷下诏求直言的机会，上书陈述全面废除募役法的弊端。⑤ 总体而言，苏轼虽为旧党，但他主张对新法“校量利害，参用所长”，⑥ 与其他旧党人士的矛盾逐渐尖锐，不安于朝，遂于元祐四年（1089）自求外调知杭州。苏轼与曾布都有“参用”新旧两党所长的倾向，且都不见容于本党，两家又有姻亲关系，再加上苏轼个性疏阔率真，“见天下无一个不好人”，贤不肖皆与相交，有“泛爱天下士”之誉，⑦ 曾苏二人私交密切也就不足为奇了。

从苏轼写给曾布的书信可知，二人交往内容涉及求文求物、聚会告别、引荐亲友、通书问候等方方面面。

其一，曾布在出知太原府之前，向苏轼求《塔记》一文，并谋求告别。

---

① 《长编》卷 374，哲宗元祐元年四月癸巳条，第 9071–9075 页。

② 《铁围山丛谈》卷 3，第 59–60 页。

③ 《长编》卷 378，哲宗元祐元年五月辛巳，第 9186 页；《长编》卷 382，哲宗元祐元年七月丁巳，第 9299 页。

④ 《全宋文》卷 1895，第 43 册，第 398 页。

⑤ 《长编》卷 408，哲宗元祐三年二月丙戌条，第 9930 页。

⑥ 《长编》卷 394，哲宗元祐二年正月庚午条，第 9598 页。

⑦ 《漫浪野录》云：“苏子瞻泛爱天下士，无贤不肖，欢如也。尝自言：‘上可以陪玉皇大帝，下可以陪卑田院乞儿。’子由晦默，少许可，尝戒子瞻择交。子瞻曰：‘吾眼前见天下无一个不好人，此乃一病。’”见［元］陶宗仪撰，李梦生点校：《南村辍耕录》卷 20，载《宋元笔记小说大观》第 6 册，上海古籍出版社 2007 年版，第 6396 页。

子女建塔祭祀，以追荐父母亡灵，这是佛教的观念。曾布早已为父母建塔，他欣赏苏轼的文采，请苏轼为之撰写《塔记》，为此还特地借给苏轼发愿文以供参考。[①] 但苏轼却因为忙碌拖了很久都未能完成，其《与曾子宣（七）》云："某启。辱教，伏承台候万福，为慰。《塔记》非敢慢，盖供职数日，职事如麻，归即为词头所迫，率常以半夜乃息，五更复起，实未有余力。"还开玩笑说："乞限一月，所敢食言者有如河。愿公一笑而恕之。旦夕当卜一邂逅而别。"[②] 大意是以河神发誓，必不食言，可见二人交往气氛比较轻松。宋代官员去外地赴任，不算路上消耗掉的时间，还会再给予一个月的赴任假期，以整理行囊，告别亲友。元祐元年（1086）闰二月庚戌（二十二日），宋廷命曾布出知太原府，当年四月丙辰（二十九日）曾布方才到任，[③] 此期间的二月三月曾布仍滞留于京师开封，这封信当写于此时，故苏轼说"当卜一邂逅而别"，计划在曾布离开京师前与之会面告别。

苏轼《与曾子宣（九）》又云："某启。昨日辱台旆临顾，不及拜迎，方欲裁谢不敏，遽枉手教，感悚无地。且审比日起居佳胜。启行有日，终当卜一邂逅，续驰问次。人还，草草，不宣。"[④] 这封信与前书一样，都是写于曾布将离京赴太原时，曾布主动造访不遇，以书问安，苏轼答谢，并再次谋划与其会面告别。苏轼又有《与曾子宣（十一）》云："某深欲往会，属以约数相知在净因矣，不罪！不罪！后旬更不敢有所如，谨俟命耳。来日必获望见，并留面谢，悚息！悚息！"[⑤] 这里的净因指北宋都城开封汴河之南的净因禅院，[⑥] 苏轼《经进东坡文集事略》卷 54 有《净因院画记》，云："（文与可）昔岁常画两丛竹于净因之方丈，其后出守陵阳而西也，余与之偕别长老道臻师，又画两竹梢一枯木于其东斋。"可知净因院是苏轼与友人常聚之处。这封信

① 《全宋文》卷 1895《与曾子宣（八）》，第 43 册，第 400 页。

② 《全宋文》卷 1895《与曾子宣（七）》，第 43 册，第 400 页。

③ 《全宋文》卷 1836 曾布《告违题记》云："鲁郡候曾布，以元祐丙寅岁闰二月庚（戊）[戌]，出帅河东，四月丙辰，至太原视事。"第 42 册，第 232 页。

④ 《全宋文》卷 1895，第 43 册，第 401 页。

⑤ 《全宋文》卷 1895，第 43 册，第 400 页。

⑥ [明]李濂撰，周宝珠、程民生点校：《汴京遗迹志》卷 11 云："净因院。在金梁桥西、汴河之南，元末兵毁。"中华书局 1999 年版，第 190 页。

题下注明为苏轼任“翰林”时作，恐误。苏轼元祐元年九月为翰林学士时曾布已出知太原府，而书信内容显示，曾布先以书相邀苏轼前来聚会，苏轼致书答曾布已经与朋友相约去净因院，无法赴会，愿在下一个旬休日专候曾布之约，写这封信时，苏轼与曾布显然都在开封。而曾布与苏轼都在开封为官只有两段时间，一是神宗熙宁前期，二是哲宗元丰末元祐初曾布尚未赴太原之前，笔者倾向于取后者。曾布与苏轼的这次告别可谓是波折连连。曾布主动造访，又致书相约，表明他非常看重与苏轼的同年之谊。这次告别也成为二人最后一次会面。

曾布赴太原之后，仍频频与苏轼有书信往来。他多次以书催《塔记》，苏轼答云：“日欲作《塔记》，未尝忘也。而别后纷纷，实无少暇。既请宽限而自违之，惭悚无地。”“《塔记》重承来谕，敢不秉命。”“《塔记》如河之誓，岂敢复渝，惟深察之。”“示谕《塔记》，久不驰纳，愧悚之极。乞少宽之，秋凉下笔也。”[①]

其二，苏轼向曾布求山西草药。

苏轼需要山西上党、雁门出产的草药长松，也是第一时间发书向知太原府的曾布索求，其《与曾子宣（三）》云：“某启。上党、雁门出一草药，名长松，治大风，气味芳烈，亦可作汤常服。近岁河东人多以为饷，若不甚难致，乞为求一斤许。仍恕造次。”[②]曾布附上当地其他特产一并寄达，苏轼答书致谢云：“寄惠长松、榛实、天花菜，皆珍异之品，捧当感怍。”[③]

其三，苏轼向曾布引荐亲友小吏。

苏轼之友张损任太原府通判，即将与曾布共事，苏轼特意发书向曾布引荐其人。[④]苏轼亲家柳子良赴山西长治任潞州节度使幕僚，是曾布下属的地方官员，苏轼亦发书请曾布庇护一二。[⑤]元祐八年（1093），苏轼出知定州，

---

① 《全宋文》卷1895《与曾子宣（二）》《与曾子宣（八）》《与曾子宣（十）》《与曾子宣（十二）》，第43册，第398、400、401、402页。

② 《全宋文》卷1895，第43册，第398页。

③ 《全宋文》卷1895《与曾子宣（六）》，第43册，第400页。

④ 《全宋文》卷1895《与曾子宣（四）》，第43册，第399页。

⑤ 《全宋文》卷1895《与曾子宣（十二）》，第43册，第402页。

又想将府上的小吏高俅转托给曾布照管。曾布时知瀛洲，府上属员已满，无法接收，苏轼才将高俅转托给驸马都尉王诜。元符末，因一次偶然的机会，高俅又转入端王府中，端王不久登基，即宋徽宗。[①]曾布与高俅虽同入《宋史·奸臣传》，但二人并无交集，却经由苏轼有这么一段擦肩而过的典故。

其四，苏轼南贬，曾布主动致书慰问。

现存曾布与苏轼的最后一次通书是在绍圣元年（1094），苏轼《与曾子宣（十三）》云："某本不敢通问，特承不鄙废放，手书存问，乃敢裁谢万一。《塔记》久草下，因循未曾附上。今不敢复寄，异时万一北归，或可录呈，为一笑也。且夕离南郡，西望怅然，言不能尽意。"[②]这封信题下注明"南迁"，据《长编拾补》卷9，绍圣元年四月壬子条载，宋哲宗亲政后，侍御史虞策、来之邵弹劾苏轼讥斥先朝，苏轼南谪英州（今广东英德），这封信便作于其赴岭南途经南都应天府时。曾布此时已入职中央，迎来仕途辉煌的契机。在此新旧党争的敏感时期，曾布不畏牵连，遣人通书慰问，足见心意。苏轼却要避嫌，撰成《塔记》，却终未交付。而曾布亦不再转托他人，于建中靖国元年（1101）亲笔撰写了《敕赐金山龙游禅寺度僧荐慈塔记》一文。[③]清人王文诰评价云：曾布"求《塔记》至为勤恳，公屡诺之，始终不与，此浮屠家言非可醞酿者，不恶而严，何至是乎？当斯时布来通问，是其心不欲见绝于君子者，若竟以《塔记》与之，可以少解祸患，公非不知，而苟免之事必不肯为，此邪正之途所以判然也。其后吕升卿使岭南，布以为两公切骨仇雠，力言于哲宗，罢其行，而董必改差西路，尤不免于罗织。是布以独留维持其间，心迹具在，未可没

① 据王明清《挥麈录》后录卷之7《高俅本东坡小史》记载："高俅者，本东坡先生小史，笔札颇工。东坡自翰苑出帅中山，留以予曾文肃，文肃以史令已多辞之，东坡以属王晋卿。元符末，晋卿为枢密都承旨时，祐陵为端王，在潜邸日，已自好文，故与晋卿善。在殿庐待班，邂逅。王云：'今日偶忘记带篦刀子来。欲假以掠鬓，可乎？'晋卿从腰间取之。王云：'此样甚新可爱。'晋卿言：'近创造二副，一犹未用，少刻当以驰内。'至晚，遣俅赍往。值王在园中蹴鞠，俅候报之际，睥睨不已。王呼来前询曰：'汝亦解此技邪？'俅曰：'能之。'漫令对蹴，遂惬王之意，大喜，呼隶辈云：'可往传语都尉，既谢篦刀之况，并所送人皆辍留矣。'由是日见亲信。踰月，王登宝位。上优宠之，眷渥甚厚，不次迁拜。"第176页。

② 《全宋文》卷1895，第43册，第402页。

③ 见傅林辉《曾布日录校注》附4，第45–46页。

其善也。为表出之”。[①] 大致认为曾布虽为“小人”,却有亲近、保全君子的善心。

其后蔡京、蔡卞对苏轼等元祐党人进行穷追猛打，曾布对于苏轼兄弟的确有保全之功。如，元符元年（1098）二月，宋廷诏差河北转运副使吕升卿、提举荆湖南路常平董必分别充广南西、东路察访使，时“蔡京等究治同文馆狱，卒不得要领，乃遣使岭外，谋尽杀元祐党”，[②] 曾布上奏劝阻:“升卿兄弟与轼、辙乃切骨仇雠，天下所知，轼、辙闻其来，岂得不震恐？万一望风引决，朝廷本无杀之之意，使之至此，岂不有伤仁政。兼升卿凶焰，天下所畏，又济之以董必,此人情所以尤惊骇也。”[③] 吕升卿除命遂寝。[④] 世人云曾布在政治上善于投机，却不知其个性孤傲执拗，并不善于逢迎伪装，恰遇苏轼之疏阔率真，曾布自然以真心相求相应，这也是冥冥中对苏轼“泛爱天下士”的一种回报吧！

第二节　朋僚门人之交

曾布为官约五十载，在地方则为郡守安抚，在朝则位列宰辅，受其举荐者不在少数，正所谓朋旧满朝，门客满座。以下是史书可考与之交游的典型人物。

1. 刘谊、刘焘父子

刘谊，字宜父，晚号宜翁，北宋长兴（今浙江湖州）人，宋英宗治平四年（1067）进士，以敢于直言著称，元丰元年自江山县丞勾管广南西路常平，上书请罢买沉香，宋神宗评价其“论事有陆贽之风”。元丰三年（1079），刘谊因上书极力言王安石变法的弊端而被革职，元祐初复职，寻改奉议郎，差权发遣韶州，不久“坐到任谢表怨望狂率”落职，后二年，再知汉阳军。其后，

① ［清］王文诰辑注 :《苏文忠公诗编注集成》总案卷 37，清嘉庆二十四年武林王文诰韵山堂刻本。

② 《长编》卷 494，哲宗元符元年二月丙申条，第 11754 页。

③ 《长编》卷 495，哲宗元符元年三月辛亥条，第 11764 页。

④ 《长编》卷 495，哲宗元符元年三月癸丑条，第 11768 页。

刘谊得遇世外高人传法，隐居三茅山修道，自号三茅翁，有文集三十卷，奏议十卷传世。刘谊与苏轼友善。苏轼曾经自岭南发书以诗问道，云："或有外丹已成，可助成梨枣者，不惜分惠。"又云："先生笔端有口，足以形容难言之妙；轼以眼中无翳，必能洞晓不传之意。"其事俱见《宋史翼》卷 3 本传。

刘谊是元丰初年曾布知广西任上的朋僚。二人在公务之余，经常相约同游，纵情山水之间，留下不少石刻题名与唱酬诗作。在曾布留下的石刻题名中，《龙隐岩题名》《龙隐洞题名》《风洞山题名》《伏波山题名》《水月洞题名》五处均显示有刘谊同行。[①] 二人还曾经同游广西融州的老君岩（真仙岩），刘谊作《留题融州老君岩》二首，其一："谩说人间假像真，老君形相亦虚言。岩前瑞气归宸翰，佛子年年□国恩。"其二："凿成岩穴鬼工难，中有神仙自往还。不见桃花开落处，秖随流水到人间。"曾布步原韵和之，其一："神仙遗像出天真，造化胚浑岂易言。访古寻幽空有意，白头轩冕感君恩。"其二："鹿龙高蹑九霄难，共驾仙车去不还。遗迹至今空有桧，不知蝉蜕此山间。"[②]

值得一提的是，元丰二年（1079）九月，曾布与同僚游桂林七星山，探寻到一处前人尚未发现的新岩，整葺一番，成为桂林一处新的景胜，州人感其惠民，命名为曾公岩，刘谊撰《曾公岩记》记其事，盛赞曾布为政一方的惠民之德。[③] 清人曾经对刘谊作《曾公岩记》盛赞曾布一举发出疑问："（曾）布以赞行新法起官，刘谊以论新法去官，气味不侔矣，而踪迹亲密，记多谀词，

① 见《全宋文》卷 1836，第 42 册，第 233–235 页。

② 《粤西金石略》卷 4《真仙岩诗》，《宋代石刻文献全编》影印清嘉庆六年（1801）铜鼓亭刻本，第 4 册，第 227 页。

③ 《粤西金石略》卷 4《刘谊曾公岩记》云："元丰元年冬，交人入贡，上方择人处置疆事，乃诏曾公自广州移帅桂府。二年，南方无事，民和岁丰，公以其余暇访寻桂之山水奇胜处。一日，率郡僚游所谓风洞者，纵步而东行，得一岩于榛莽间。岩之前有石为之门，屈曲而入，则流水横其中，碧乳垂其上，周环四视，其状如雕镌刻镂，殆出于鬼工，而不类于融结者也。公于是拂石求前人之迹，则未尝有至者焉。乃构长桥跨中流而渡，以为游观宴休之处，且与众共乐之。自是，州人士女与夫四方之人无日而不来其岩，遂为桂林绝观。夫桂之洞穴最多，南有白龙，北有石门，迥穴据其东，隐山在其西，皆唐名流之所尝游也，观其咏歌序刻，莫不极道其胜概，而叹前人之所遗者。斯岩之景，亦冠绝矣，而乃独遗之，是真可叹也已。岂当时忽于寻访，而不见耶？将唐人所谓天作而地藏之，必待君子而后显耶？余生长东吴，号为山水窟，中如天台雁荡最为奇观，然未有过此者也。邦人乐公之德政，而愿以曾公名其岩，以比甘棠之思。余故为书之，且以告后人，收入为□经盛事云。公名布，字子宣。其年九月廿六日管勾本路常平、前江（山）县丞刘谊记。"《宋代石刻文献全编》影印清嘉庆六年铜鼓亭刻本，第 4 册，第 224–225 页。

何也？”[①]《宋史翼》卷3记载了刘谊反对新法的奏书，其言有云：“昔者陛下以天下之法弊，故革而新之，则是变法者，陛下也；承意而立法者，王安石也；润色讨论之者，吕惠卿、曾布之徒也。故重司农之权以颁法，又诏仓官以行法，可谓有序矣。然而造法之臣不原陛下惠民本意，一切以利为本，于是患失之徒争言新法之便，司农不问是否，随事立法，法未成全，而安石、惠卿有隙，曾布相继罢去，而新法一听于司农。主司农者，大抵妄意朝廷志在财用，希合而已。大臣袭故事，不敢复议利害，画而守之。行之数年，天下受其弊。是谓法未成而立法之臣去朝廷，害法七也。”又载刘谊元丰中游金陵，投书已罢相的王安石，希望其再起以更新法之不便于民者。仔细分析，刘谊并不反对变法本身，对王安石、曾布等人也不抱有敌意，而是认为新法之害源于“法未成而立法之臣去朝廷”，甚至希望王安石复起以更张新法。也就是说，刘谊虽然反对新法，但对事不对人，在新旧党争日益激烈的环境下，这种态度算是难能可贵、相对理性的，因而他能与曾布和谐相处。但刘谊也绝不是阿谀逢迎之人，《曾公岩记》足以反映出曾布良好的行政能力与德行。

刘谊与曾布的关系不止普通朋僚那么简单，刘谊去世之后，曾布对其子刘焘照顾有加。刘焘（生卒年不详），字无言，刘谊次子，未冠游太学，时人将其与陈亨伯等称为“八俊”。元祐三年（1088）举进士，苏轼知贡举，读刘焘之文，断定其“必岩谷间苦学者”，定为第三名，廷对又中甲科。刘焘善文章，苏轼称其文章典丽，与之交游，待之甚厚；尤善书法，黄庭坚见刘焘书而赞云：“江东又出一羊欣、薄绍之矣。”[②]曾布亦爱刘焘之才，知瀛洲时，辟刘焘为幕僚，引为门人。绍圣初，曾布执掌枢密院事，又辟刘焘为删定官。此后，刘焘执亲丧，期满后再受曾布汲引，为宣议郎、编修官。建中靖国初，曾布为向太后陵墓山陵使，辟刘焘为掌栈表，荐其入馆阁，拜监察

① 《粤西金石略》卷4《刘谊曾公岩记并唱和诗》（元丰二年），载《宋代石刻文献全编》，第4册，第225页。

② ［宋］谈钥纂修：《嘉泰吴兴志》卷17《贤贵事实下·长兴县》，《宋元方志丛刊》本，第5册，第4826页；［明］陈颀修；劳钺 续修；张渊纂：《（成化）湖州府志》卷19，明成化十一年刊本；［明］董斯张撰：《（崇祯）吴兴备志》卷25，文渊阁四库全书本。

御史，[①] 并命刘焘修阁帖十卷，据叶梦得《石林燕语》卷 3 云："建中靖国初，曾丞相布当国，命刘焘为馆职，取淳化所遗与近出者，(别)为《续法帖》十卷，字多作焘体。" 刘焘最终官至殿中侍御史，有《见南山集》五十卷传世。[②]

2. 陈师道

陈师道（1052—1102），字履常，一字无己，号后山居士，北宋彭城（今江苏徐州）人。元祐初苏轼等荐其文行，起为徐州教授，历仕太学博士、颍州教授。宋徽宗即位，除秘书省正字，不久病卒，身后入元祐党籍。《宋史》卷 414 有传。

陈师道虽为苏门六君子之一，但其为文师从曾巩，年十六拜会曾巩，受业门下，同曾布、曾肇都有往来，与"南丰三曾"可谓是门人后辈之交。陈师道一生未应科举，仕宦低微，绍圣元年（1094）又被目为苏轼余党，在家闲废多年。《后山居士文集》卷 10 有《上曾枢密书》，乃宋哲宗元符年间陈师道致书曾布，乞罢西夏开边进驻城寨之事，对曾布当政寄予了一定的期望。元符三年（1100）七月，陈师道复起，除棣州（今山东阳信南）教授，十一月，改秘书省正字，入朝为官。[③]《后山居士文集》卷 13 有《与曾枢密启》，是陈师道除棣州教授后给曾布的致书，又有"重念某早辱知怜，晚罹忧患，每窃闻于亲旧，数见问于死生"之言。陈师道复起，应该是受曾布的汲引，但不久便病逝了。

3. 邹浩

① 《长编拾补》卷 19，崇宁元年二月丙申条载，雄州防御推官、知邓州录事参军朱肱致书曾布云："今监察御史刘焘，相公门人也。相公帅高阳，辟焘为幕客，其后相公又秉机政，辟焘为删定官；焘持亲丧，相公奏祥除有旨，令服阕，改宣议郎；未及禫除，又辟为编修官；前日相公为山陵使，辟焘为掌栈表，又荐入馆，相公于焘厚矣。如焘者，置之词掖，不忝也；以焘为御史，则不可也。相公有过举，焘肯言乎？言之则忘恩，不言则欺君，盖非所以处焘也。" 第 673 页。岳珂《愧郯录》卷 5 引李焘《续资治通鉴长编》又云："先是曾布独对，上谕布人物有可诏对者，但奏取来，便当批付合閤门，布寻以刘焘、王防、周寿、白时中四人名闻，上悉批令对。四人者，皆布门下士。清臣密启上，谓焘、防等为'四察八侦'，既而对众显白'四察八侦'不可为言事官。上色变，众莫晓其语。上以谕蒋之奇、章粢曰：'清臣盖指王防、刘焘等也。'" 知不足斋丛书本。

② 《嘉泰吴兴志》卷 17《贤贵事实下·长兴县》，《宋元方志丛刊》本，第 5 册，第 4826 页。

③ ［宋］陈师道撰，［清］任渊注：《后山诗注》卷首之"彭城门人魏衍撰《彭城陈先生集记》"，四部丛刊本。

邹浩（1060—1111），字志完，自号道乡居士，北宋常州晋陵（今江苏常州）人。元丰五年（1082）进士，调扬州、颍昌府教授。元祐中，为苏颂所知，擢为太学博士。元祐八年（1093），苏颂罢相，遭御史来之邵等弹劾，出为襄州教授。元符元年（1098），擢为右正言，累上疏言事，力谏宋哲宗不要立刘贤妃为皇后，弹劾宰相章惇，遭受贬谪，羁管新州。徽宗建中靖国初，复为右正言，迁左司谏，改起居舍人，进中书舍人、吏部侍郎；蔡京当权，出知江宁府、知越州。崇宁元年（1102）再谪岭表，责衡州别驾、永州安置，后入元祐党籍，南宋初追谥曰“忠”，《宋史》卷 345 有传。

邹浩于曾布而言，是同僚后辈。元符年间，邹浩数次上书言事，得罪章惇而被外放，宋徽宗即位，邹浩还朝复职，曾布有汲引之功。大观元年（1107），曾布卒，邹浩作文以祭之，《道乡集》卷 38《祭曾丞相文》云：“呜呼！前年之冬，某以恩移。至于衡阳，公已前之。去年之春，某以恩归。至于皖口，公已解维。水陆万里，莫之能追。迨及初夏，某抵南徐。盘礴自得，公已安居。持谒造门，立未须臾。屣履以出，情与义俱。坚欲款留，更几朝晡。念违亲侧，久已五年。切于省定，不获迁延。惟常与润，密相接连。期以岁暮，专诣宾筵。杖履从公，游览山川。孰谓还家，席未及温。瘴疠大作，与死为邻。药石之余，皮骨仅存。连墙莫往，矧也高门。尚期完复，追践初言。此言未酬，忽闻公薨。谓为信然，传者何凭？谓为不然，传者日增。果还崧高，果比列星。果可诘乎？杳杳冥冥。虚容在堂，俨如平生。躬陈薄奠，又复不能。庶几灵明，昭鉴真诚。尚享！”从祭文可知，蔡京当权，邹曾二人先后遭受贬谪，之间还有往来。曾布归润州居住，邹浩曾经登门拜访。邹浩《道乡集》卷 38 又有《祭曾内翰文》一文祭奠曾肇，同书卷 37 还有《德兴县君曾氏墓志铭》，墓主是曾布七妹嫁南城王无咎者，卒于大观二年（1108），可见邹浩与曾氏的情谊还是比较绵长的。建中之政，曾布汲引了陈瓘、邹浩等一批旧党人士，如邹浩与曾布之交得善始善终者，并不多见。

4. 龚夬、龚大壮兄弟

龚夬（1057—1111），字彦和，北宋瀛洲（今河北高阳）人，宋哲宗元祐三年（1088）中进士第三名（探花），签书河阳判官，后从曾布签判瀛洲。

绍圣初，擢监察御史，历相州、洺州通判。宋徽宗继位后，闻其声名，即召龚夬，拜为殿中侍御史。蔡京当政，龚夬入元祐党籍，先后编管房州、象州、化州，政和元年（1111）卒，年五十五，南宋绍兴年间赠直龙图阁、右谏议大夫。《宋史》卷346有传。

元祐三年（1088），龚夬释褐初仕，为承事郎、签书河阳节度判官厅公事，①曾布则在元祐五年（1090）知河阳，两人就此开始有了交集。元祐七年（1092），曾布知瀛洲，龚夬从之签判瀛洲。南宋吕本中《童蒙训》卷上记载了曾布与龚夬交往之事，说龚夬少有重名，清介自立，其弟龚大壮更是特立独行。签判瀛洲之时，弟大壮同行，曾布闻其声名，欲见之而不可得，于是先上门谒见龚夬，邀大壮出来相聚，龚氏兄弟无法推辞，与曾布宴谈，盘桓竟日，曾布题诗壁间，其中有两句云："自惭太守非何武，得向河间见两龚。"②曾布所题全诗则可见于清雍正《高阳县志》卷5《遗文》："南北车书久混同，河间今有楚人风。独惭太守非何武，已见州闾出两龚。"③"两龚"是借用了汉代贤人龚胜、龚舍的典故，《汉书》卷2《两龚传》有云："两龚皆楚人也，胜字君宾，舍字君倩。二人相友，并著名节，故世谓之楚两龚 。"经曾布称扬，世人亦称"龚夬、龚大壮"兄弟为"两龚"，龚夬兄弟声名更加显著。宋哲宗亲政，龚夬擢监察御史；宋徽宗即位，龚夬拜殿中侍御史，皆由曾布举荐。

龚夬虽得知于新党党魁曾布，日常交游却多为旧党人士，据吕本中《童蒙训》卷上云："东莱公交游则李君行、田明之、田诚伯、吴坦求、陈端诚、田承君、陈莹中、张才叔、龚彦和及彦和之弟大壮也。"其中，东莱公为旧

---

① 《长编》卷410，哲宗元祐三年五月丙辰条，第9994页。

② ［宋］吕本中：《童蒙训》卷上，明刻本。南宋王曾《能改斋漫录》卷11、南宋胡仔《苕溪渔隐丛话》前集卷36（清海山仙馆丛书本）收录了此事，却皆将题诗误为向"河阳"见两龚。如，《能改斋漫录》卷11（第310页）云："吕居仁记龚殿院彦和，清介自立，少有重名。元祐间，签判瀛洲。与弟大壮同行，尤特立不群。曾文肃子宣帅瀛，欲见不可得。一日，径过彦和，邀其弟出，不可辞也。遂出相见，即为置酒，从容终日乃去。曾题诗壁间，其末句云：'自惭太守非何武，得向河阳见两龚。"文中前文已说是签判瀛洲时发生之事，可知"向河阳见两龚"之误。其后，《宋史·龚夬传》将该事系于龚夬佥判河阳之时："弟大壮，少有重名，清介自立，从兄官河阳。曾布欲见之，不可得，乃往谒夬，邀之出，从容竟日，题诗壁间，有'得见两龚'之语。"《宋史》该条记载的史源或为《能改斋漫录》《苕溪渔隐丛话》，皆误。今从《童蒙训》。

③ ［清］严宗嘉修，李其旋纂：《高阳县志》卷5《遗文》，清雍正八年刻本。

党领袖吕公著之孙、吕希哲之子吕好问，陈莹中即陈瓘，张才叔即张庭坚。龚夬在政治上也倾向元祐党人，他在绍圣年间为监察御史，与时政格格不入，以至有人在外伪造龚夬谏疏，说宋哲宗“外信奸回，内耽女宠”。[①] 龚大壮更劝其兄早点离开党争是非漩涡，龚夬遂以奉养亲老为名，上书求外放，通判相州。[②] 元符末，宋徽宗即位，龚夬又经曾布举荐擢殿中侍御史，他上疏请辨忠邪，请洗涤元祐愆负被坐之人之罪，首论章惇、蔡卞之恶，乞正元祐孟皇后册位号，及元符刘皇后不当并立等事。

时人皆知曾布、龚夬两人关系非比寻常，据《长编拾补》卷 16，元符三年六月辛亥条载：“殿中侍御史龚夬上殿论蔡京罪状，上（笔者按，即宋徽宗）甚愠曰：‘夬所陈，皆曾布之语也。’”龚夬因弹劾蔡京，触怒宋徽宗，遂再次求去。他对曾布情义尚存，临行前劝说曾布不要贪恋权势，须及早抽身：

> 龚原谓布曰：“得之外议，近习极不乐，有‘无震主之功而有震主之威’之语。”仍语布以勿与事，且曰：“韩、李皆上亲擢，尚且退缩，何必尔，但戢敛必无事。”又曰：“陈瓘亲闻上语，谓子宣与刘友端尝共事。”布曰：“布帅河东，友端作走马，同官三年，及其亲近，未尝与之接，其职事，亦无西府干务者。修造土木事，皆三省所行，未尝有交通之迹。布若能与友端交通，绍圣、元符中作相久矣。”[③]

曾布亦在龚夬面前极力辩解自己并无交通近习刘友端之事，也是非常重视与龚夬的关系。不久，蔡京当政，二人同入元祐党籍。龚夬累遭贬谪，处之泰然：“绍圣崇宁间，诸公迁贬相继，然往往自处，不甚介意。龚彦和夬贬化州，徒步径往，以扇乞钱，不以为难也。”[④]

---

① 见《长编》卷 494，哲宗绍圣四年六月戊午条：“先是，青州有县令以书抵蔡卞云，或传龚夬谏疏，云上外信奸回，内耽女宠，其言多讪时政。下以示章惇，惇遂白上，委知青州吕嘉问究之。嘉问究见伪为夬书者干连五十余人，遂下嘉问推劾。”李焘注云：“此据曾布日录，乃去年十二月十五日事。”第 11728 页。

② 《宋史》卷 346《龚夬传》，第 10984、10982 页。

③ 《长编拾补》卷 16，元符三年六月辛亥条，第 601 页。

④ 《童蒙训》卷下。

龚夬生平以道义自期，世人目为君子贤士，曾布能与之交游十余年，吕本中《童蒙训》卷上也曾经赞叹曾布求见“两龚”之事，云：“近日贵人如曾子宣之能下士，亦难及也。”只能说，若无党争成见，曾布在宋代的声名尚可。

5. 傅楫

傅楫（1042—1102），字元通，北宋兴化军仙游（今福建仙游）人，年少从学于孙觉、陈襄，陈襄以女妻之。傅楫中治平四年（1067）进士第，调扬州司户参军，摄天长令，先后转福清丞，大谷县令，知龙泉县，除太学博士。宋哲宗亲政，傅楫因曾布举荐擢太常博士，选为端王（即宋徽宗）记室参军，进侍讲、翊善，邹浩得罪外贬，傅楫因送行馈赠免官。宋徽宗即位，召为司封员外郎，历监察御史、国子司业、起居郎，拜中书舍人，力请宋徽宗遵守祖宗法度，以安静自然为务。其后，绍述之说日起，傅楫遂上疏求去，以龙图待制知亳州。崇宁元年（1102）卒，年六十一。其事俱见《宋史》卷348本传。

傅楫任福清（今福州福清市）县丞时，与福州郡守曾巩交往密切，其后转任大谷县令，为知太原府曾布的下属。曾布从兄长处得知傅楫之名，待之甚厚。绍圣年间曾布执政，傅楫受曾布举荐，成为宋徽宗的端王潜邸旧臣。建中靖国初，曾布当国，自以为对傅楫有汲引之恩，希望得其相助，但傅楫反而数次上章论曾布之失，凡行政、用人有所不当者必论之。[①] 后人视曾布为“小人”之相，傅楫受曾布举荐却不为其用，得正人君子的美誉。

6. 叶祖洽

叶祖洽（1046—1117），字敦礼，北宋邵武（今福建邵武市）人，《宋史》卷354有传。叶祖洽在宋神宗熙宁三年（1070）状元及第，授签书奉国军判官、判登闻检院，由国子丞知湖州，留为校书郎。元祐初，历职方、兵部员外郎，加集贤校理，进礼部郎中，为谏官弹劾，出为提点淮南西路刑狱、考功郎中。绍圣中，入为左司郎中、起居郎、中书舍人、给事中，密告王珪早

---

① ［宋］赵与泌修；黄岩孙纂：《宝祐仙溪志》卷4《宋人物》，《宋元方志丛刊》本，第8册，第8321页。

年反对册立宋哲宗之事，又称蔡确受遗命定策而贬死岭外，应恤其孤。叶祖洽与曾布厚善，人目为“小训狐”。宋徽宗即位，曾布引其为吏部侍郎，曾布罢相，坐再论王珪、蔡确事，忤宋徽宗意，降为集贤殿修撰、提举冲佑观，后入元祐党籍。大观二年出籍，起知洪州。政和末卒，官终徽猷阁直学士、知亳州。

叶祖洽在宋代士大夫中风评比曾布更差，《宋史》卷354本传云其“性狠愎，喜谀附”。其登第之时便卷入了新旧党争。熙宁三年恰逢宋代科举改制，将诗、赋、论三题合为一策论，叶祖洽在策论中迎合宋神宗变法之意，说祖宗多因循苟简之政，神宗即位革而新之，主考官吕惠卿初考定其为三等，覆考官刘攽定其为五等，详定官吴充再从初考，编排官苏轼定叶祖洽为第三，宋神宗令宰相陈襄面读试卷，擢升叶祖洽为第一，即状元。苏轼恶叶祖洽阿谀，上《拟进士廷试策表》，以示不满。[①]元祐二年（1087），叶祖洽自兵部郎中迁礼部郎中，给事中赵君锡言其及第策论讥讪祖宗，叶祖洽自辩，苏轼等人定议其为“议论乖谬”之罪，出为提点淮南西路刑狱。[②]绍圣年间新党当政，叶祖洽还以颜色，攻治旧党甚力。如，他连续上章言王珪反对册立宋哲宗之事，令其诸子勒停，永不叙用；[③]又攻击韩缜交结近习及元祐初改更神宗法度，令宋哲宗允其致仕，卒后不予赠谥号。[④]

《宋史》卷354本传说叶祖洽与曾布厚善，但二人在对待旧党的态度上有较大的区别，曾布要缓和得多。曾布与叶祖洽结交，主要是援引其展开新党内部的斗争。《曾布日录》中常常提到叶祖洽，多次都与新党内部矛盾有关。

---

① 南宋郎晔编《经进东坡文集事略》卷21《拟进士廷试策表》，引《司马温公日记》云：“熙宁三年春榜，韩秉国、吕惠卿初考策，阿时者多在高等，讦直者多在下陈，宋次道、刘贡父覆考，及吴冲卿、陈述古详定，多从初考。其间有言‘祖宗多因循苟简之政，陛下即位，革而新之’，初考第三等上，覆考为第五等中，冲卿等奏之，从初考，李才元、苏子瞻编排为第三，上令陈襄面读，以为第一，故子瞻退拟进士对策而献之。”

② 《长编》卷404，哲宗元祐二年八月辛丑条，第9843页；《长编》卷406，哲宗元祐二年十月己亥条，第9884–9885页；《长编》卷414，哲宗元祐三年九月丁巳条，第10061页。

③ 《长编》卷486，哲宗绍圣四年四月丁未条，第11551–11552页；《长编》卷502，哲宗元符元年九月己酉条，第11951页。

④ 《长编》卷487，哲宗绍圣四年五月甲子条，第11569页；《长编》卷487，哲宗绍圣四年五月己巳条，第11572页。

如，元符二年（1099），有人告发蹇序辰出使契丹，有例外拜受酒受马等违制之事，蹇序辰自辩，宋哲宗令制勘所看详，欲选拔叶祖洽为录问官一起勘察，蔡卞以为不可，遂改派安惇前往。蹇序辰是吕嘉问的女婿、蔡卞的门人，曾布在宋哲宗面前攻击他“急于自解”，“文过饰非，每事皆渐期罔”，蔡卞不信任叶祖洽，主要就是因为他与曾布关系密切。次日，曾布向宋哲宗抱怨：“（蔡）卞如此择录问官，不知何意。臣尝开陈，以为序辰党众，恐左右营救者多。陛下以为谁敢为营救者？臣言亦似不妄矣。”[①]元符二年（1099）闰九月，曾布在宋哲宗面前攻击章、蔡二人所主三省职事乖谬，亦谈及叶祖洽：“叶祖洽尝云：‘章惇为勘当他孙子理亲民，差遣不明，骂他作鹘突尚书。’祖洽云：‘此固不敢避，但恐三省鹘突更甚尔。如孙杰自察访回，乞先次上殿，却送吏部勘当。’”[②]是时叶祖洽权吏部尚书，是章惇的下属，但他与章惇的关系却不怎么和谐。元符间，邹浩因反对立刘后，弹劾宰相章惇而遭受贬谪，羁管新州，叶祖洽亦受此事牵连，于元符二年十一月，“坐与谏官邹浩语言交通”，罢吏部尚书，出知济州，[③]这应该与叶祖洽与章惇的矛盾有关，是新党内部矛盾的体现。

宋徽宗即位，以尚书省及从官缺员，命三省枢密院以可充任者具名奏进，曾布乘机将叶祖洽援引还朝。宰辅向宋徽宗面奏商议名单，论及叶祖洽时，曾布说叶祖洽“在朝无所附丽”，是可用之才。数日后，曾布奏对时再次提醒宋徽宗叶祖洽可用。[④]尽管韩忠彦在宋徽宗面前力陈叶祖洽奸邪，宋徽宗一度下诏令叶祖洽知瀛洲，但未及赴任，宋徽宗还是采纳了曾布的意见，召叶祖洽入朝为吏部侍郎。其后，曾布在与蔡京的权力斗争中失利罢相，叶祖

---

① 《曾公遗录》卷7，元符二年三月甲寅条，第2–3页；《曾公遗录》卷7，元符二年四月丙戌是日条，第19–20页；《曾公遗录》卷7，元符二年五月癸卯条，第28页。

② 《长编》卷516；哲宗元符二年闰九月辛巳条，引《曾布日录》，第12281页；《曾公遗录》卷7，元符二年五月庚午条，第52页。

③ 《长编》卷518，哲宗元符二年十一月乙亥条，第12323页。

④ 《曾公遗录》卷9，元符三年正月丁亥条，第190页；《曾公遗录》卷9，元符三年正月乙未条，第196页。

洽亦出知定州。[①] 崇宁三年（1104）六月，叶祖洽以元符末奸党的身份入元祐党籍，[②] 应是被蔡京目为曾布党羽。在政治上，叶祖洽与曾布算得上是同进退了。大观二年（1108），叶祖洽得以出元祐党籍，[③] 曾布则在一年前去世了。

7. 陈恺

陈恺（1035—1100），字济公，一说济翁，北宋婺州永康（今浙江金华）人，治平四年（1067）进士及第，释褐除海州怀仁主簿，时曾布为县令，二人遂缔交。其后，陈恺徙光州军事推官，知庐州合肥县丞事。熙宁中，曾布判司农寺，荐举陈恺为勾当公事。时人以为陈恺称职，乃迁著作佐郎，按察淮西农田保甲等事，又出使淮浙两路。熙宁末，曾布因根究市易务得罪出朝，陈恺亦因所在部使者告其贪墨而坐废。宋哲宗登基，陈恺乃以恩复宣德郎、监福州海口镇盐税，先后除光禄寺丞、分司南京，郧国、忠正、武昌军三院大小教授，熙州通判，勾管步军司差拨剩员所。宋徽宗即位，赐其五品服，累迁至朝散郎、飞骑尉。元符三年（1100）七月，陈恺病卒，年六十六。崇宁元年（1102），曾布应其子陈次中之请，为陈恺撰写墓志，见宋岳珂《宝真斋法书赞》卷 20 所录曾布《宋朝散郎飞骑尉赐绯鱼袋陈君墓志铭》。

陈恺与曾布二人虽声名地位悬隔，但交游四十年。二人因初宦同僚，后缔结姻亲，据《宋朝散郎飞骑尉赐绯鱼袋陈君墓志铭》，曾布将仲兄的孙女嫁给了陈恺之子陈次中，等曾布拜相时，陈恺已不幸病卒。

8. 饶节（如璧禅师）

饶节（生卒年不详），字德操，北宋临川（今江西临川）人，性刚峻，才志高，以诗文称重一时。饶节年少离乡游历四方，曾至黄州从游潘大临，后游京师，

---

① 《长编拾补》卷 18，建中靖国元年十二月庚寅条载："朝请大夫、知洪州叶祖洽为宝文阁待制、知瀛洲（按：'瀛'，《宋史》本传作'青'），知瀛洲吕希纯知颍州。先是，上以河朔诸帅皆元祐人，欲尽易之，故希纯、祖洽有是命。皆曾布为请也。布又拟蔡京代张舜民，朱绂代刘安世，召商英户部侍郎，祖洽初拟，亦召为侍郎。上既许之矣，韩忠彦白上：'祖洽等差除，曾布云悉已得圣旨，不审其间有可论者，尚容臣开陈否？'上曰：'不妨。'遂力诋商英、祖洽为不可。上曰：'商英曾有文字，朕欲召还；祖洽且令外补。'"第 664 页。《宋史》卷 354《叶祖洽传》云："祖洽与曾布厚，人目为'小训狐'。布用事，欲以吏部侍郎召，韩忠彦不可，白为宝文阁待制、知青州。未赴，布竟引为吏部。布罢，乃出知定州。"第 11168 页。

② 《长编拾补》卷 24，崇宁三年六月甲辰条，第 810、811、815 页。

③ 《长编拾补》卷 28，大观二年三月戊辰条，第 938 页。

宋哲宗元符年间为曾布门客，曾布待之极厚。宋徽宗即位，行建中之政，饶节致书曾布，请引用苏轼、黄庭坚诸公，因与曾布议论不合，遂辞别而去。崇宁初，饶节客宿州从游东莱吕氏，后在邓州遇香严智月禅师，遂悟道，祝发为僧，更名如璧，自号倚松老人，有《倚松老人诗集》传世。①

南丰曾氏后人曾季狸《艇斋诗话》亦尝谈及饶节为曾布门客备受礼遇之事："德操尝为予家丞相馆客，甚为丞相、内相兄弟所知。德操有高节，而又能文，其才在谢无逸诸公之上。晚年住香岩，丞相之婿陈成季持节京西，德操以诗赠之，云："两公待我以国士，是时公亦同在门。今日江头看使节，令人泪湿汉江云。"②

第三节　崇信佛教与曾布的方外之交

唐宋时期，今江西南丰地区佛道等宗教活动颇为盛行。相传唐高祖武德二年（619），有如石大师云游至南丰，在永安山（今南丰县直钟巷）建永安禅院（今寿昌古寺），其后佛教在南丰地区发展很快，至唐开元年间进入鼎盛时期。在中华人民共和国成立前夕，南丰县境内有178处佛寺，其中唐代所建就有近70处。道教传入南丰地区的时间比佛教更早，东晋时期有许吴二真君到南丰炼丹，建仙君观。南唐时期，汉代张道陵十八世孙张洞宣自龙虎山来南丰，在石仙岩建观，此后县内兴建道观达20余处。③曾布与其弟曾肇还曾经同游过仙岩观，留下唱酬诗作。④而南丰曾氏姻亲之中，亦有擅长方外数术之人。如，抚州金溪吴畋之妻"黄氏兼喜阴阳数术学"，其女王安

---

① ［宋］吕本中：《东莱吕紫薇师友杂志》，清十万卷楼丛书本；《两宋名贤小集》卷111《倚松老人诗集》。

② ［宋］曾季狸：《艇斋诗话》，清琳琅秘室丛书本。

③ 参见民国《南丰县志》卷36《仙释传》；中国人民政治协商会议江西省南丰县委员会文史资料委员会编：《南丰文史资料（第9辑）南丰寺观》，内部资料，2000年版，第1-2页。

④ 见正德《建昌府志》卷19《仙释·南丰县》之曾布《题石仙观诗》、曾肇《游石仙岩次兄子宣公韵》。

石之母吴氏亦通其说。[①]

生长在这种环境下，曾布对佛道等方外之术深信不疑。曾布好志怪之说，宋人记载了曾布青年时期进京赶考亲历的一则异事：

> 京师保康门有刘观察之别第，每僦于人。翰林学士曾布嘉祐丙申之冬以乡贡将试礼部，僦此第以居。一夕不寐，闻厅中有人呼曰："太尉来。"既而又有若往来问讯，切切细语，或如传授指令，皆以太尉为称，历历可审，甚讶之。翌日，究其宅之坊曲地里，则韩通之故第也。通尝为王彦昇族于斯第之下。（进士魏泰亲得之于曾子宣云）[②]

曾布尤其信奉佛，《全宋文》卷 1836 收录了曾布《谒李长者像题名》："鲁郡候曾布，□帅真定，道过寿阳□方山，谒李长者像。余杭钱景山、乐平潘璟、丹阳邵壎、开封张元淳、长者李毅、禹城李良臣、舒城李乘偕行。元祐己巳岁六月辛丑题。"李长者，即唐代佛教华严宗学者李通玄（635—730），李唐王室后裔，四十余岁时，专攻佛典，潜心《华严》，八十岁时译成《华严》，晚年移居神福山原下的土龛(即太原寿阳方山土龛)。元祐四年(1089,己巳年)六月，曾布从太原移知真定府时，路过太原寿阳方山，遂与朋僚拜谒李长者像，留下题名。同行者多有亲近佛教之士。如，潘璟为北宋名医，南宋洪迈《夷坚志》记载了几则潘璟的医疗案例：

> 潘璟，字温叟，名医也。虞部员外郎张咸妻孕五岁，南陵尉富昌龄妻孕二岁，团练使刘彝孙妾孕十有四月，皆未育。璟视之曰："疾也，凡医妄以为有娠耳。"于是作大剂饮之。虞部妻堕肉块百余，有眉目状。昌龄妻梦二童子色漆黑，仓卒怖悸，疾走而去。彝孙妾堕大蛇，犹蜿蜒不死。三妇人皆平安。贵江令王霁，夜梦与妇人歌讴饮酒，昼不能食，如是三岁。璟治之，疾益平，则妇人色益沮，饮酒易怠，歌讴不乐。久

① 《曾巩集》卷 45《仁寿太君吴氏墓志铭》，第 610–611 页。

② ［宋］张师正：《括异志》卷 5《刘观察宅》，《四部丛刊续编》影宋抄本。

之，遂无所见。温叟曰："病虽衰，然未也。如梦男子青巾而白衣则愈矣。"后果梦，即能食。（北湖吴则礼载其事）①

潘璟的医术颇具方术神秘色彩，其本人也是沙门信徒。北宋沙门护法张商英于元祐年间作《续清凉传》，专门讲述个人游历五台山的佛教感应之事，他在本书的附传中称潘璟"自以三世奉罗汉"，又详细叙说潘璟亲历佛迹之事："经略司准备差遣潘璟，于清辉阁前松林中，祈见白光三道直起，万菩萨队仗罗列，金色狮子游戏奋迅，金殿一，圆光三，圆光中现佛头。如地踊状一，菩萨骑狮子一，白衣观音一，金桥三，银灯一，而往来者八。金灯三，而明灭者十五。璟自以三世奉罗汉，一生以医术济人，而未睹罗汉药王相状，默有所祷。行至金阁，空中现大金船一，上有罗汉数百，行者，立者，礼拜者。又行至藏头，见白云西来药王菩萨立于云端，方冠大袖，皂绦皂屦。凡璟之所见，独多且异，不可具纪。"② 据《长编》记载，元丰八年（1085）二月，潘璟尚在中央太医局、御药院等处任职，③ 其后却任河东经略司准备差遣，是曾布知太原兼河东经略安抚使时的下属官员。《谒李长者像题名》中的钱景山、邵壎、李毅三人也是曾布的僚属，张商英《续清凉传》都提到他们亲身感应佛迹之事。④ 曾布自己也对人讲述过一次亲身经历，表达了对神佛的敬畏："布昔移帅广东，游庐山天池，登文殊台，大风振林木，昏霾，咫尺不辨道路，灯烛火炬俱灭，而下视莽苍，中金灯四出，或远或近，或大或小，或隐或现。会夜分疲寝，所见盖有未尽者，然大风所不能摧，昏霾所不能掩，非大光明无量神力，不可思议，其孰能若是乎？"⑤

---

① ［宋］洪迈撰，何卓点校：《夷坚志》甲志卷 8《潘璟医》，中华书局 1981 年版，第 69 页。

② ［宋］张商英：《续清凉传》附传，宛委别藏明天顺刻本。

③ 《长编》卷 351，神宗元丰八年二月乙丑条载："诏朝散大夫致仕孙奇、知太医局潘璟席延赏、教授邵化及赴御药院祗候，从执政请也。"第 8406–8407 页。

④ 《续清凉传》卷下："原佥判钱景山，及经略司管勾机宜文字邵埙来会于东台。而商英已还真容院，即遣人招二君还。二君曰：'适已于东台见圆光、摄身光矣，但未见圣灯也。'是夕，遂与二君祈灯而观焉。"《续清凉传》附传："经略司勾当公事李毅，侍其母亲及阳曲县尉江沄之母王氏游，祈见圆光、摄身光、直光、金灯。毅以书来，言曰：'今日乃知《续传》非虚也。"

⑤ 《续清凉传》附传。

宋人何薳《春渚纪闻》卷 3 又记载了曾布向僧人谋求丹药之事："密院编修居世英，彦实之父，人谓之居四郎者。遇异人得丹竈术，常使一仆守火，岁久不懈，因度之为僧，居京师定历院，几二十年。时曾子宣当轴，有堂吏通解可喜，其妇得急劳，数日而殂，继而病传堂吏，国医不能疗。吏与居素善，居视之云：'应须我神丹疗之。'为启炉取刀圭与服，十数日即完复如初。出参丞相，子宣大惊云：'汝非遇仙丹，不能起此病。'吏拜谢起，白云：'某实幸获居四郎之丹，服之，夺命鬼手耳。'子宣神之，使人邀居，不能至也。即使门下之人，宛转啖其僧，前后资给备至，约窃丹为赠，而僧誓不负心。丞相亦延顾不替。僧一日谒丞相，而许分窃为献。子宣喜甚，送僧降阶，而僧退揖为马台蹶倒，应时折足，举之而归，数日遂卒。子宣即遣人厚贻其徒，并炉取之，不知所用，但取丹膏，圆如粟粒，服之一粒，即引水燥甚，分诸子服，皆然。独子纡公衮服两粒无异也。后不复加火，亦不敢服。子宣薨，丹尽付石藏用矣。"[①] 求之不得，转而窃取，曾布谋求丹药的手段不太光彩，从中更可以看出曾布信奉佛教是出于一定的实用性。

中国古代佛道等宗教本身就是知识的宝库，融会了巫术、占卜、星象、天文、地理、医药、文学、艺术、哲学、科技等各个方面的内容，很多僧人都具有广博的知识、高超的医术及追荐供养祈福等方术技能，满足了人们多方面、多层次的需要。据《曾公遗录》记载，曾布比较注重养生，还略通医术。宋哲宗病重时，曾布多次为其分析病理，探讨治疗方案，[②] 并为久疾不愈的小

① ［宋］何薳撰，张明华点校：《春渚纪闻》卷 3《居四郎丹》，中华书局 1983 年版，第 42 页。

② 《曾公遗录》卷 7，元符二年五月庚申条："前一日，上宣谕以久嗽及肠秘，密服药，多未效。是日，余因言：'嗽虽小疾，然不可久，亦须速治。大肠与肺为表里，肠秘亦是一脏病。大抵医书无如《难经》《素问》，其次方论则莫如《千金方》，此真人孙思邈所撰集，非后世俗医所能过。如只治肺，则自有方三、二十道，各列病证，云证如此，则主某药，名医用之，无不效者。然国医多不知学术，但世传所习，一无根本，既不能用古方书，又或妄有增损，尤为非便。章惇痛骂众国医，以为无能如秦玠、秦琪、曹应之辈，皆今日医官之首。然自执政、从官家无一人用之者，其艺术可知也。'上云：'外面医官谁可用？'余云：'娄昌言已病，唯耿愚者颇有学，知脉理，善用古方，可使。然陛下小疾，便呼在外医者，恐惊骇众听。耿愚已是医学，但收之诊御脉，中则自用，可试令诊脉同药，可见其工拙也。'上深然之。"第 42 页；《曾公遗录》卷 7，元符二年七月壬戌条："问圣体，上云：'两日前似霍乱，昨夕腹散，犹八九次，胸满，粥药殊不可下。耿愚且供温脾丸理中元。'余云：'以臣观之，必有凝滞，须服腊柜药驱逐，则利自止，然后服补和药乃可速安。'上云：'太妃亦云如此，待更议用药。'余云：'不尔，恐效迟。'"第 73 页。

皇子进呈丹砂。[①] 一般认为炼丹是道家所为，但从上则《春渚纪闻》材料看，僧人也会参与炼丹、制长生药等活动。唐高宗也曾命胡僧卢伽阿逸多制造长生药，并封其为怀化大将军。[②] 佛教与医药更是关系密切，当时很多名医也信奉佛教，如上文提及的潘璟，曾布应该很看重佛教的医药功能。

佛教还有丧葬、追荐、祈福等功能。宋代官员在外任职，本人及家属客死他乡之后，无法立刻将遗体送回乡里的祖先墓地，大多数时候都是先在寺院举行殓棺超度仪式，寄存灵柩，再择期归乡安葬。他们还会兴建坟寺或功德寺，请僧侣住持，代替他们在家乡为先祖守墓。曾布家族在江西南丰七都有功德寺，朝廷敕额“崇觉报慈禅院”。[③] 曾布子弟后迁居润州居住。宋哲宗绍圣元年（1094），曾布在润州金山寺修建了两座“荐慈塔”，向金山寺施舍田地，每三年度一僧人，看管塔下香火，以追荐先祖亡灵。元符三年（1100），他亲自撰写了《敕赐金山龙游禅寺度僧荐慈塔记》一文，文末咒曰：“西方大圣，南无阿弥。无量功德，般若慈悲。茫茫大界，浩劫不迷。天子万年，山海与齐。洎我先世，永赖福余。稽首皈依，三藐菩提。”[④] 与此同时，曾布在润州丹徒登云门外兴建新的曾氏守坟院，朝廷赐额“福因智果院”。[⑤] 宋哲宗元符年间，曾布更频繁地出入开封普照寺、资福寺，祭奠死去的亲属，延请僧人设斋，[⑥]

---

① 《曾公遗录》卷 8，元符二年闰九月甲申条：“上见二府，具道皇子发惊状云：‘自初六日已作，至十一日后无日不发，医者已用硫黄之类治之，云小便不禁，大肠青，皆阴寒之候。’余因言：‘臣久病，灼艾服药皆无效，有以伏火丹砂与臣服者，遂顿愈。’上云：‘可进取数两来。’余云：‘臣所得不过数十粒，欲且进十粒。’上云：‘甚好。’众亦以为宜服。是日，会食都堂，遂黄罗帕封进十粒，乞令众医官评议供应。”第 120–121 页。

② ［后晋］刘昫：《旧唐书》卷 84《郝处俊传》，中华书局点校本，1975 年版，第 2799 页。

③ 同治《建昌府志》卷 2《建置志》。

④ 以上见傅林辉《曾布日录校注》附 4，第 46 页；《曾氏宗谱》旧序《敕赐金山龙游禅寺度僧荐慈塔记》。

⑤ 《嘉定镇江志》卷 8，《宋元方志丛刊》本，第 3 册，第 2382 页。

⑥ 《曾公遗录》卷 7，元符二年四月壬寅条：“旬休。出奠普照，吴克礼等亦来致奠。”第 28 页；《曾公遗录》卷 7，元符二年七月辛酉条：“旬休。至普照殡所致奠，视漆饰等。食罢，遂至资福寺，北向大卿葬所致奠吊。”第 73 页；《曾公遗录》卷 8，元符二年九月己酉：“旬休，欲诣普照祭告，又以雨淖及腹痛，未果行。”第 111 页；《曾公遗录》卷 8，元符二年十一月丙申条：“是日早，出赴普照，以大名丛涂祭告，未后归。”第 151 页；《曾公遗录》卷 8，元符二年十二月丁未条：“旬休。出华严斋僧，赴乐昌周祥道场，及拜大名影堂，同周秩及长老斋罢归。”第 153 页；《曾公遗录》卷 9，元符三年二月乙卯条：“诣普照葴所致祭。”第 216 页。

他在日记中写道:“是日，梦大名云在阴府极稳便。”① 可见，崇信佛教还是给了曾布一些慰藉。

曾布对佛教教义也有一些自己的理解。曾布女婿吴则礼《北湖集》卷5录有曾布《大般若经抄序》，云：“吾顷以疾病，遂超然有委世遗俗之意。既而读所谓《大般若经》，由是知至理妙道，无所不在，凡托形于天地之间者，靡不具足。盖不委乎世，而其理已得。不遗乎俗，而其道已造。彼远存乎八荒之外，六合之表，近隐于密微晦昧之间。凡使吾离正而即邪，舍真而趋幻者，其情并露，而不可逃。出与之接也，虽万变俱至，而良心善性，湛然不惑。”② 大致认为佛性人人本来具足，委世遗俗未必能逃脱邪幻的侵袭，唯有直面之，与佛法相接，才能湛然不惑。也就是说，曾布主张入世修行，这与其仕途上积极进取的态度是一致的。此外，曾布与真如禅师、术士刘快活等都有交往，结交了一批方外之士。

1. 释道潜

道潜（1043—1106），北宋著名诗僧，杭州於潜（今属浙江临安）人。本姓何，字参寥，自幼出家，元祐中，住杭州智果禅院，赐号妙总大师，著有《参寥子诗集》。道潜能诗善文，与当时士大夫文人苏轼、秦观等多有交往，与南丰三曾的关系也颇为紧密。他曾因写诗语涉刺讥，被勒令还俗，宋徽宗建中靖国初年，因曾肇之请得以昭雪，复削发为僧。③

道潜与南丰三曾之间有很多唱酬诗，《参寥子诗集》中有《南康与曾子宣内翰》七言律诗一首：“旗亭方喜会高标，杞国天崩促去桡。星渚风花朝冉冉，神林雨脚暮萧萧。飞流溅沫江翻怒，拆岸颓沙蜃倚骄。遥想英雄济川

---

① 《曾公遗录》卷7，元符二年六月辛巳条，第55页。

② 见［宋］吴则礼：《北湖集》卷5《书大般若经抄序后》，文渊阁四库全书本。《北湖集》四库本馆臣《提要》称吴则礼“跋曾子固《大般若经抄序》”，认为《大般若经抄序》是曾巩的作品，误。按，吴则礼《书大般若经抄序后》说“南丰曾公以其所著《大般若经抄序》示则礼”，而《北湖集》卷5《神福山李长者像序》又云：“会经略使知太原府事南丰曾公移守常山。”由此可知，吴则礼称曾布为“南丰曾公”。《书大般若经抄序后》又说“元祐辛未闰月吴则礼题”，该序写于元祐六年（1091，辛未年）闰八月，而曾巩早在宋神宗元丰六年（1083）便已去世，这部《大般若经抄序》不可能是曾巩撰写的。

③ 《咸淳临安志》卷70《人物十一·方外僧》，《宋元方志丛刊》本，第4册，第3990-3991页。

手，壮怀宁复畏倾摇。”题注云：“相别抵暮大风，闻泊舟神林浦，因以诗寄之。”[①] 神林浦是鄱阳湖著名的避风港口，这首诗当是熙宁七年或八年（1074—1075）曾布因根究市易务出知饶州（州治在今江西鄱阳县）期间，二人往来的唱酬诗。

2. 释从誉

邹浩《道乡集》卷 28《方广誉老语录序》云：“湖南善知识曰：从誉，嗣福严奉老子，住方广圣道场。其骨从莲峰孤高，其气彻灵源清润。金灯现处，普然无尽之灯。仙磬鸣时，不系有心之磬。阿罗汉既已避席，诸鬼神自然运粮。大丞相曾公阅人多矣，许以为道友，孰能先焉？”大丞相曾公即曾布。从誉是北宋僧人，其所住方广圣道场在南岳衡山莲花峰下，初名方广寺，建于南朝梁天监二年（503），唐时改为方广圣寿寺，宋初又赐额“方广崇寿禅寺”。[②] 曾布与释从誉结为道友，当在熙宁九年（1076）曾布知潭州（州治在今湖南长沙）期间。

3. 真如禅师

《民国南丰县志》卷 36《仙释传》云：“真如禅师，姓闻（人），字慕喆，临川人。出家南丰之永安，复游洪州，客庐山，后往长沙岳麓。未几，推论住大沩山，戒行甚严。绍圣中召见，赐号真如，敕住智海。一日，索笔作偈，趺坐而逝，火化有五色舍利，齿爪不坏。其徒即火所建塔禅舍利，归骨大沩山。曾布为作塔铭。”真如禅师是北宋有名的禅宗大德，宋释普济所撰《五灯会元》卷 12 收录了他的“机缘”语录，曾布为其撰写身后塔铭，且真如禅师在南丰永安寺（今寿昌寺）出家，后被推请住持潭州大沩山密印寺，这两个地点均与曾布颇有交集，以此推测二人身前应该有一定的交往。绍圣中曾布拜知枢密院事，受宋哲宗宠信，此时真如禅师被皇帝召见赐名，并敕住开封大相国寺智海禅院，曾布也许在其中起了一些推动作用。

---

① ［宋］释道潜撰，高慎涛、张昌红编：《参寥子诗集校注》卷 5，中州古籍出版社 2014 年版，第 116 页。

② ［宋］陈田夫：《南岳总胜集》卷中《叙观寺·方广崇寿禅寺》，《大正新修大藏经》本，第 51 册，第 1077 页；湖南省地方编撰委员会：《南岳志》，湖南出版社 1996 年版，第 180 页。

4. 刘快活

刘快活，名刘信，是北宋后期有名的术士，能元神出窍，善占卜医药，与当时的权贵多有交往，与曾布及其家族的交往最为密切。刘快活是曾布的门客，在曾布府邸居住了十余载，受曾布礼遇，为曾布治病延寿，并准确预测出曾布拜相、南谪之事，王明清《投辖录》记其事云：

> 刘快活者，名信，本兵也。滕章敏知池州，因捕逃卒得于九华山，自言有公据放停。滕章敏取视之，乃周显德间所给，章敏惊异之。已而扣之，果有道者，虚堂以舍焉。时章敏坐妖言被谴，不敢久留，因遣之送王荆公。荆公与之言甚契，然不肯为之留，又以属之曾文肃。文肃馆于家者凡十余年。每酣饮，必大呼连唱“快活”二字，故人以此目焉。文肃事之如神。文肃守河阳，忽感便血，气绝不复苏，夫人泣请于刘。刘曰：“若将酒一斛与苏合香丸二两与我。”信既得之，酒与药一引而尽，与文肃公入密室经夕，天欲晓，亟叫“快活”数声，家人竞起视之，则文肃起居如常矣。问之，但云：“过此更寿一纪，位登台衮。”询之它，皆不言。文肃登庸后，出镇朱方，舟次南都，忽告别，语文肃曰：“不能远适矣。”文肃颇解其意，亦不强留。既去之后，不久，而文肃果南迁。后不知所终。

宋人蔡絛《铁围山丛谈》卷 5 也谈及刘快活作法术与曾布戏耍之事：

> 刘快活信（之），黥卒也，不知何地人。始以倡狂避罪入山中，适有所遇，遂能出神，多作变怪。与人言，率道人吉凶，雅有验。每自称“快活”，故时人呼之为“刘快活”。喜出入将相贵人门，又能为容成术。所与游从老媪，皆度为弟子，容色光异，或多至八九十岁。快活上至百岁，然世常见独作五十岁颜状尔。尝从丞相曾布在东府，一夕廑三鼓不得寐，呼侍婢执烛视，室中有声。侍婢曰：“此鼠啮尔。那得在帽笼中耶！”试举手启帽笼，则有一刘快活尺许大，因忽不见。时刘快活在外，方与

门客对寝，呼门客曰："适误入公内，几不得出也。"始知其为戏。

王明清《玉照新志》卷 2 又说刘快活喜欢给曾氏子女占卜算命，无不应验：

外祖空青，文肃之第三子也，快活每以三运使呼之，后果终漕挽。舅氏宏父，谈天者多言他日必为卿相，刘笑曰："官职俱是正郎，去不得矣。"文肃当国，先祖为起曹郎中，一日忽见过曰："我今见曾三女儿，他日当为公之子妇。"时先妣方五六岁。又谓先人曰："曾三女，汝之夫人也。"归见文肃，呼先祖字云："王乐道之子，三运使之婿，此儿他日名满天下，然位寿俱啬，奈何？"已而文肃罢相，迁宅衡阳。北归后，先祖守九江，遣先人访文肃于京口，一见奇之，遂以先妣归焉。后所言一一皆合，不差毫厘。

以上粗略介绍了曾布的宗教信仰与方外之交等概况。宋代儒释道三教合流，士大夫在日常生活中接触方外人士、参与佛道活动的现象非常普遍，曾布也不例外。具体到曾布个人，这种信奉不仅是出于对方外、佛教等"至理妙道，无所不在"的法义崇信，也与驱难祈福、预测凶吉、医药养生等世俗需求联系在一起，显示出曾布积极入世的心态。

而与曾布从游交往者中，有叶祖洽这样颇受非议的新党人物，更多的却是苏轼、陈师道、陈瓘、邹浩、龚夬等旧党正直名士，其中有情投意合或爱惜人才的成分，也有引为己助等政治利益的考量，正与曾布在北宋后期党争中"毅然中立"的微妙立场相符合。若非卷入党争，曾布在地方为官时期的形象还是很不错的，不仅得到了刘谊这类君子的赞誉，还为当地百姓所称道。以上种种，勾勒出一个复杂而又真实多面的曾布形象。

第七章

身后是非：子孙后裔与曾布“奸臣论”辨析

在曾布身后，对于他的评价问题异议颇多，争议的焦点就在于曾布被定为奸臣是否得当？而所谓的“曾布奸臣论”起源于元朝史官编修的《宋史》，其后，史学家沿袭这一观点，至有明一代，曾布为奸臣遂成定论。清朝以后，又有史学家为曾布翻案，清人钱大昕云：“曾子宣为子固之弟，风流儒雅，辉映一时，不幸附固绍述，致位宰相，史家遂入奸臣之列。然虽不为公论所与，而能与章惇、蔡京立异，亦张天觉之流也。天觉既可列传，子宣独不可列传乎？若史弥远奸邪甚于侂胄，而传不在奸臣之数，史家于此，不免上下其手。”[①] 缪荃孙认为“其论至公”，[②] 叶昌炽亦赞同其说。[③] 至近代，梁启超先生更是在指斥《宋史》不公的同时，给予了曾布高度的评价：“布为曾巩弟，其佐荆公行新法，功与惠卿埒，《宋史》亦以入《奸臣传》，吾以本传之文考之，不能得其所谓奸者何在……吾谓曾子宣者，千古骨鲠之士，而其学其才，皆足以辅之。南丰可云有弟，而荆公之得士，亦一夔而已足者也。荆公之冤，数百年来为之昭雪者尚有十数人，而曾子宣之冤，乃万古如长夜，吾安得不表而出之。”[④] 可以说，由于史学家个人所处的时代与学术背景的差异，导致了他们对曾布截然不同的认识。

---

① 《潜研堂金石文跋尾》卷 14《曾布等题名》。

② 《曾公遗录》附录《清缪荃孙后跋》，第 379 页。

③ 《语石》卷 8。

④ 梁启超：《饮冰室全集》（第七册）之《王荆公》，中华书局 1989 年版，第 171–172 页。

那么，曾布是“奸臣”吗？王安石变法引发的新旧党争构成了北宋后期政治的主要特点，从神宗朝的熙丰变法到徽钦之际的靖康之难，短短的六十多年间，新旧两党你方唱罢我登场，国家政治走向了周期性反复动荡的怪圈。明代宰相叶向高对这段历史有一个概括：“自元祐诸君子用事，尽改熙丰之法，一激而为绍圣，则小人胜，反而为元符，则君子小胜，又激而为崇宁，则小人大胜。当其胜，必尽去其人，尽反其事。即易代革命，不若是甚者。纲纪，法度，国家，所以治乱安危，而堪此播弄，堪此翻覆，亡形见矣。是安得不有靖康之祸哉！”[①]因此，许多后来学者认为北宋以党争亡国，自有一定的道理。置身其中的北宋士大夫是新旧党争的参与主体，个人推动着党争发展，而党争也反过来影响着个人的命运。作为陷身党争漩涡中的一个典型人物，曾布的生平及仕宦经历折射出了北宋中后期党争政治的某些特点，而他个人的政治心态、行为、命运及有关他的身后是非评价也无不被打上了党争的烙印。除此之外，曾布在宋代的声名，还要靠他的子孙在政坛或士林中的表现，在延续家族声誉的同时，将曾布生平事迹与著述等传诸后世，为其纪功表德饰过。

第一节　子孙姻亲与曾布的身后是非

一、曾布诸子与妻妾名实辨析

王明清《挥麈录》余话卷1云：“曾文肃十子。”又据《二源曾氏族谱》卷2《南丰源流总图》记载，曾布“子十：綖、缨、缲、纡、絇、绂、緌、绰、緈、绪。”《云阳曾氏十四修家乘》卷1《文肃家传》则云曾布“子男十人：綖、缨、缲、纡、絇、绋、绛、绰、緈、绪。”上文中，绂绋同音（fú），是异体字，为同一人名。两者比照，曾布十子中，綖、缨、缲、纡、絇、绂（绋）、绰、緈、绪九人名位记载相同，只有第七子（一为緌，一为绛）记载有异。

① ［明］叶向高：《苍霞草全集》卷1《宋论》，江苏广陵古籍刻印社据明天启刊本影印，1994年版，第1册，第147–148页。

元丰三年(1080)十月十三日,曾布湖南永州《九龙岩题名》中又提及:"男綖、缨、缫、纡、绚,婿王良肱,甥王絪、缊侍行。"①《益都金石记》卷3曾布《云门山题名》亦载,元祐六年(1091)闰八月十五,"鲁侯六子缲、纡、絢、绂、综、縪,孙悆,尽室奉益昌君从行。"上文中,缲与缫同音(sāo),是异体字,为同一人名,曾布前七子"綖、缨、缲、纡、絢、绂、综"可以在宋代石刻文献中得到印证,"縪"则他处皆不见载。

曾布第七子曾综之名,亦可见于王明清《挥麈录》前录卷之3:"曾文肃帅定,一日晨起,忽语诸子曰:'吾必为宰相,然须南迁。'启其所以,公曰:'吾昨夕梦衣十郎绿袍,北向谢恩,岂非它日贬司户之征乎?'后十年果登庸,既为蔡元长所挤,徙居衡阳,已而就降廉州司户参军,敕到,取幼子综朝服以拜命,果符前梦。十郎,即综排行也。"《云阳曾氏十四修家乘》卷1《文肃家传》又云曾布"在政府八年,有手录日记八册,皆朝廷大议,所载甚详。政和初,子综为冯翊酒官,携一册入关,后以京尹王革与之友连久假不归"。冯翊在今陕西大荔县,曾综携带曾布手记入关中之事,亦可印证于《建炎以来系年要录》卷88,绍兴五年四月庚午条:"赵鼎曰:'臣往时守官陕西,从纡弟絣尝见此书,乃布手笔也。'"上文中的絣应为综的刊刻之误。此外,南丰曾氏诸族谱亦将曾综误为曾綘。

那么,曾縪又是曾布的第几子呢?《云阳曾氏十四修家乘》卷4《内纪世系》详细记载了曾布十子生卒年信息,据此制表如下:

《曾布十子生卒年信息表》

排行与名字	生年		卒年	
一,綖,字公冕	嘉祐辛丑五月十八日	即嘉祐六年(1061),是年曾布27岁	建炎戊申九月廿四日	即建炎二年(1128)
二,缨,字公路	治平丁未十一月初四日	即治平三年(1067),是年曾布33岁	宣和己亥	即宣和元年(1119)
三,缲,字公桓	熙宁辛亥十二月十七日	即熙宁四年(1071),是年曾布37岁	建炎庚戌五月初一日	即建炎四年(1130)

① 《八琼室金石补正》卷100,《宋代石刻文献全编》影印民国十四年希古楼刻本,第1册,第273页。

续表

排行与名字	生年		卒年	
四，纡，字公衮	熙宁癸丑十二月初四日	即熙宁六年（1073），是年曾布39岁	绍兴乙卯十月廿九日	即绍兴五年（1135）
五，絢，字公履	熙宁丙辰七月十三日	即熙宁九年（1076），是年曾布42岁	建炎庚戌	即建炎四年（1130）
六，绅，字公佩	元祐丙寅十一月二十日	即元祐元年（1086），是年曾布52岁	政和壬辰三月十一日	即政和二年（1112）
七，纷，字公乘	元祐戊辰八月十五日	即元祐三年（1088），是年曾布54岁	政和丁酉七月廿七日	即政和七年（1117）
八，绰，字公裕	元祐戊辰十二月十一日	即元祐三年（1088），是年曾布54岁	绍兴甲子六月廿七日	即绍兴十四年（1144）
九，緈，字公永	绍圣丁丑三月初十日	即绍圣四年（1097），是年曾布63岁	乾道乙酉九月	即乾道元年（1165）
十，绪，字公嗣	崇祯乙酉八月十六日	应为崇宁乙酉，即崇宁四年（1105），是年曾布71岁	卒年不详	

曾布十子中，第四子曾纡有墓志，见宋汪藻《浮溪集》卷28《右中大夫直宝文阁知衢州曾公（纡）墓志铭》，云：“绍兴五年十月戊辰，右中大夫直宝文阁、知衢州曾公卒于信州……春秋六十有三。”由此可知，曾纡卒于宋高宗绍兴五年（1135）十月，享年六十三岁，由此上推，曾纡当生于宋神宗熙宁六年（1073），与上表信息吻合，显示家乘所载具有一定的可信度。曾布《云门山题名》时间为元祐六年（1091）闰八月十五，是年第七子曾纷与第八子曾绰皆为三岁，题名中却只有曾纷，不见曾绰，由此推断，曾繟应该就是曾绰，长大后可能因故改名。至此可判定，曾布有十子：“綖、缨、缲（缫）、纡、絢、绂（绅）、纷、绰（繟）、緈、绪。”

关于曾布的婚娶状况，《二源曾氏族谱》卷2《南丰源流总图》、《云阳曾氏十四修家乘》卷1《文肃家传》皆只云曾布娶妻魏氏，然而，《云阳曾氏十四修家乘》卷4《内纪世系》则载：“配南昌水部郎魏耆女，赠鲁国太夫人，生康定辛巳五月十三日，卒元符己卯十一月廿二日，寿五十九岁，合葬句容名地下蜀镇南空青山，周围方百余亩，去镇江七十里，又娶　氏。夫人生十子：

綖、缨、缲、纡、絢、纬、绨、绰、綼、绪。”原文“氏”字之前亦为留白，没有注明姓氏，姑且称之为某氏。那么，这个某氏身份如何？是妻？是妾？何时归于曾氏？

从现有史料来看，曾布娶妻魏氏是毫无疑问的。与此同时，曾布肯定也纳过妾。宋人程俱《北山小集》卷31《宋奉议郎孺人曾氏墓志铭》云，曾布第五女曾季仪受“适母瀛国魏夫人”爱重，适母即嫡母，曾季仪应该是妾所生之女。又据《曾布十子生卒年信息表》显示，曾布第七子曾绨与第八子曾绰同岁相差三个月，不可能同出一母，曾布十子也应为曾布妻妾多人所生。而笔者见江苏丹阳曾氏后裔家藏残卷本《润城西门外曾氏重修族谱世表》卷2记载，魏氏“生子五：缨、缲、绪、纬、绰”。这一记载有些错误。据曾氏家乘卷4《内纪世系》记载，魏氏生于康定辛巳（康定二年，1041），卒于元符己卯（元符二年，1099），而曾布第七子曾绰生于元祐三年（1088），是年魏氏已48岁高龄；第十子曾绪生于崇宁四年（1105），魏氏已经去世；此外，曾布无子名纬。另据汪藻《浮溪集》卷28《右中大夫直宝文阁知衢州曾公（纡）墓志铭》记载，曾纡是魏氏所出，却不在五子之列。显然，五子之名是错误的。但族谱记载应该也有些依据，再结合一般女性生育年龄来看，曾布十子中，可能前五子（綖、缨、缲、纡、絢）是魏氏所生，其余为妾生。

王明清《挥麈录》后录卷之6《曾文肃王大卿结为契家》又载，熙宁七年（1074）曾布任三司使时，在京师纳妾王氏，王氏在曾家生有二子：

> 曾文肃自高阳帅易青社，道出相台，冯文简作守，相见云：“本郡有一寄居王大卿，名尚恭，年高不出仕，有乡曲之誉。愿一见公，露少悃款。使其自言，相予共饭可乎？”文肃颔之。翌日，俾之同坐，即之甚温。请间云：“某有一子，颇知宦学趣向，不幸早死。启手足际，自云初任荆南掾，曹秩满，赁舟泛江而下，与一嫠妇共载，因而野合，有娠。既抵京师，分首。闻妇人免身得雄，后售与曾尚书家作妾。今计其子，亦十余岁矣，不知果否？”文肃云：“某向任三司使日，置一获，云本贵种，失身自售，携一小儿来见，俱随行，某以儿子畜之。”坐上因令

呼来。大卿一见，抱持大恸，云面貌与亡儿无少异者，今愿以见予。文肃云：“虽如此，然事不可料。闻公今岁当任子，愿为内举毕，斋补牒来，当遣人送归。”王且悲且喜，彼此后皆如文约。文肃诸子兄弟，名连丝字，表德上以公字，此子取名约，字公详，示不忘曾氏。而公详之异母弟亦连名绚，字公敏，后易敏功。公详仕至郡守，终奉直大夫。敏功子炎，以公详荫入仕，尝为枢密使。嫠妇在文肃家生二子。至今两族如一家焉。妇亦姓王，果名族。从弟乃信孺革，与其子鼎相继尹京云。（外祖手记）

《曾文肃王大卿结为契家》记载出自《外祖手记》，也就是王明清的外祖父曾纡的手笔，可信度较高。上文中王绚事迹可见于南宋周必大《文忠集》卷 29《兴国太守赠太保王公绚神道碑》，与王明清所载一致。王明清又说曾布小妾王氏出身名族，从弟王革及其子王鼎先后任京尹，宋人翟汝文《忠惠集》卷 2 有《户部侍郎王革除开封尹制》，想必就是这个王革。而且根据前文曾肄《文肃家传》记载，王革曾经从曾绨手中借阅曾布手记一册，没有归还，可见两家的确有往来。

那么，《云阳曾氏十四修家乘》卷 4《内纪世系》载曾布又娶某氏，是否就是这个王氏呢？这种可能性比较小。王氏与曾布只生育了二子，表明曾布不止纳妾一人。且家谱一般都只载正妻，不载妾室姓名，在有多名小妾的情况下，只记载某一人的现象就更少见了。这个某氏，有可能是在正妻魏氏去世之后，曾布娶的继室。又或者《内纪世系》本身记载有误，因为现存所有的曾氏族谱中，都只有曾布与魏氏的合葬信息，没有继室存在的痕迹。

宋人张邦基《墨庄漫录》卷 1 又有一条记载：“延安夫人，苏氏丞相子容妹，曾子宣内也，有词行于世。或以为东坡女弟，适柳子玉者所作，非也。”苏子容，即北宋宰相苏颂（1020—1101），原籍福建泉州府同安（今属厦门市同安区），因父苏绅病逝葬润州（今江苏镇江），遂举家迁居丹徒，宋哲宗元祐七年（1092）拜相，宋徽宗建中靖国元年（1101）卒，追赠司空，后追封魏国公，《宋史》卷 340 有传。据此，丹阳地方学者曾萍认为，曾氏家乘《内纪世系》中记载的某氏就是苏颂之妹——延安夫人苏氏，嫁给了曾布作妾，封为延安夫人。[①] 这一论断疑点颇多。宋代妻妾制度尊卑分明，严禁以妾为妻，[②] 朝廷不可能赠妾封号。而苏颂家族北宋同安苏氏是与眉山苏氏齐名的衣冠望族，声望不在南丰曾氏之下，苏颂会让妹妹屈居小妾之列吗？

苏颂长孙苏象先有一部笔记小说——《魏公谭训》传世，记述了祖父遗训与苏氏轶事，其中谈及在苏绅病逝之后，苏颂承担起抚养家族老小的重任："祖父为大理丞馆阁校勘，月俸共十七千。赁宅养马已费三之一，迎侍高曾祖母、二曾叔祖、二曾祖姑，二叔祖、三叔姑皆未婚嫁。食指既众，亲宾益多，太夫人治家，每俭约条理之。故居京九年，上下无不足之色。"[③] 苏颂任大理寺丞是在皇祐五年（1053），[④] 文中的"三叔姑"应为"三祖姑"，意思就是说当时苏颂还有两个弟弟、三个妹妹没有婚嫁。而苏颂诸妹的婚嫁情况在史书中有迹可循。其一，据苏颂《苏魏公文集》卷58《颍州万寿县令张君墓志铭》、卷62《万寿县令张君夫人苏氏墓志铭》记载，苏颂长妹先嫁吕昌绪，生二子，吕昌绪病故后，再嫁张挺卿为续弦。张挺卿则先娶晁氏，继娶苏氏。张挺卿死后苏氏再次归母家守寡，卒于熙宁五年（1072）。苏象先《魏公谭训》卷4亦云："张斯立挺卿，五祖姑之婿也。"其二，《苏魏公文集》卷61《朝请郎致仕李君墓志铭》又载，苏颂仲妹先嫁宋氏，宋氏病故后携子归李况。李况则先娶曹氏，继娶某氏，再娶苏氏。其三，据苏象先《魏公谭训》卷6记载："林次中娶第十一祖姑，善能文。熙宁中，次中为御史，事有所忤，或曰诸苏教之。有人云：'何必诸苏，家中自有文士。'"文中的"第十一祖姑"或为苏颂的幼妹，颇有才学，嫁给了林希之弟林旦（字次中），《宋史》卷343有传。此外，苏

---

① 曾萍：《曾布小传》，载氏编《曾布研究文萃》，中华传媒出版社2019年版。

② 《春渚纪闻》卷1《乱道侍郎》记载："元符间，宗室有以妾为妻者，因罢开府仪同三司及大宗正职事。蔡元长行词曰：'既上大宗之印，复捐开府之仪。'章申公谓曾子宣曰：'此语与手持金骨之朵，身坐银交之椅，何异？'"第4页。

③ ［宋］苏象先：《魏公谭训》卷4，载［宋］苏颂撰，王同策等点校《苏魏公文集》附录一，中华书局1988年版，第1159页。

④ 《曲阜集》卷3《赠苏司空墓志铭》。

颂长妹应在皇祐三年（1051）前后已经出嫁，[①] 苏颂可能还有一个妹妹，具体婚嫁情况不详，但肯定是出嫁了，宋人邹浩在《道乡集》卷 39《故观文殿大学士苏公行状》中特别强调了苏颂教抚诸弟妹，“甘旨无阙，婚嫁以时”。

由上可知，苏颂之妹即便是在生子守寡之后，也是改嫁他人为继室，作正妻，以同安苏氏的门楣，显然是不屑为妾的。那么，有没有可能在元符二年（1099）十一月魏氏去世后，曾布继娶苏颂之妹？但即便当时苏颂之妹处于寡居状态，至少也应年逾五旬，[②] 如此高龄去改嫁完全不符合常理。

从现存史料来看，苏氏与曾氏有些交往。据苏象先《魏公谭训》卷 6 记载，庆历年间，曾巩曾经致书苏颂之父苏绅劝其接受御史中丞一职，显示双方关系非同一般：“曾祖除御史中丞，固辞不拜。石介以书与祖父，以不拜命为非……初，曾祖中司之命，恳辞不拜，是时曾子固亦以书劝受命。”到苏颂这一辈，《苏魏公文集》卷 11 有《次韵曾子固舍人上元从驾游幸》、卷 12 有《重次前韵奉酬子由子开叔贡三舍人二首》，这三首诗应是苏颂与曾巩、曾肇在京为官时的同僚唱和诗。苏象先《魏公谭训》卷 6 又载：“祖父薨背，贤士大夫祭文甚众，惟南丰曾相之文，委曲周尽，颇无遗事，若行状然。”苏颂卒于建中靖国元年（1101），“南丰曾相”应该指的是曾布。也就是说在苏颂去世后，曾布写了一篇周详的祭文祭奠之。苏颂的墓志铭则是由曾肇执笔撰写的，见《曲阜集》卷 3《赠苏司空墓志铭》。曾、苏两家在亲友圈上有些交集，又都迁居润州，有以上交往不足为奇。苏颂、苏象先祖孙也并不忌讳记载两家的往来，但这些记载却没有显示曾布与苏氏有什么特殊的姻亲关系。此外，倘若苏颂之妹当真嫁与曾布为妾，两大才女同归曾氏共侍一夫，如此令人称羡的美事，为何在现存曾氏家谱及亲友笔记中只见为魏氏扬名，不见关于延安夫人苏氏的片言只语？

---

① 据《苏魏公文集》卷 62《万寿县令张君夫人苏氏墓志铭》记载：“适亳州司法吕昌绪……甫三年而寡。后四年，获归斯立……又七年，而斯立卒。”则苏颂长妹在十四年间经历两次婚嫁丧夫。又据《苏魏公文集》卷 58《颍州万寿县令张君墓志铭》记载，张挺卿卒于治平二年（1065）六月三十日，以此逆推苏氏初嫁时间为皇祐三年（1051）前后。

② 据《长编》卷 158，仁宗庆历六年正月丙申条记载，苏颂之父苏绅在庆历六年（1046）病逝，其女出生必不晚于当年。

《墨庄漫录》的作者张邦基的外家为抚州金溪吴氏，其母为吴蕡孙女，吴豪之女；张邦基祖父张彦卿则是苏颂长妹婿张挺卿之弟。[①] 有这些盘根错节的姻亲关系，后人自然认为张邦基对苏、曾两家逸事都有所了解，不应记载有误。但尽信书不如无书，个别记载偏颇是有可能的。况且张邦基《墨庄漫录》卷 1 说延安夫人之词“或以为东坡女弟适柳子玉者所作”，这种说法也是张冠李戴。据学者考证，嫁给柳氏的不是苏轼的胞妹，而是苏轼的堂妹小二娘；小二娘也不是嫁给柳子玉，而是嫁给了柳子玉之子柳仲远。[②] 两宋之交的文人赵令畤（1061—1134）在《侯鲭录》中也曾经提及延安夫人苏氏，仅云“是苏丞相子容之妹”。[③] 综上，笔者认为《墨庄漫录》中关于延安夫人为“曾子宣内也”的记载极有可能是错误的，应谨慎对待。

二、曾氏子孙与曾布身后正名、归葬事宜

曾布诸子皆未能科举及第，多以父荫入仕，仕宦不显，唯第四子曾纡略有声名。宋徽宗崇宁年间，蔡京命吕嘉问逮捕曾布诸子，制以受赃之罪，时曾布第三子曾缲官承奉郎，被除名，曾纡官承议郎，去职特送永州编管。[④] 其后，曾纡又与曾布同入元祐党籍。可见在曾布诸子中，蔡京比较忌惮曾纡。曾纡官职虽然低微，但颇具吏干，章惇曾盛赞其有“转运使”之才。[⑤] 且曾纡文才突出，善诗词、文章、书法，与黄庭坚等名士多有交往，[⑥] 颇具士林声望，甚至名扬禁中，靖康元年（1126），金兵第一次南下，宋徽宗出开封城南幸

① 参见王然《〈墨庄漫录〉研究》第一章第一节《张邦基家族考》，四川师范大学中国古代文学硕士学位论文，2017 年。

② 曾枣庄：《三苏后代考略》，载孙钦善主编《古籍整理与研究》，上海古籍出版社 1986 年版。

③ 此条在《侯鲭录》今本中不存，转见［清］朱彝尊《词综》卷 25《宋词五十首》，文渊阁四库全书本。

④ 《长编纪事本末》卷 130《久任曾布》，第 4089 页。

⑤ 据《挥麈录》后录卷之 7 记载：“绍（兴）［圣］中，章子厚在相位，曾文肃居西府。文肃忽苦腹疾，子厚来视病。坐间，文肃忽思膳沙粥，时外祖空青先生曾公卷在侧，咄嗟而办。文肃食之甚美。子厚犹未去也，询其速致之术。空青云：‘适令于市中货膳沙馅担中买来，取其穰入粥中，故耳。”子厚赏叹云：‘它日转运使才也。’其后空青仕宦，果数历输挽。”第 169 页。

⑥ 见［清］卞永誉《式古堂书画汇考》卷 42 曾纡跋《龙眠居士李伯时五马》云：“余元祐庚午岁，以方闻科应诏来京师，见鲁直九丈于酺池寺……当崇宁癸未，余以党人贬零陵，鲁直除籍徙宜州，过余潇湘江上，因与徐端国、朱彦明道伯时画杀满川花事，云此公卷所亲见。余曰：‘九丈当践前言记之。’鲁直笑云：‘只少此一件罪过。’”文渊阁四库全书本。鲁直即黄庭坚。

至镇江府，曾经慕名招曾纡问事，命乔贵妃酌酒，赠七宝杯。①

曾布子孙后裔中，也只有曾纡这一脉在两宋之交政坛上相对活跃些。宋徽宗大观年间以后逐步赦宥元祐党人及其子弟，曾纡叙复承事郎，出党籍。曾布卒，曾纡因执丧以孝闻，服丧期满后调监南京、河南税，改签书宁国军节度判官，历通判镇江府，知楚州、秀州。入南宋后，曾纡充隆祐皇太后山陵修奉官，进直宝文阁学士，历任江南东路转运副使、两浙转运副使、知抚州、江南西路转运副使、司农少卿、福建路提典刑狱。绍兴五年（1135），曾纡移知衢州，未及赴任，于当年十月卒于信州，时年六十三岁。②

据南宋汪藻《浮溪集》卷28《右中大夫直宝文阁知衢州曾公（纡）墓志铭》记载，曾纡有“子三人，曰惇，右奉议郎、通判洪州；曰忻，右从事郎、临安府司法参军；曰憕，右迪功郎、监潭州南岳庙”。三子中，曾惇年少时便因文才而负盛名，最终官至知州，但其仕宦生涯中却存在污点。曾惇初以恩荫入仕，北宋宣和中为湖州司录。③入南宋后，曾惇在绍兴三年（1133）入职中央，调任太府寺丞，次年正月被御史弹劾去职。④绍兴十二年（1142），宋金和议达成，曾惇在知黄州任上献诗秦桧，多阿谀之词，称秦桧为“圣相”，盛赞其议和功德。⑤曾惇由此讨得秦桧欢心，绍兴十四年（1144），受诏从黄州调任台州。⑥但因台州阙次，需待前任任满后方可赴任，曾惇待阙寓居上饶，

① 《挥麈录》第三录卷之2，第240页。

② 《浮溪集》卷28《右中大夫直宝文阁知衢州曾公墓志铭》。

③ 据王明清《玉照新志》卷3记载：“外祖曾空青……宣和末守秀水……舅氏宏父为湖州司录，来省侍。”

④ 《建炎以来系年要录》卷70，绍兴三年十一月庚申条，第326册，第13页。

⑤ 《能改斋漫录》卷11《曾郎中献秦益公十绝句》：“绍兴壬戌，朝廷既罢三大将．息兵议和。曾郎中惇时守黄州，献书事十绝句于秦益公。秦缴进于上，上喜，与升擢差遣，任满，除台州。诗云：‘黄泥峰下雪犹深，赤壁矶头江欲平。驿吏西来闻好语，蕃人已出蔡州城。’‘和戎诏下破群疑，无复旄头彗紫微。屈己销兵宜有报，先看长乐版与归。’‘吾君见事若通神，兵柄收还号令新。裴度只今真圣相，勒碑十丈可无人。’‘淮上州州尽灭烽，今年方喜得和戎。问谁整顿乾坤了，学语儿童道相公。’‘连营貔虎气如云，听诏人人愿立勋。沔鄂蕲黄一千里，更无人说岳家军。’‘田父今年作社频，边头闻见一番新。官军不斫人家树，各自持钱去买薪。’‘江头柳木已参天，柳色花光日日妍。惊怪田家频得醉，今年斗米不论钱。’‘村村准拟十分禾，老稚扶携笑且歌。租税况今黄纸放，阳城元自拙催科。’‘淮畔风尘自此清，斯人还喜见昇平。田家尽说今年好，要雨雨来晴便晴。’‘百丈嵩峨贾客船，张帆打鼓下长川。路人指点几垂泪，江道无来十六年。’”第339-340页。

⑥ 《建炎以来系年要录》卷151，绍兴十四年六月辛巳条，第327册，第112页。

至绍兴十六年（1146）四月方正式移知台州。[①]

在台州任上，曾惇又做了几件自毁声誉的事情。绍兴十七（1147）年八月，曾惇受秦桧指使，整治前宰相吕颐浩的家人，据《宋史全文》卷21下记载："绍兴十七年八月甲戌，直秘阁吕摭除名，梧州编管。秦桧追恨颐浩不已，使台州守臣曾惇求其家阴事，送狱穷治。摭惧罪阳瘖，乃以众证定罪。于是一家破矣。"其后，曾惇与通判洪适产生了矛盾，致使洪适落职。[②]然而，曾惇与洪适的关系本来是非常好的，在南宋林表民编写的《天台续集》中，收录了不少曾、洪二人的唱酬诗。如，曾惇作《东湖怀洪景伯》，洪景伯即洪适，字景伯，洪适步原韵和之，题名《适两日小疾，谒告闻知府郎中丈有东湖之游而不果陪，遂蒙佳句宠问，辄趁韵以谢》。曾惇雪天赏梅，作《后园观梅简洪景伯》，洪适再步原韵和之。洪适的官廨翻新，曾惇作《分绣阁（洪景伯倅廨新建）》《洪景伯饮诸丈分绣阁以诗戏之》，洪适以《次酬曾守分绣阁》和之。此外，曾惇还有《次韵景伯宠示劝农新什》等诗，让人感觉他几乎事事都会想着洪适。洪适也不遑多让，有《腊雪应祈因成鄙语呈使君》《开岁五日使君见约同宫使尚书诸丈观山宫梅花因成拙诗》《至宁海县有怀曾守》《雨中宿万年寺用曾守韵》《曾宏父见招赏梅时范子芬欲行》等，都是与曾惇的唱酬诗。[③]此外，洪适《盘洲文集》卷2还有《行县道中寄曾紘父》，卷3有《以糟蟹送曾守》《次韵曾宏父探梅未开》《招曾宏父待雪》《忆梅呈曾宏父》等诗。洪适（1117—1184）在南宋政坛与士林中具有比较大的影响力。其父洪皓，曾任礼部尚书、大金通问使、徽猷阁直学士、提举万寿观兼权直学士院，封魏国忠宣公。洪适与弟洪遵、洪迈先后中博学鸿词科，并称"三洪"，皆以文学负盛名，又有"鄱阳英气钟三秀"之称。洪适在金石学方面造诣颇深，与欧阳修、赵明诚并称为宋代金石三大家，在孝宗朝官至丞相。通判台

---

① ［宋］黄訾、齐硕修，陈耆卿纂：《嘉定赤城志》卷9《秩官门二·本朝郡守》载，曾惇绍兴十六年"四月十七日以右朝散郎知……十八年五月二十七日替"。《宋元方志丛刊》本，第7册，第7355页。具体考证参见袁茹《曾惇知黄州、台州时间考——兼〈宋会要辑稿〉辨误一则》（载《黄冈师范学院学报》，2016年第1期）一文。

② 据《建炎以来系年要录》卷156，绍兴十七年十一月丁丑条记载："左奉议郎洪适、右朝散郎通判濠州曾恬并罢。适通判台州，与守臣曾惇不相能。"第327册，第195页。

③ 以上诗见［宋］林表民编：《天台续集别编》卷2、卷3，文渊阁四库全书本。

州之时，洪适资历尚浅，与曾惇二人皆是年少即负文名，起初应该是文人雅士之间惺惺相惜。此前曾惇虽然献诗秦桧，盛赞和议，但和议是宋高宗一意赞助的，朝野上下歌功颂德者颇多，大环境如此，对曾惇的声誉尚不至于有太大的破坏。曾洪二人交恶，主要还是源于曾惇在台州任上阿附秦桧的实际行为，《洪适行状》记其事云："忠宣南归，以直忤秦桧，即去国。公以奉亲，自列通判台州，将终更，忠宣有英州之谪。台守与公不相能，尝行县至黄岩，令以繫囚十数辈匿堂庑间，诡以狱空告。公坐令听事，闻大呼声，即诘视诸囚，皆叫号称冤，因备其事申诸司，归白守，守以为不关白。长官撰弹文，迎秦意。秦讽言官上之，坐免官，往来于英，以奉忠宣。"① 而南宋周必大所撰《丞相洪文惠公适神道碑》则云："忠宣公归自朔方，以忠言忤秦丞相桧，斥补乡郡，公亦出通判台州。将满，而忠宣公以散官谪英州。台守观望，拟弹文纳当路，转示言者以为风闻，坐免官。"② 两者都提到，洪适之父洪皓得罪了秦桧，曾惇助秦桧弹劾洪适。其后，曾惇于绍兴十八年（1148）闰八月知镇江府，③ 绍兴二十六年（1156）在知光州任上，④ 阿附秦桧并没有让曾惇平步青云，但对曾惇的士林声誉有极坏的影响，尤其是在秦桧去世之后，洪适兄弟在政坛上颇具影响力，这对曾惇乃至曾氏家族的发展都很不利。

清道光二十八年修南丰桂华坊《曾氏宗谱》旧序中有《曾氏世系歌》，列出了曾惇子孙一支的传承概况："居丰一世为洪立，发祥延铎仁旺嗣。致尧易占布纡惇，昭造应阳锜浩是。宣义十七与吴二，安和叔赟缵其绪。"曾惇之子曾昭，字表勋，历知盱眙军事、濠郢二州事，官至承议郎。⑤ 南宋李心传《建炎以来朝野杂记》提到宋孝宗乾道年间，曾昭在知濠州任上因措置淮马不当而失官之事："乾道以后，又诏于淮郡市马，于是多有越淮盗马来售者。右奉议郎曾昭时守濠州，至以其马起纲赴行在，北人以为言，淮西帅

① ［宋］洪适：《盘洲文集》附录《宋尚书右仆射观文殿学士正议大夫赠特进洪公行状》，文渊阁四库全书本。

② 《文忠集》卷 68。

③ 《建炎以来系年要录》卷 158，绍兴十八年闰八月壬戌条，第 327 册，第 211 页。

④ 《宋会要辑稿》食货 12 之 6，第 11 册，第 6233 页。

⑤ 南丰桂华坊《曾氏宗谱》世系“第九世”。

臣赵善俊奏其事，大臣欲下令还之。孝宗以为失体，乃谕善俊执死罪囚付昭，令斩之，曰：'此盗马者也。'于是一纲已至，御马院命濠州以死损报，而次纲未至者，皆遣还之。昭坐追三官放罢。自是不复买淮马云。曾昭以乾道七年三月二十四日戊戌行遣，此事尝见亲笔处分，史不能详也。"[①] 南宋赵蕃《淳熙稿》卷 12 有《寄曾使君昭》诗，注云："昭，空青（笔者注，即曾纡）之孙。时守濠，罢归除郢，不赴。"提到曾昭不赴郢州之任之事。

又据《舆地纪胜》记载，曾惇还有子名曾用孙，年少有隽才，九岁时作《赤壁》诗，为世人称道："白浪高于屋，风回熨帖平。周郎呼不醒，久立听江声。"[②] 南丰桂华坊《曾氏宗谱·世系》载曾惇有二子：昭、晞。曾用孙可能就是曾惇幼子曾晞，字用孙，授官将仕郎。

曾昭之子曾造，字子有，官至宣教郎，知南康军事，曾历任广东乳源、乐昌二县县令，重文教，有善政，乐昌人立祠祀之，其事可见清乾隆《建昌府志》卷 38。[③]

总体而言，曾布子孙中无仕宦与声望显达者，不利于曾布身后之名的辩白与回护。他们甚至没能请得名臣大贤为曾布树碑立状，据宋汪藻《浮溪集》卷 28《右中大夫直宝文阁知衢州曾公（纡）墓志铭》记载："文肃公薨于谪籍，公不敢求为碑铭，独取平时奏对之辞荟萃之，如辩明宣仁诬谤等事，名曰朝正论，藏于家，不敢出者二十余年。靖康中始传，犹有仄目者，公不之

① 《建炎以来朝野杂记》甲集卷 18《淮马》，第 428 页。《宋史全文》卷 25 下，孝宗乾道七年三月庚子条亦载其事云："进呈胡沂具到彭德等盗马因依。虞允文奏：'曾昭诱山寨人盗马，已而杀其人，人情甚不安，至有逃入山中不敢出者。'上曰：'昭欲自掩其过，乃乖谬至此，须重作行遣，可追三官放罢。'"第 2113–2114 页。

② ［宋］王象之：《舆地纪胜》卷 49《淮南西路·黄州·赤壁诗》，中华书局影印清道光二十九年文选楼影宋钞本，1992 年版，第 1983 页。

③ 乾隆《建昌府志》卷 38："曾造，字子有，南丰人，纡曾孙。性谦冲平易，而执法不可夺。淳熙中，以韶州曹掾辟知乳源，谓养先于教，于是籍官田及民废业几四百亩，入为学产。郡士之隽者教之创黉宫，立职长，严课试，士风翕然丕变。寻调知乐昌，迁学于城东，复籍官田供诸生，于是乐昌文教方轨中州。官至宣教郎，知南康军事，祀乐昌名宦。"。亦可见［明］郭棐纂：《广东通志》卷 30《名宦》，明万历三十年刻本。［清］张洗易纂修：《康熙新修乳源县志》卷 5《良吏传》，清康熙刻本。［清］徐宝符修，李秾纂：《乐昌县志》卷 7《政绩·宋知县》，清同治十年刻本。又，明凌迪知《万姓统谱》卷 57 云："曾造，南丰人，文肃公玄孙。知翁源县，以化民成俗为急务，籍官田之入以养士。""知翁源县"误，应为"知乳源县"。

恤也。”南宋杜大珪《名臣碑传琬琰之集》下卷20也只是从实录中收录了《曾文肃公布传》，从另一个侧面印证了曾布身后无行状、墓志铭。今只存曾布第九子曾綈绍兴六年（1136）撰写的一篇家传，较为详备地叙述了曾布的生平功业，见于《云阳曾氏十四修家乘》中。

这其中有些客观原因。曾布去世很长一段时间内，都是蔡京当权，此时恐怕也没有人敢出头执笔为曾布立名。待蔡京失势，局势已是风雨飘摇，曾氏子孙虽自顾不暇，却仍不忘为曾布正名。曾纡在靖康年间便开始向外传播《曾布日录》，待南宋政局稍微稳定下来，曾纡又与其子曾惇抓住时机，在绍兴五年（1135）、绍兴六年（1136）向宋高宗进呈《三朝正论》及其真迹，为曾布纪功饰过。[①] 尽管宋高宗对曾布《三朝正论》表示了极大的欣赏，但南宋士论却对此不以为然，御史中丞常同上书直斥曾布“首鼠两端”“贻祸邦家”。[②] 常同之父常安民是北宋旧党成员，与曾布有过节，据《宋史》卷348《常安民传》记载：“曾布始以安民数憾章惇，意其附己，屡称之于朝。其后并论，曾布乃取其所贻吕公著书，白于帝。它日，帝谓安民曰：‘卿所上宰相书，比朕为汉灵帝，何也？’安民曰：‘奸臣指擿臣言，推其世以文致臣尔，虽辨之，何益？’……徽宗立，朝论欲起为谏官，曾布沮之，以提点永兴军路刑狱。”新旧党争的恩怨在南宋延续，曾惇于绍兴三年（1133）任太府寺丞，旋即被弹劾去职，便是因为常同上书言其“浮薄无行”。[③] 绍兴元年（1131），曾纡迁直宝文阁学士，亦因右司谏韩璜进言其“撰造正论，以欺庙堂”而去职。[④] 从中可知，新旧两党积怨数十年，无法轻易化解，曾纡等人自身尚且不免受此牵连，想回护曾布也是有心无力。若后代子孙本身

① 《建炎以来系年要录》卷88，绍兴五年四月庚午条，第326册，第253–254页；《建炎以来系年要录》卷102，绍兴六年六月辛酉条，第326册，第414–415页。

② 《建炎以来系年要录》卷120，绍兴八年六月乙丑条，第326册，第624页。

③ 《建炎以来系年要录》卷70，绍兴三年十一月庚申条，第326册，第13页。

④ 《建炎以来系年要录》卷47，绍兴元年九月甲寅条载：“直显谟阁江东转运副使曾纡为直宝文阁。以纡自陈系元符党，特迁之也。既而右司谏韩璜言：‘今日祸首，实自王安石变新法始。方安石秉政，布以亲戚最先引用，聚敛刻剥之事，布皆与谋。逮建中靖国初，故相韩忠彦守正持重，布为右相，每留身以破坏忠彦所为，卒逐忠彦而成京贼之势者，布也。至绍圣间，与章惇争权，乍合乍离，皆出为身，本非国计。纡在宣和间，奔走阉寺门下，盖以交结而取官爵矣。近乃撰造正论，以欺庙堂，望赐追夺。’纡遂罢去。（李焘按：纡罢在此月庚午）”第325册，第647页。

不是很突出，甚至有政治污点的话，就更是难上加难了。

中国人讲求落叶归根，曾布曾肇兄弟晚年虽迁居润州，但仍视故乡南丰为其根本。曾肇生前特地嘱咐家人要将其归葬南丰，子孙谨遵其命，在次年大观二年（1108）十一月葬曾肇于南丰县世贤乡梅潭源。① 曾布则初葬润州，《云阳曾氏十四修家乘》卷 4 云曾布与魏夫人合葬在“句容名地下蜀镇南空青山”“去镇江七十里”。《嘉定镇江志》卷 11 亦载 :“丞相文肃曾布墓在长山之相公湾。”长山相公湾即在今江苏省句容市下蜀镇的空青山，曾布第四子曾纡自号空青老人，应与此有关。

曾布十子，有留居润州的。如，第三子曾缲随父寓居润州，生承务郎曾愃等八子，曾愃配丹徒吴夫人生二子，死后葬于丹阳练塘乡永昌里，地名殷塘。长子曾曦宦居萧山，次子承事郎曾暐结庐筑室永居殷塘，成为丹阳殷塘曾氏鼻祖。丹阳殷塘曾氏以曾布为一世祖，雇专人世代守祖墓祭奠，《云阳曾氏十四修家乘》卷 18 有《拜扫文肃公墓议约》、卷 19 又有《文肃公墓碑记》《祭文肃公墓文》。曾布丹阳当代后裔还曾经两次专程驱车来到下蜀镇空青山探访祖墓，这里的村民都称此山为“曾家坟山”，上有一座千年墓地，被认为是曾布墓地，山下至今尚居住着守墓人朱氏家族后裔，已是朱家第十五代传人。值得一提的是，曾布丹阳后裔在一探空青山宗圣祖墓时，守墓人曾说过，1967 年“文化大革命”期间公社组织掘墓，“曾布”墓室打开之后，不见遗骸踪影，只有一包水银现出，给后世留下了难解悬疑。②

曾布长子曾綖、③ 四子曾纡都有后裔定居南丰。南丰曾氏桂华坊一脉即曾纡后裔，其《曾氏宗谱》旧序《南丰曾氏文肃公支世系总图》云 :“纡公为本支分祖，至第十三传浩公，由秋雨堂迁居登楼。至十七传安公，再迁东隅桂华坊。”桂华坊《曾氏宗谱·世系》“第五世布公”条又载:曾布与魏氏“合

① 据《曲阜集》卷 4《（曾肇）行状》记载 :“二公同時寝疾。公遽命诸子，以生不及养太师，殁必返葬其墓下。自是旬日语不及家事。鲁公薨，翼日公亦不起……诸孤卜以二年十一月葬公于南丰县世贤乡梅潭之源，遵治命也。”

② 曾萍 :《曾氏后人寻墓记》，载氏编《曾布研究文萃》。

③ 南丰桂华坊《曾氏宗谱》世系云:曾綖由南丰迁居庐陵（今江西吉安），“第三子忱仍居南丰”。《二源曾氏族谱》卷 2《迁徙考·七世》又载，“綖五世孙诚迁本里中溪”，“诚之七世孙中转迁本里下塘”，“綖十三世孙鼎生迁本县延福路，后名字实巷”。

葬江南镇江句容下属镇南丹徒界，迁葬南丰七都龙池乡之源头崇觉寺”。这里透露出一个信息，曾布夫妇初葬润州，最终落叶归根，迁葬回南丰。那么，曾布夫妇具体在何时迁葬回故土呢？

据汪藻《浮溪集》卷28《右中大夫直宝文阁知衢州曾公（纡）墓志铭》云：“初文肃公殁，窆于南徐。于是，公（笔者按，指曾纡）客信者数年，不克归葬。”也就是说，直到曾纡去世时，曾布都还没有迁葬。桂华坊《曾氏宗谱》又记载曾纡及其子孙葬地信息如下：

第七世纡公：“葬信州上饶县上饶乡七里，后归葬南丰七都洗马桥头。”

第八世惇公：“葬信州上饶县上饶乡七里。”

第九世昭公：“葬信州城南七里。”

第十世造公：“葬信州城南十二里双塘墩。”

第十一世应阳：“葬南丰世贤乡蒋溪。”

由上推断，曾纡、曾惇、曾昭、曾造皆在外为官，因曾纡卒于知信州任上，葬于信州，其后子孙寓居信州。直至曾应阳未出仕，这一脉才回南丰定居，时间大致在南宋后期的宋理宗时期。[①]曾纡与曾布夫妇可能就是在这个时候迁葬南丰的，这样也可以解答空青山“曾布”棺椁中无遗骸之谜。迁延百年而得以归葬故土，这也是后代子孙告慰曾布在天之灵的一种方式吧！

《曾氏宗谱》说曾布夫妇迁葬于“南丰七都龙池乡之源头崇觉寺”，南丰曾氏的墓葬地在诸多家族墓志中也都说是在龙池乡源头，[②]即今南丰县莱溪乡

---

① 桂华坊《曾氏宗谱·世系》无曾应阳仕宦经历记载。又云其“绍兴壬子年二月生，淳熙甲辰年终”，误。淳熙甲辰为宋孝宗淳熙十一年（1184），而据桂华坊《曾氏宗谱·世系》记载，曾应阳长子曾锜“嘉定癸未年生，景炎丁丑年终。”嘉定癸未年为宋理宗嘉定十六年（1223），曾应阳应主要活动于宋理宗时期，疑其卒于淳祐甲辰，即宋理宗淳祐四年（1244），生于绍熙壬子，即宋光宗绍熙三年（1192）。

② 如，《曾巩集》卷46《亡侄韶州军事判官墓志铭》《祕书省著作佐郎致仕曾君墓志铭》、《亡妻宜兴县君文柔晁氏墓志铭》《亡弟湘潭县主簿子翊墓志铭》《曾氏女墓志铭》《二女墓志铭》，第629、633、634、635、636页。

杨梅坑村源头里。南丰当地学者做过大量实地考察，从实际情况看，曾氏家族墓地距离今杨梅坑村源头里大约 1.2 公里，所在地有一片山冈，叫“马鞍山”，或称“马鞍寨”，山下有一山坳，当地人称为“丞相窠”。“窠”在方言中大概就是山谷的意思，据当地老人说，因为宰相曾布葬于此处，故有此地名。南丰县崇觉寺遗址也在丞相窠的范围之内。又据当地百姓反映，上个世纪末，有一盗墓者在崇觉寺遗址斜对面的山脚下找到一块墓碑，写有“曾布”二字，但这个盗墓者与墓碑都难觅影踪了。

三、曾氏诸婿与外孙的表现

曾布至少有五个女儿，诸婿的表现也直接会影响到曾布身后评价。曾布第五女曾季仪（1079—1113），非魏夫人所出，嫁给了江褒（1069—1117），据宋人程俱《北山小集》卷 31《宋奉议郎孺人曾氏墓志铭》记载：“信安江有贤妇曰曾氏，字季仪，建昌南丰人，故相鲁公布之第五女也。幼静重寡言，不好戏剧，等辈或以为痴，唯适母瀛国魏夫人曰：‘是儿性行不群，他日当为贤妇，尔曹不及也。’爱之甚于己出……绍圣初，信安人江褒仲嘉有声太学中，登进士第，鲁公遂以夫人归之，年始十六……（政和三年 1113）六月某甲子，夫人以疾卒于官舍，享年三十五。”江褒，字仲嘉，绍圣元年（1094）毕渐榜进士及第，调寿州司户参军，历任余杭尉，常州、宜兴丞，知舒州太湖县丞辟知越州余姚县事，湖州司兵曹事，政和七年（1117）在京师待任时病卒，官至承议郎。江褒性格刚简，曾布嫁女给礼钱三十万，江褒辞而不受。曾布位策枢府，诸婿多在京师为官，只有江褒安心出仕州县，在曾布失势后没有受到多大牵连。在曾布外贬衡阳、诸子被捕下狱之际，江褒却挺身而出，至润州打点曾氏家事，尽了子婿的责任。[①]

曾布第三女嫁给了宋神宗皇后向氏家族子弟、宋真宗朝宰相向敏中四世孙向子莘。向子莘以父荫入仕，补右班殿直，累迁阁职，至供备库副使、勋飞骑尉，赠武显大夫，[②]在仕宦上没有什么突出成就。

曾布诸婿中，有事迹可考者还有吴则礼（？—1121）。吴则礼，字子副，北宋兴国州（今湖北阳新）人。初以父荫入仕，后一直跟随曾布为官，为曾布所看重。如，元祐初，曾布知太原兼河东经略安抚使，吴则礼为幕僚，任军器监主簿，曾布在太原晋祠的《告违题记》即“子婿兴国吴则礼书”。[③]其后吴则礼跟随曾布移知真定，过寿阳方山，作《神福山李长者像序》记其事。[④]宋哲宗绍圣元符年间，曾布荣登宰辅，吴则礼迁卫尉寺主簿，并因曾布的关系经常能接触到高层政治。[⑤]蔡京当政，吴则礼被目为曾布的左膀右臂，遭

① 见［宋］程俱：《北山集》卷31《承议郎信安江君（褒）墓志铭》，文渊阁四库全书本。［明］林应翔修，叶秉敬纂《衢州府志》卷9（明天启二年刊本）云，曾布有婿名江衮，字仲长，常山人，南宋绍兴年间因赵鼎、谢克家等举荐荐，补官入勅局授删定官。［清］嵇曾筠等修：雍正《浙江通志》卷181（文渊阁四库全书本）亦云：“弘治《衢州府志》：‘（江褒）字仲嘉，开化人，登进士第。性高简，娶曾布女。布为相，婿皆官中都，惟褒调余杭尉……’谨按：万历《常山县志》载县人江衮，亦曾布婿，姓同，而衮、褒字形相似，音亦相近，或疑为一人。但衮字（伸）［仲］长，褒字仲嘉，各因其名以起义，开、常异籍，而一为太学生，一为余杭尉，事迹亦各不同，显属两人。今列衮传于孝友，拈出以俟博考。”笔者按，江衮实为江褒之弟，据程俱《北山集》卷33《江仲举墓志铭》记载：“公讳褒，字仲举，开化通德诸江也，故朝散郎笃行君子讳汝明之第二子……（朝散郎）之（弟）［第］三子仲嘉褒为余杭尉……（公卒）其弟仲长衮与其子俊葬公开元乡马汪山之原。”程俱《北山集》卷19《江氏小山祖墓记》又载：“开化县治开元乡，故常山县地也……按，《江氏家谱》系出济阳统，之八世孙曰世源官信安，留家不去，实始为信安人。又五世孙岁郧等五丧葬常山县开化乡之万岁里小山村。”江氏先祖定居信安，开化、常山指同一个地名，是江氏的丧葬之地，史书记载江褒、江衮籍贯各异，或为信安、开化、常山，但并不矛盾。又据程俱《北山集》卷31《承议郎信安江君（褒）墓志铭》、《宋奉议郎孺人曾氏墓志铭》记载，江褒才是曾布的女婿，天启《衢州府志》、万历《常山县志》等云江衮娶曾布女，以弟代兄，误。

② 《嘉定镇江志》卷19《人物》，《宋元方志丛刊》本，第3册，第2531页。

③ 《全宋文》卷1836，第42册，第232页。

④ 《北湖集》卷5《神福山李长者像序》，文末云：“后十有二日，前军器监主簿吴则礼序。”

⑤ 《长编》卷499，哲宗元符元年六月乙巳条：“先是，章惇召曾布女婿卫尉主簿吴则礼，令语布，曰：‘蔡党见窥甚急，当过为之备。’又曰：‘有言元丰时，不得举辟执政亲戚，乞检举施行。’仍云：‘王旂榷货，政犯此言，不可不知。’”第11890页。《长编拾补》卷18，建中靖国元年十月癸巳条载，曾布对宋徽宗言：“臣未尝与言事官交通。昨者圣谕，令彭汝霖召吴则礼谕圣意，臣迄今不曾令则礼至汝霖所。今既被旨，容臣更展转道达。”第658页。

受台谏攻击，[①] 编管湖北荆南。[②] 吴则礼于宣和三年（1121）官至直秘阁，卒于知虢州任上，有文名，晚居豫章（今江西南昌），自号北湖居士，今存《北湖集》五卷传世，名士韩驹与之作序，文集中唱和者曾纡、陈师道、米有仁等亦皆一时名士。[③]《北湖集》中存有一些为曾布表功纪德之作，如，元祐五年（1090），曾布知河阳，吴则礼作《燕居堂记》，其文有云："时龙图阁学士曾布来为此州，公道德文章，为世所慕，政治所加，上下宁悦。而设施于此者，特其绪余土苴，曷足以观公之大？因获登斯堂，望公之舄履，饱公之謦欬。因持兹说以进，公应之曰：'然。' 遂书于石，镵之，置诸壁间。"在《书大般若经抄序后》中，吴则礼又表彰了曾布入世修行的佛教理念，称赞其"高明敏慧，能自拔于溷浊"。[④]

曾布还有一婿名王良肱，[⑤] 一婿名陈迪，[⑥] 皆籍籍无名，现存史书中无事迹可寻。值得一提的是，曾布的孙女（曾纡之女）嫁给了汝阴王铚，生子王明清。王铚父子是宋代有名的文学之士，著述颇丰，王明清在《挥麈录》《玉照新志》《投辖录》等一系列著作中，记录了南丰曾氏的家事逸闻，其中与曾布直接相关的多达二十余条，大致概貌如下：

① 《长编拾补》卷 19，崇宁元年闰六月壬戌条载，蔡京指使臣僚上言："布与韩忠彦、李清臣交通为私，结为死党，使其子婿吴则礼、外甥高茂华（案：毕沅《续通鉴》作"外甥壻"。）往来计议，共成元祐之党。"第 687 页。李攸《宋朝事实》卷 10 又载臣僚论列云："朱彦任府界提点日，朝廷便钱往京西，（纾）[纡] 与布之婿吴则礼揽客人便钱，所得息钱甚多，彦以此速进。"《宋史全文》卷 14，徽宗崇宁元年十月甲寅条载："臣僚言：'任伯雨、陈次升其恶不在瓘、央之下，哲庙升遐之初，曾布遣子纡、婿吴则礼往来阎守懃、裴彦臣之家，密传信息。'"第 927 页。

② 《长编拾补》卷 23，崇宁三年四月甲辰条，第 796 页。

③ 《北湖集》之《提要》《原序》。

④ 以上皆见《北湖集》卷 5。此外，《北湖集》卷 2《鲁侯以上巳日宴高阳偶成长句》，卷 3《呈鲁侯》《上元寄鲁侯道辅时二公在真定》，卷 4《鹧鸪天（曾丞相诞日）》等，都是吴则礼写给曾布的唱酬之作。

⑤ 曾布湖南永州《九龙岩题名》云："婿王良肱，甥王䌹、缊侍行。"载《八琼室金石补正》卷 100，《宋代石刻文献全编》影印民国十四年希古楼刻本，第 1 册，第 273 页。

⑥ 《宋史》卷 471《曾布传》云："会布拟陈佑甫为户部侍郎，京奏曰：'爵禄者，陛下之爵禄，奈何使宰相私其亲？' 布婿陈迪，佑甫子也。"第 13716 页。

《挥麈录》（约21条）	前录（约4条）	卷2《兄弟草麻，国朝以来有两家》《本朝父子兄弟俱居翰苑》；卷3《曾文肃梦衣绿谢恩》《靖康追褒，或有侥幸》
	后录（约12条）	卷1《曾布等议复瑶华本末》《曾布奏事,上深惮服》《徽宗初郊事迹》；卷3《温禹弼与曾文肃相失》；卷5《国朝父子兄弟叔侄联名显著》；卷6《曾氏一门六人同榜及第》《曾文肃荐王兵部居言路，不就》《曾文肃为相首末》《曾文肃王大卿结为契家》；卷7《曾文肃夫人招李子约母妻》《曾文肃賸沙粥》《高俅本东坡小吏》
	第三录（约2条）	卷2《张夫人哭魏夫人诗》；卷3《曾空青辩谤录》
	余话（约3条）	卷1《曾文肃有寿词》《沈睿达书裙带词》；卷2《蔡元度宴曾文肃》
《玉照新志》（约3条）	卷1：“曾布坐贬荐赵谂事”“刘快活与曾王两家联姻始末” 卷2：“曾布《水调歌头》词七首”	
《投辖录》	《刘快活》	

这些记载涉及曾布的方方面面。其一，文学、书法方面。现存曾布词八首,源于《挥麈录》余话卷之1《曾文肃有寿词》、《玉照新志》卷2“曾布《水调歌头》词七首”,多亏王明清的记载,今人才得以一窥曾布的词学风采。《挥麈录》余话卷之1《沈睿达书裙带词》则记载了曾布书法笔墨渊源。

其二，宗教方面。《玉照新志》与《投辖录》记载了曾布与术士刘快活的交往，为后人了解曾布的宗教倾向留下了宝贵资料。

其三，家族与交游方面。除记载南丰三曾的士林成就外，还表彰了曾布夫妇的良好德行。如,《挥麈录》后录卷之6《曾文肃王大卿结为契家》记载了曾王两家结缘始末与曾布成人之美的士林风范；《挥麈录》后录卷之7《曾文肃夫人招李子约母妻》则表彰了魏夫人善于识人的品行：“李撰，字子约，毗陵人。曾文肃在真定，李为教授。家素穷约。夫人尝招其母妻燕集，时有武官提刑宋者，妻亦预席。宋妻盛饰而至，珠翠耀目。李之姑妇所服浣衣不洁清。各携其子俱来：宋之子眉目如画，衣装华焕；李之子蠢甚，然悉皆弦诵如流。左右共哂之，夫人笑曰：‘教授今虽贫，诸郎皆令器，它时未易量。提刑之子虽楚楚其服，但趋走之才耳。’子约五子，四登科，三人至侍从，二人为郎，弥纶、弥大、弥性、弥逊、弥正也。宋之子浚，止于閤门祗候，果如夫人之言。”

其四，政治方面，这也是王明清着墨最多的部分，其中多褒扬之词。如，《挥麈录》前录卷之3《靖康追褒，或有侥幸》云：“绍圣初，子厚秉钧，再荐登言路，攻击元祐诸贤不遗余力，至欲发温公、吕正献公之墓，赖曾文肃公力启于泰陵，始免。”表彰了曾布保全元祐党人之功；后录卷之1《曾布奏事，上深惮服》记载了宋徽宗登基初期，曾布直谏敢言，由此失眷之事；《后录》卷之1记载了《曾布等议复瑶华本末》回护昭慈孟后之功等。清朝四库馆臣认为这些记载有溢美文饰之嫌。①

以曾布身前的文学与仕宦成就，身后本该享有大名，但因党争的缘故，世人对其多有贬低与嘲讽，即便子孙后裔与姻亲努力辩白回护，其功效也是大打折扣。

第二节　从曾布看北宋后期党争

在北宋后期的党争政局中，曾布是一个比较复杂的人物。曾布在熙宁中积极参与新法创置，元祐年间，被旧党打入王安石亲党名册，元丰末又拒绝司马光改免役法，宋哲宗亲政后也参与了绍述熙丰政事和打击旧党的活动，从以上种种行为来看，他无疑应该归于新党行列。然而，与新党内部的矛盾斗争却占据了曾布的政治生涯的主体：首先在熙宁中根究市易务案，与王安石、吕惠卿产生矛盾而最终被贬；绍圣年间得到重用，与新党章惇等人最初尚能合作，不久便相互纷争，势同水火。尤其在对待元祐党人方面，曾布更是与其他新党不协调。绍圣末，曾布便多有同情的旧党论调，至宋徽宗初期，更倡言建中之政治，以元祐、绍圣均有所失，欲调停两党，在大肆打击新党政敌的同时，援引旧党入朝。曾布在党争中的这种复杂的行为取向，引来后

---

① 《四库全书总目》卷141《子部五十一》“挥麈前录四卷后录十一卷第三录三卷余话二卷”，第1197页。

人的不同评价。宋人晁公武认为：“绍圣初，元祐党祸起，曾布知公论所在，故对上之语多持两端”；清人缪荃孙则评价其“权谲自喜，议论多偏，然时以元祐、绍圣均有所失，欲以大公至正消弭党祸，较之惇、卞之徒，究属天良未昧。”[①] 前者认定曾布政治品质不良，首鼠两端，善于投机；后者则给予曾布一定的好评，并将其复杂的政治取向归结为一种“权谲自喜，议论多偏”的政治性格。

笔者以为，两种解释都将曾布的行为简单化了。从元祐至绍圣、元符间，新旧两党的矛盾到了白热化的程度，一方面，两党之人反复受祸的经历足以使得曾布虽身居庙堂，而如履薄冰，但另一方面，曾布也是贪恋权势的，陷入了权力之争无法自拔，他最终在激烈的党争环境中形成了自己独特的处世义理。自绍圣以来，曾布一直试图在政治生活中淡化自己的党派身份，极力将自己打扮成一个无所党同、不偏不倚的中正之士，最终是为了达到在激烈的党祸中“毅然自立”的个人目的。在这种指导思想的支配下，曾布在党争中的言行有时看似公允，实际上却是为自己的政治利益所支配。他时而对元祐党人持打击态度，时而又援引元祐党人入朝；与章惇等人在绍圣中从合作到反目，对蔡京则是从排击到逢迎。可以说，曾布是一个善于运用政治手腕和政治权术的官僚，但他所有的政治手腕都是围绕着党争这个政治环境展开的，倡言建中靖国之政是曾布这种政治意识发挥的极致。

主持建中之政是曾布一生政治活动中最大的亮点。姑且不论曾布在倡言建中之政中所怀有的个人政治目的，但就建中之政本身来说，这一政策的实施无疑给长期陷入朋党之争的北宋政局带来一线生机。作为建中之政的核心人物，曾布与宋徽宗、向太后、韩忠彦的确为此作了努力，并显示出一些诚意。如驱逐了新党中比较激进的章惇、蔡京等人，大批元祐党人得以牵复，并陆续进入台谏、宰执重地。我们不禁假设：如果朝野官僚能够按照“建中靖国”的目标，放弃嫌疑，精诚合作，即便不能完全消弭朋党之争，至少不会有酷烈的崇宁党锢的出现。但这只能是假设，事实上，北宋后期的官僚政治已经

① 《曾公遗录》附录《清缪荃孙后跋》，第379页。

进入了一个周期性动乱的怪圈，在新旧两党极端对立的形势下，任何欲调停两党的“中庸”策略都是无法实现的。这一切也足以引起后人的深思：个人因党争而选择自己的行为，其命运自然也无法摆脱党争的限制。透过曾布的生平与经历，我们也能看到北宋新旧党争的某些特点。

一、从政见之争到意气之争

朋党和朋党之争历代有之，它是统治阶级内部权力之争的产物，也是专制主义中央集权的政治制度的派生物，但北宋新旧党争除此之外，还有着其独有的特点。柳诒徵先生指出：

> 论史者恒以宋之党祸比于汉唐，实则其性质不相同。新旧两党各有政见，皆主于救国，而行其道。特以方法不同，主张各异，遂致各走极端。纵其末流，不免于倾轧报复，未可纯以政争目之。其党派分立之始，则固纯洁为国，初无私憾及利禄之见羼杂其间，此则士大夫与士大夫分党以争政权，实吾国历史仅有之事也。①

柳诒徵先生这段论述揭示了新旧党争区别于专制社会中以往历代朋党之争的不同之处，即在于新旧两党“皆主于救国”，体现了北宋士大夫一种志在当世、忧国忧民的历史责任感和使命感，这种精神是以往历代朋党之争中所没有的。北宋建国后，实施文官制度，形成了“与士大夫共治天下”的政治框架，作为政治主体的文人士大夫以天下为己任，面对“三冗”等社会积弊，当时士大夫是“常患法之不变”的。②因此，王安石变法所引发的纷争的焦点并不是要不要变革，而是推行什么样的变革。北宋中后期，儒学复兴运动高涨，“道统四起”，对于这样复杂的问题，不免仁者见仁，智者见智，最终士大夫分党争权，但新旧党争的初衷，正如柳诒徵先生指出的那样，是建立在“纯洁为国”的基础上的。新旧两党既因国事而相争，为何不能为国事，放弃一己之见，调和双方的矛盾呢？

---

① 柳诒徵：《中国文化史》，台北正中书局 1985 年版，第 519 页。

② ［宋］陈亮撰，邓广铭点校：《陈亮集》卷 11《铨选资格》，中华书局 1987 年版，第 126 页。

其实，正因为新旧两党都以拯救天下为己任，所以他们并不讳言朋党，而是以君子党自勉，这种意识在庆历新政中已经表现出来了，欧阳修的《朋党论》云：

> 大凡君子与君子，以同道为朋，小人与小人，以同利为朋，此自然之理也。然臣谓小人无朋，惟君子则有之。其故何哉？小人所好者禄利也，所贪者财祸也。当其同利之时，暂相党引以为朋者，伪也……而君子则不然，所守者道义，所行者忠信，所惜者名节。以之修身，则同道而相益，以之事国，则同心而共济，始终如一，此君子之朋也。故为人君者，但当退小人之伪朋，用君子之真朋，则天下治矣。①

“所守者道义，所行者忠信，所惜者名节”，充分说明了君子结党的合理性与必要性，“君子小人之辨”则成为指导党争的理论武器。这种理念在后来的新旧党争中延续下来了，“皆主于救国”的新旧两党都视自身为道义的守护者，并以此作为排击异党的理论基础。

儒家自古以来就宣扬“道不同不相为谋”，逻辑思维上的排他性早已成为中国士人传统文化心理和性格的一部分，走极端和不可调和是这种思维方法的显著特点，一旦落实到士大夫因政见而分化组合时，即只能非此即彼地划分为君子党和小人党。当双方都以道义和真理的代表自居的时候，这种走极端和不可调和的思维逻辑便得到进一步的强化。②北宋新旧两党均以君子自居而斥对方为小人，相互攻讦，势不两立。熙宁间，司马光便在《奏弹王安石表》一文中指出：“安石首倡邪术，欲生乱阶，违法易常，轻革朝典，学非言伪……臣之于安石，犹冰炭之不可共器，若寒暑之不可同时。”③将双方的政见对立比作冰炭之别，不可兼容，并进一步将其推导为君子小人必相攻击之理：“夫君子小人之不相容，犹冰炭之不可同器而处也。故君子得位

---

① 《长编》卷148，仁宗庆历四年四月戊戌条，第3580-3581页。

② 参见沈松勤：《北宋文人与党争》，人民出版社1998年版，第58-71页。

③ ［宋］司马光：《司马温公文集》卷1《奏弹王安石表》，丛书集成初编本。

则斥小人；小人得势则排君子，此自然之理也。”[①] 司马光在元祐主持朝政，首要任务是尽废熙丰新法，将熙丰党人一概斥之为“小人”“奸邪”而加以排击。而绍圣元年，章惇入相，有人问及：“天子待公为政，敢问将何先？”章惇答曰:“司马光奸邪，所当先辨，势无急于此。”[②] 其思维逻辑与元祐中的司马光如出一辙，即以君子自居，以打击司马光等元祐党人之奸邪为急务，信奉的正是“君子得位，则斥小人”的“自然之理”。

从理论上讲，这种君子小人不可并处的论调似乎有一定的道理，但是由于在现实政治斗争中，尤其在北宋新旧党争中，由于缺乏一个判别君子小人的客观标准，“君子小人之辨”就只能沦落为党争中排击异己的政治工具。元祐五年（1090），旧党范百禄提出了一个判别邪正的标准，其大略云：

> 臣愚窃以为分别邪正，自古所难，惟察言观行，考其事实……今辄疏其条目如后：导人主以质直，使之虚中听纳，则为公正；导人主以谄谀，使之讳过拒谏，则为奸邪。导人主以德义，则为公正；导人主以功利，则为奸邪。导人主以尊宗庙，敬祭祀，则为公正，导人主以简宗庙，略神祇，则为奸邪。导人主以敦睦九族，惠养耆老，则为公正；导人主以疏薄骨肉，弃老遗年，则为奸邪。导人主以恭俭清净，奉循典法，则为公正；导人主以骄奢放肆，不顾旧章，则为奸邪。导人主以柔远息兵，则为公正；导人主以用兵攻战，则为奸邪。[③]

其中有些标准是公认的，但至于导人主以功利，不顾旧章，用兵攻战，亦为奸邪，明显暗有所指，攻击的矛头直指向王安石变法，而参与变法的新党成员自然就是小人了。反过来，新党也以元祐党人毁坏新法，视其为奸邪小人。也就是说，何谓君子，何谓小人，已经不再局限于道德的意义，而具有了一个以政见区分的新标准，是在党争中为排斥异己而产生的非常模糊的

---

① 《资治通鉴》卷 245，唐文宗太和八年十一月丁卯条后，臣光曰，第 7899 页。
② 《宋史》卷 345《陈瓘传》，第 10961 页。
③ 《宋朝诸臣奏议》卷 16《上哲宗分别邪正条目》，第 150 页。

概念，同我者即为君子，异我者即为小人。北宋大臣范纯仁曾为此哀叹：“朋党之起，皆因趣向异同，同我者谓之正人，异我者疑为邪党。既恶其异我，则逆耳之言难至；既喜其同我，则迎合之佞日亲。以至真伪莫知，贤愚倒置，国家之患，率由此也。”[①] 循此而进行的政治活动，只能激化两党矛盾，使党争扩大化。

北宋新旧党争最终偏离了政见之争的轨道，走向了更为激烈的意气之争，士大夫党同伐异，喜同恶异的政治性格被充分凸显。如司马光赞蔡京，《宋史》卷 472《蔡京传》载：

司马光秉政，复差役法，为期五日，同列病太迫，京独如约，悉改畿县雇役，无一违者。诣政事堂白光，光喜曰：“使人人奉法如君，何不可行之有！”

而拒绝改免役法的曾布却遭到贬斥。一褒一贬，喜同恶异之性格显露无遗。

旧党以“车盖亭诗案”打击蔡确，罗织党籍，开把不同政见者贬往岭南的先河。当时不少元祐党人表示反对，包括宰相范纯仁在内，他说：“此路自乾兴以来，荆棘近七十年，吾辈开之，恐自不免。”这种理性的言论却遭到同僚的攻击，“司谏吴安持、正言刘安世，交章击纯仁党确”，[②] 范纯仁被攻击为蔡确“邪党”中的一员而被罢相。一些出入于新旧两党的投机分子却在元祐中得到拔用。《朱子语类》卷 130《自熙宁至靖康用人》云：

子由（苏辙）深，有物。作《颍滨遗老传》，自言件件做得是。如拔用杨畏、来之邵等事，皆不载了。当时有“杨三变”“两来”之号。门下侍郎甚近宰相，范忠宣、苏子容辈在其下。杨攻去一人，当子由做，不做，又自其下用一人；杨又攻去一人，子由当做，又不做，又自其下

① 《宋史》卷 314《范纯仁传》，第 10288 页。
② 《宋史》卷 314《范纯仁传》，第 10288 页。

拔一人。凡数番如此，皆不做。杨曰："苏不足与矣。"遂攻之。来亦攻之。二人前攻人，皆受其风旨也。

元祐党人为后人所推崇，司马光、苏辙更是皆有"君子"之美名，然而居于党争的氛围之中，二人亦不免堕入意气之争。新党得势后，元祐诸臣遭到了更加残酷的迫害，崇宁党锢更是彻底清洗异己的举动。王明清《玉照新志》卷1云："元祐党人，天下后世莫不推尊之。绍圣所定止七十三人，至蔡元长当国，凡所背己者皆著其间，殆至三百九人，皆石刻姓名颁行天下。其中智愚溷淆，不可分别，至于前日诋訾元祐之政者，亦获厕名矣，唯有识讲论之熟者，始能辨之。然而祸根实基于元祐疾恶太甚焉。"意气之争是旧党首先启动的，新党上台后，以其人之道，还治其人之身，绍圣党锢与崇宁党锢是元祐更化的反动。对于党争的恶性发展，新旧两党均难辞其咎。

在新旧两党相互排击的互动之中，士大夫党同伐异的性格和行为模式不断地得到强化。北宋士大夫已经形成了非此即彼的思维模式，除了新旧两党，第三阵营是没有的。朝野上下普遍认为，与两派都合作之人，往往是见利忘义之徒，没有道义方面的操守；守道义而与两派合作也不可能，因为那既不符合现实斗争的规则，也不符合社会所默认的道德标准。曾布倡导"建中靖国"，便与这一逻辑思维相抵触，据《宋史》卷319《曾肇传》与《宋史》卷345《任伯雨传》载：

时论者谓元祐、绍圣，均为有失，兄布传帝命，使肇作诏谕天下。肇见帝言："陛下思建皇极，以消弭朋党，须先分别君子小人，赏善罚恶，不可偏废。"开说备至。

建中靖国改元，当国者欲和调元祐、绍圣之人，故以"中"为名。伯雨言："人才固不当分党与，然自古未有君子小人杂然并进可以致治者。"

建中之政最终在"君子小人之辨"的呼声中昙花一现。元祐五年（1090），宰相吕大防与中书侍郎刘挚亦曾建言，“欲引元丰党人，以平旧怨，谓之‘调停’”，但这一设想在同僚的一致反对下破产，其依据也是君子小人不并处。[①]曾布对自己所持的“中正义理”却颇为自得的。崇宁中，被贬谪之后，曾布居家潜心编写《日录》，至南宋高宗朝，其子将这部《日录》献于朝廷，更名《三朝正论》，可见，曾布无法正视自己政治上的失败，自始至终都以自己的所为为“正论”。但事实上，曾布最终在危机四伏的党争环境中遭受惨败，他所倡导的建中之政，同时为新旧两党所鄙弃，据叶梦得《石林避暑录话》卷3记载：

> 建中靖国初，有前与绍圣共政者欲反其类，首建议尽召元祐诸流人还朝，以为身谋。未几，元祐诸人并集，不肯为之用，则复逐之，而更召所反者。既至，亦思其翻覆，排之尤力，其人卒不得安其位而去。张芸叟（张舜民）时以元祐人先罢居长安里中，闻之，壁间适有扇架，戏题其下曰：“扇子解招风，本要热时用。秋来挂壁间，却被风吹动。”时余季父仕关中，偶至长安，见芸叟道其事，指壁间诗以为笑乐。

社会大环境如此，难以超越，北宋最终以党争亡国，新旧两党“皆主于救国”的初衷亦成泡影，与此相比，曾布个人的政治命运也就不足为道了。

二、皇权与北宋后期党争

党争与国势发展至此，士大夫群体固然要负极大的责任，但是其中还有一支力量也颇值得注意。就本文所论述的曾布个案而言，曾布游离于两党之外，也并不是全无依托，从“根究市易务”到“建中之政”的实施，他总是遵从或揣摩皇帝的意志，尽力争取皇权的支持。皇权在北宋后期党争中也发挥了重要作用。这让人进一步思考宋代“皇帝与士大夫共治天下”的政治框架。熙宁四年（1071）三月，宋神宗在资政殿召对二府大臣商议变法事宜，枢密使文彦博对宋神宗说：“祖宗法制具在，不须更张，以失人心。”宋神宗

---

① 《长编纪事本末》卷99《调停》，第3147–3148页。

说："更张法制，于士大夫诚多不悦，然于百姓何所不便？"文彦博的回答是:"为与士大夫治天下,非与百姓治天下也。"[①] 这场著名对话就是宋代"(皇帝）与士大夫共治天下"讨论的由来。学界大致认为，至宋代，士大夫作为一个独立的阶层或者说势力获得了空前的成长，在一定程度上支配了主流政治。皇帝、宰执、台谏构成了中央政府中的三角：皇帝握最高立法权，宰相握最高行政权，台谏握监察之权。三者互相限制，又互相倚赖，形成"共治天下"的局面。[②] 因而，宋代士大夫在政治上的主动性超过了以前的汉、唐，他们敢于激烈地抨击皇帝，公开抵制皇帝的不当旨令，利用神权和史官之权制约皇帝，强化对皇帝的儒家思想教育，从而限制着皇权膨胀，[③] 并希望通过"得君行道"达到重整社会秩序的目的。[④] 王瑞来先生甚至认为，在宋代政治舞台上，皇帝不再担当主角，而是成了配角。皇帝或许可以罢免作为个人的官员，却无力与士大夫阶层全体相对抗。宋代以后，实质性皇权由于政治制度的日臻完备等因素，发挥作用的余地愈来愈小，而显示权威的象征性因素却愈来愈大。[⑤]

笔者无意否认宋代士大夫政治相对于前代官僚政治的进步意义。但是，从党争的视角来看，"皇帝与士大夫共治天下"的政治构架存在一定的缺陷。秦汉以来，古代中国确立了一套专制主义中央集权体制，其核心是君权至高无上。然而，所谓的"君权至上"是一个象征性的法理概念，在古代中国并不缺乏思想观念与政治实践层面上的君权限制。就思想观念而言，有所谓的"天""道""法"三个紧箍咒。[⑥] 君权来源于天,所谓"天道无亲,唯德是受",

---

① 《长编》卷 221，神宗熙宁四年三月戊子条，第 5370 页。

② 张其凡师：《"皇帝与士大夫共治天下"试析——北宋政治架构探微》,《暨南学报》(哲学社会科学版)，2001 年第 5 期。虞云国先生在《宋代台谏制度研究》(上海社会科学院出版社 2001 年版）第七章中持有类似观点，认为宋代君主、宰执、台谏三者之间分权制衡的格局初步形成。

③ 程民生:《论宋代士大夫政治对皇权的限制》,《河南大学学报》(社会科学版),1999 年第 3 期。

④ 余英时：《朱熹的历史世界——宋代士大夫政治文化的研究》，北京：生活·读书·新知三联书店 2004 年版。

⑤ 王瑞来：《宰相政治：士大夫政治下的权力场》，中华书局 2010 年版，第 306 页；王瑞来：《论宋代相权》,《历史研究》，1985 年第 2 期；王瑞来：《论宋代皇权》,《历史研究》，1989 年第 1 期；王瑞来：《皇权再论》,《史学集刊》，2010 年第 1 期。

⑥ 张其凡师《"皇帝与士大夫共治天下"试析——北宋政治架构探微》与王瑞来先生《皇权再论》等文对此皆有论述。

君主必须“奉天承运”“法天爱民”，其统治才具有合法性。发展至宋代，宋太祖曾经问宰相赵普：“天下何物最大？”赵普回答：“道理最大。”并对宋太祖进言：“刑以惩恶，赏以酬功，古今之通道也。且刑赏者，天下之刑赏，非陛下之刑赏也，岂得以喜怒专之！”[①]就实际政治运作而言，没有任何阶层能够包揽国家所有的权力，皇帝的政令与权威需要借助一套完整的官僚体系才能发挥作用，并且还会受到一系列客观条件的限制，中国自古就有所谓“山高皇帝远”的说法，现代社会也认为，借助互联网等一系列高科技手段，民主国家的总统对其民众的掌控能力要比古代专制社会下的皇帝强得多。对此，现代新儒家的重要代表人物牟宗三先生早已指出，古代中国并不缺乏限制君权等同民主政治相关的理论与实践资源，但是却缺乏与此相关的真正的制度架构。[②]在民主政治下，各阶层出现分歧时自有一套仲裁、协商制度去解决。在专制社会中，当皇权与士大夫集团发生冲突，以及士大夫政治集团内部发生了分裂与冲突时，这一体制调节能力太差的弊端就显现了。就曾布与北宋后期党争而言，以下三点必须引起注意。

其一，北宋后期党争固然表现为因政见不同而引发的士大夫集团内部之争，但是，每一次政局的反复，都与皇权的更替有关，皇帝对“国是”，或者说变法导向有自己的见解，在士大夫派系之争中时时体现出皇权的意志。曾布根究市易务案，便缘于宋神宗对王安石的革新导向产生了疑虑，曾布在其中充当了宋神宗与宰相争夺变法主导权的一个棋子。而宋哲宗与宋徽宗都有继承宋神宗遗志的意愿。近年来，海外共同发起“宋徽宗及其时代”课题，2006年，哈佛大学亚洲中心出版了《徽宗与北宋后期：文化政治与政治文化》论文集（Emperor Huizong and Late Northern Song China: the Politics of Culture and the Culture of Politics），大致认为，从宋神宗到宋徽宗，都以上古圣王之治为朝政目标。宋神宗时期君王所关心的是国家的政治与经济，关心如何变法以达到富国强兵的目标；宋徽宗时期，君王所关心的已经更多地转向礼制

① 《宋史全文》卷25上，孝宗乾道四年三月戊午条，第2070页；《长编》卷14，太祖开宝六年八月甲辰条，第306页。

② 参见牟宗三：《政道与治道》，广西师范大学出版社2006年版。

文化建设，力求以此达到上古“圣王”的目标。崇宁党禁之后，宋徽宗制“九鼎”，作新乐及其对道教的崇奉等，都与此有关。[①] 建中靖国之政的终结，便源于宋徽宗对新旧两党无休止争斗的厌倦，最终他借助蔡京以暴力平息纷争，以便展开其“圣王”大业。此外，为强化皇权，宋朝皇帝本身就有在宰执中实行“异论相搅”的传统，绍圣年间曾布与章惇、蔡卞等人的新党内部之争异常激烈，便与宋哲宗有意让三人相互牵制的心态有关。从这个视角而言，皇权不仅仅是党争的旁观者或仲裁者，也是其中的引发者与参与者。

其二，在各类派系冲突中，皇权相对于士大夫官僚集团权力而言占据某些优势，但它也必须借助官僚集团体现自己的意志。“（皇帝）与士大夫共治天下”的分权架构，毕竟与现代民主政治意义上的三权分立在本质上有所不同。民主政治下的“三权”是契约政府拥有的权力，所谓“主权在民”，从权力来源来看，它们都是人民通过选举让渡给政府的，三权分立制约才成为可能。但在专制社会中，皇权至高无上，“皇帝与士大夫共治天下”主要源于政治实际运作的需要。一方面，从权力来源看，皇帝有宰辅的任免权，两者是不可能平等的，分权制衡的原则实际上只存在于官僚体系内部。在天下平稳之际，宋代皇帝大多愿意将政事全权委任给宰辅，但是这个前提是君臣在治国理念的大方向是一致的，一旦大方向出现背离，皇权的意志便会体现出来，甚至露出狰狞的面目。宋仁宗朝政治被认为是“与士大夫共治天下”的典范，但范仲淹主导的庆历新政的兴废皆取决于宋仁宗。皇权作为战胜对手的王牌，成为各方争取的对象，在北宋后期党争中，便出现曾布这类以君主意愿为皈依，游离于两党之外的典型臣僚。另一方面，士大夫官僚集团是国家行政事务运作的实际承担者，皇权脱离官僚系统就是一纸空文。皇帝想达到自己的政治目的，也必须获得官僚集团中某一种力量的支持。而置于权力顶端的皇帝总能在士大夫集团中找到合作者去执行自己的意志。实际上，无论是曾布的建中之政，还是蔡京的崇宁党禁，都旨在为宋徽宗消弭朋党之争。崇宁党禁的胜利，是皇权与部分士大夫集团通力合作的结果，由此也诞

---

① 包伟民：《宋徽宗：“昏庸之君”与他的时代》，《北京大学学报》（哲社版），2009 年第 2 期。

生了宋代历史上第一个具有典型意义的权臣——蔡京。权臣，既是士大夫官僚集团的一分子，又拥有皇权的加持，就很能说明问题。

其三，面对皇权的强势，失利的士大夫官僚集团拥有消极抵制的能力。皇权最忌讳朋党，北宋士大夫却敢于公然宣称君子结党的合法性，欧阳修在《朋党论》说“君子与君子以同道为朋，小人与小人以同利为朋”，联系到赵普所说的“道理最大”，欧阳修这是把士大夫中的君子党凌驾在皇权之上，其指向的不仅是自己的对手，可能还有背后支持对手的皇权。部分士大夫虽然在实际政治斗争中不得君心而落败了，但他们往往会以“道义”为武器，对皇权采取消极不合作的态度。王安石熙宁当政，司马光便离开朝廷十五年，去编纂《资治通鉴》了，最终得到新的皇权代表（太皇太后高氏）的青睐主持了元祐更化，翻转了政局。宋徽宗利用蔡京主持崇宁党禁，似乎消弭了朋党之争,却无法消弭被贬谪者的消极抵制,宋人吕本中《童蒙训》卷下便云:“绍圣崇宁间，诸公迁贬相继，然往往自处，不甚介意。龚彦和夬贬化州，徒步径往，以扇乞钱，不以为难也。”为此，宋徽宗不得不让渡一部分权力给权臣蔡京，破坏了士大夫官僚体系内部的分权制衡机制，实际上是加深了士大夫集团的对立与分裂，正所谓得不偿失。

任何时代与社会，只要有人的集结，总会存在不同的意见与分歧，进而产生派系之争，关键在于能否给这些分歧与斗争创建一个疏通渠道。专制社会的本质是人治社会，皇帝与士大夫官僚之间缺乏一套真正的分权制衡制度架构，很难将多元的意见互相协调，达成一致。所谓“人存政举，人亡政息”，一切政事都需要靠权力来推动，当出现分歧之时，就难免在人事斗争中彼此消耗，北宋后期政局亦因此陷入周期性反复的怪圈。

第三节　所谓的“曾布奸臣论”

在宋代，士论虽然对曾布有些异议，但也顶多说他是个小人，品行有亏而已，还不到祸国殃民、深恶痛绝的地步。偶尔也有人会说曾布的一些好话。[①]而且，对于地方社会与民间下层百姓而言，如果家乡出了一位宰相的话，对地方建设是有好处的，还是一件非常荣耀的事情。如，曾布故乡南丰有军山，相传西汉长沙王吴芮攻南粤时驻军山下，大将梅鋗祭祀礼成，有士骑麾甲之状覆盖山上。南唐时在南丰县治西建有军山庙祭祀军山之神，北宋时南丰地方多次乞求朝廷为之赐额封号都没有成功。至元符三年（1100）六月，曾布拜相之后，上奏宋徽宗，亲证军山之神能布雨利民之事，最终朝廷封军山之神嘉惠侯，赐军山庙额灵感。[②]其后，曾肇受兄曾布之托作《南丰军山庙碑》记其事，其文存于《曲阜集》卷3。在宋代南丰迎仙桥下有石虎潭，当地还流传着一个与曾布拜相有关的“石虎潭填出宰相”的谶语，据明正德《建昌府志》卷1《形胜》记载：“迎仙桥下流溪中多石如卧虎状，溪深积水成潭，有龙居之地。谶云：‘石虎潭填出宰相。’绍（兴）[圣]中，水暴至，潭忽清浅，元符三年，曾布果拜相。”可见当地百姓是以家乡出一宰相曾布而自豪的。南宋绍兴年间，建昌军南城麻姑山建了一座“十贤堂”，祭祀本郡先达共十人，其中也包括曾布：“陈彭年、李觏、曾巩、曾布、曾肇、王无咎、吕南公、邓润甫、朱京、朱彦。”[③]然而，自从元朝史官将曾布打入奸臣传之后，曾布祸国殃民形象有被固定化的趋势。清人沈叔埏就认为麻姑山“十贤堂”祭祀曾布不太合适，陈彭年、曾布、邓润甫“并小人之尤者，不如黜去”，改称七贤堂。[④]

元朝史官究竟是出于何种理由与心态将曾布打入奸臣的行列？他们定奸臣标准又是什么呢？清人赵翼指出：“元修《宋史》，度宗以前多本之宋朝国史。

① 如，[宋]李纲：《梁溪集》卷160《书曾子宣事》云：“绍圣中董敦逸为侍御史，奏疏论宫禁中事，哲宗怒甚，将加远窜，宰执无敢言者。子宣适与三省同进呈，因奏曰：‘敦逸庸人不足惜，以言事一不当而远窜，所可惜者朝廷之体，适使敦逸得重名耳。宰执亦以为言，哲宗怒稍解，其命遂寝。苏景谟亲得此事于子宣，尝以语予。因曰：‘人臣不能忌讳犯人主不测之威，傥有惜朝廷之体，以一言救之者，其罪必解。昔退之论佛骨事，宪宗将抵之死，裴度救而获免。刘禹锡出守播州，度亦以其母老为言，遂易连州。古人类多如此。今不独无救之者，因而挤之，又下石焉者多矣。此风不可复见，可为叹息。”文渊阁四库全书本。

② 正德《建昌府志》卷10《祀典·军山神庙》。

③ 嘉靖《江西通志》卷16《宫室》。

④ [清]沈叔埏：《颐彩堂文集》卷9《书灌园集后》，清嘉庆二十三年沈维鐈刻本。

而宋国史又多据各家事状碑铭编缀成篇，故是非有不可尽信者。”[①] 也就是说，元朝史官编修《宋史》，主要参照宋人的史料与观点。南宋以来，道学逐步兴盛，并在南宋后期占据了思想界的统治地位。道学家将北宋亡国之由归结为王安石变法所致。罗从彦就认为：“元丰间改制之因，皆自王安石作俑之时，管心鞅法，创为功利之图，章倡蔡随，浸兆裔夷之侮。”[②] 至元朝，道学更盛，元朝史官沿袭了宋朝道学家的观点，王安石便成为使宋朝首遭“裔夷之侮”的罪魁祸首，参与新法的新党遂入奸臣行列。《宋史》卷 471 至卷 474 为“奸臣传”，四卷共收录奸臣 21 人，其中直接参与王安石变法的新党头面人物有 8 人，[③] 竟占据三分之一以上，这很能说明问题。正如梁启超先生所指出的那样，《宋史》将曾布入“奸臣传”最主要的原因是：“其所指为奸状者，不过绍圣间、建中靖国间两次倡绍述之论而已。”[④]

元朝史官的奸臣标准明显渗透了强烈的道学家的偏见。今天当我们以一种比较理性的态度来看待北宋灭亡问题的时候，我们就会发现，实际上，北宋并非因王安石变法亡国，而是因王安石变法引发的新旧党争而亡国。对于党争的恶化，新旧两党都要负一定的责任，一边倒地将责任推到新党身上，是有失公允的。但道学在元朝占据了学术上的正统地位，元朝史官又大多是汉族儒士，他们身处各种社会矛盾尤其是民族矛盾日趋激化的元代社会，是不可能理性地去思考宋朝败亡的原因的。然而，随着年代的久远，偏激的情绪渐渐平复，道学的权威渐渐遭到挑战，史学家也以一种更客观的眼光与更平和的心态去看待历史，对曾布的评价日趋公正。本章开篇钱大昕、缪荃孙、叶昌炽等清朝几位学者的观点便代表了这一趋势。至今天，学者尽管对曾布的评价仍不统一，但大都认为曾布不应属于奸臣之列。

曾布的生平与北宋党争联系紧密，评价曾布不可避免地要涉及熙丰变法；

---

① ［清］赵翼撰，王树民校证：《廿二史札记校证》卷 23《宋史各传回护处》，中华书局 1984 年版，第 500 页。

② ［宋］罗从彦：《豫章文集》卷 15 刘允济《附录中・缴进遵尧录状》，文渊阁四库全书本。

③ 见《宋史》卷 471 至卷 474《奸臣传》。这八人是：蔡确、邢恕、吕惠卿、章惇、曾布、安惇、蔡京、蔡卞。

④ 《饮冰室全集》（第七册）之《王荆公》，第 171–172 页。

而熙丰变法，尤其是王安石领导的前半段熙宁变法，又是一个比较复杂的问题，迄今学界仍争论不休，无法形成定论。如此一来，学者很容易在不知不觉间因对王安石变法的毁誉而影响了对曾布评价的客观性。睿智如梁启超先生，亦不免有偏差的时候。梁启超先生以曾布为“千古骨鲠之士”，看到了曾布在变法中的积极作用及个人才学，但却忽视了曾布玩弄权术、上下其手的另一面，此评价似乎有点过。《宋史》之偏源于诋毁王安石新法，梁启超先生之偏则源于推崇王安石变法，两者殊途同归，有相似之处。对于曾布的研究，我们无法脱离党争的背景，但对于其评价，如果我们能立足于党争背景之外，将其作为专制社会中的普通官僚去看待的话，其结果也许会更公正些。[①] 笔者将在前文论述的基础上，从才、德、行三方面对其生平进行总结：

其一：才。曾布进士出身，在北宋文翰风流中占有一席之地。政治上，有高度的行政能力，治理地方亦颇有政绩，为时人所肯定。其二：德。有一定的政治操守，虽然称不上有多清廉，有以权谋私的行为，但无重大的贪赃枉法之事。[②] 在与其从游交往之人中，也不乏正直之士。如：刘谊、龚夬、邹浩等。其三：行。从政治作风上看，曾布有强烈的权力欲，一旦机会成熟，不会轻易放过任何仕途进取的机会。因此，陷于争权的漩涡中，曾布亦有运用政治手腕、政治权术的弄权行为，但总体上，还保持了一定的度，不至于不择手段，得势之后，也不忘进谏君王应以国家政事为重。

---

① 刘子健先生在《王安石曾布与北宋晚期官僚的类型》一文中即以曾布为个案，对北宋晚期的官僚类型作了一个分类总结，对曾布的评价亦比较公允。

② 南宋李攸《宋朝事实》卷 10 记载了崇宁初蔡京指使臣僚论列曾布与其子贪赃枉法之事，有云：“闻金山登云门外下鼻唐地，尝有谶记，遂讽金山寺僧献其地。又以常住地不可买，遂面欺，乞令润州估价买之。王防献贿于其子（纡）［纡］，纳妾以事之，布亦荐用。朱彦任府界提点，日朝廷便钱往京西。（纡）［纡］与布之婿吴则礼揽客人便钱，所得息钱甚多，彦以此速进。”这些指控有些是被夸大了，据［宋］张守：《毘陵集》卷 12《左中奉大夫充秘阁修撰蒋公墓志铭》（文渊阁四库全书本）记载曾布买地是合法的，墓主蒋圆“中元祐六年进士第，调海州司理参军，治狱明恕，当死者必求生路所全，活甚众，迁润州丹徒令，有能名。夏不雨，行路多暍死，公凿井道傍，九十有三人赖其惠。或号蒋公泉。曾丞相布买山于邑人，邻者讼之。曾为上邻，法当得。公直言之。时蔡京用事，怨于曾氏者不遗余力也，谓公夺民田为曾氏葬地。属漕臣刘何劾治甚急，何百诘公，公恬不为意。敛板进曰：‘与曾公无一日雅，法当耳，尔何怒！’语侵公，公不少屈。何即悔悟，谓州曰：‘丹徒奉法如此，吾其可诬人以徼福耶！’遂反荐公。时人两贤之。”。

北宋大臣文彦博曰：“孰不好功名？又当体国！”[①]在专制官僚社会中，对权力的追求应该是参政者的普遍心态。曾布有才干，德行亦不至于如《宋史》所言的那样不堪，虽有弄权行为，但还不至于达到祸国殃民的程度。像他这样的官僚是颇具典型性的，在中国历史上何止千万。在此事实面前，所谓的“曾布奸臣论”当不攻自破。

① 《长编》卷221，神宗熙宁四年三月丙午条，第5389页。

征引和参考文献

（一）史籍

1. 史部

［后晋］刘昫：《旧唐书》，中华书局点校本，1975 年版。

［宋］乐史撰，王文楚等点校：《太平寰宇记》，中华书局 2007 年版。

［宋］范仲淹：《范文正公政府奏议》，四部丛刊本。

［宋］司马光撰，［宋］胡三省注：《资治通鉴》，中华书局 1956 年版。

［宋］曾布撰，傅林辉校注：《曾布日录校注》，中国社会出版社 2007 年版。

［宋］曾布撰，顾宏义校点：《曾公遗录》，中华书局 2016 年版。

［宋］张商英：《续清凉传》，宛委别藏明天顺刻本。

［宋］李焘：《续资治通鉴长编》，中华书局点校本，1979 年版。

［宋］徐梦莘：《三朝北盟会编》，上海古籍出版社影印清许涵度刻本，2008 年版。

［宋］李心传：《建炎以来系年要录》，上海古籍出版社影印文渊阁四库全书本，1992 年版。

［宋］李心传撰，徐规点校：《建炎以来朝野杂记》，中华书局 2000 年版。

［宋］李埴撰，燕永成校正：《皇宋十朝纲要校正》，中华书局 2013 年版。

［宋］吕中撰，张其凡、白晓霞整理：《类编皇朝大事记讲义》，上海人民出版社 2014 年版。

［宋］杨仲良：《续资治通鉴长编纪事本末》，北京图书馆出版社影印本，2003 年版。

［宋］彭百川：《太平治迹统类》，文渊阁四库全书本。

［宋］赵汝愚编：《宋朝诸臣奏议》，上海古籍出版社点校本，1999 年版。

［宋］杜大珪：《名臣碑传琬琰之集》，文渊阁四库全书本。

［宋］朱熹撰，［宋］李幼武续补：《宋名臣言行录》，台湾文海出版社1980年版。

［宋］朱熹：《三朝名臣言行录》，四部丛刊本。

［宋］朱熹：《五朝名臣言行录》，四部丛刊本。

［宋］徐自明撰，王瑞来校补：《宋宰辅编年录校补》，中华书局1986年版。

［宋］陈均编，许沛藻等点校：《皇宋编年纲目备要》，中华书局2006年版。

［宋］撰者佚名，汪圣铎点校：《宋史全文》，中华书局2016年版。

［宋］尤袤：《遂初堂书目》，清海山仙馆丛书本。

［宋］陈振孙：《直斋书录解题》，四部丛刊本。

［宋］晁公武：《德昭先生郡斋读书志》，四部丛刊本。

［宋］王象之：《舆地纪胜》，中华书局影印清道光二十九年文选楼影宋钞本，1992年版。

［宋］佚名：《京口耆旧传》，文渊阁四库全书本。

［宋］陈田夫：《南岳总胜集》，《大正新修大藏经》本。

［元］马端临：《文献通考》，中华书局1986年版。

［元］脱脱等：《宋史》，中华书局点校本，1974年版。

［明］陈邦瞻：《宋史纪事本末》，中华书局点校本，1977年版。

［明］李濂撰，周宝珠、程民生点校：《汴京遗迹志》，中华书局1999年版。

［明］田汝成辑撰：《西湖游览志余》，上海古籍出版社点校本，1998年版。

［清］王夫之撰，舒士彦点校：《宋论》，中华书局1964年版。

［清］徐松辑，刘琳、舒大刚、尹波等点校：《宋会要辑稿》，上海古籍出版社2014年版。

［清］黄以周等辑注，顾吉辰点校：《续资治通鉴长编拾补》，中华书局2004年版。

［清］陆心源辑：《宋史翼》，中华书局据光绪三十二年初刊朱印本影印，1991年版。

［清］赵翼撰，王树民校证：《廿二史札记校证》，中华书局1984年版。

［清］毛德琦：《庐山志》，清康熙五十九年顺德堂刻本。

［清］永瑢等撰：《四库全书总目》，中华书局 1965 年版。

［清］钱大昕：《潜研堂金石文跋尾》，清嘉庆四年黄廷鉴抄本。

［清］叶昌炽：《语石》，叶昌炽张炳翔校稿本。

［清］杨希闵：《曾文定公年谱·附曾文肃文昭二公事略》，北京图书馆珍藏年谱丛刊本，第 14 册。

周明泰：《曾子宣年谱稿》，北京图书馆珍藏年谱丛刊本，第 19 册。

桂林市文物管理委员会编：《桂林石刻》（内部资料），桂林印刷厂印刷，1977 年。

陈柏泉编著：《江西出土墓志选编》，江西教育出版社 1991 年版。

湖南省地方编撰委员会：《南岳志》，湖南出版社 1996 年版。

《宋代石刻文献全编》，北京图书馆出版社 2003 年版。

2. 子部

［唐］张彦远：《法书要录》，文渊阁四库全书本。

［唐］康骈：《剧谈录》，明毛氏汲古阁津逮秘书本。

［唐］段成式等撰，曹中孚等校点：《酉阳杂俎》，上海古籍出版社 2012 年版。

［宋］司马光撰，邓广铭、张希清点校：《涑水记闻》，中华书局 1989 年版。

［宋］释惠洪：《冷斋夜话》，文渊阁四库全书本。

［宋］蔡絛撰，冯惠民、沈锡麟点校：《铁围山丛谈》，中华书局 1983 年版。

［宋］朱弁撰，孔凡礼点校：《曲洧旧闻》，中华书局 2002 年版。

［宋］庄绰撰，萧鲁阳点校：《鸡肋编》，中华书局 1983 年版。

［宋］王明清：《挥麈录》，中华书局点校本，1964 年版。

［宋］王明清撰，汪新森、朱菊如校点：《玉照新志》，上海古籍出版社 1991 年版。

［宋］王明清：《投辖录》，文渊阁四库全书本。

［宋］张邦基撰，孔凡礼点校：《墨庄漫录》，中华书局 2002 年版。

［宋］邵伯温撰，李剑雄、刘德权点校：《邵氏闻见录》，中华书局 1983 年版。

［宋］叶梦得撰，宇文绍奕考异，侯忠义点校：《石林燕语》，中华书局1984年版。

［宋］叶梦得：《石林避暑录话》，上海书店1990年据涵芬楼项氏宛委堂本影印。

［宋］吴曾：《能改斋漫录》，上海古籍出版社点校本，1960年版。

［宋］吴曾：《能改斋漫录》，文渊阁四库全书本。

［宋］周煇撰，刘永翔校注：《清波杂志校注》，中华书局1994年版。

［宋］何薳撰，张明华点校：《春渚纪闻》，中华书局1983年版。

［宋］陆游撰，李剑雄、刘德权点校：《老学庵笔记》，中华书局1979年版。

［宋］陈善：《扪虱新话》，上海书店据涵芬楼旧版影印本，1990年版。

［宋］吕本中：《童蒙训》，明刻本。

［宋］吕本中：《东莱吕紫薇师友杂志》，清十万卷楼丛书本。

［宋］赵彦卫撰，傅根清点校：《云麓漫钞》，中华书局1996年版。

［宋］岳珂撰，吴企明点校：《桯史》，中华书局1981年版。

［宋］岳珂：《宝真斋法书赞》，文渊阁四库全书本。

［宋］岳珂：《愧郯录》，知不足斋丛书本。

［宋］李攸：《宋朝事实》，文渊阁四库全书本。

［宋］黎靖德编，王星贤点校：《朱子语类》，中华书局1986年版。

［宋］韩淲撰，孙菊园点校：《涧泉日记》，上海古籍出版社1993年版。

［宋］陈鹄：《耆旧续闻》，文渊阁四库全书本。

［宋］王应麟著，［清］翁元圻辑注，孙海通点校：《困学纪闻注》，中华书局2016年版。

［宋］王应麟：《玉海》，广陵书局据清光绪九年浙江书局刊本影印，2016年版。

［宋］陈景沂编，［宋］祝穆订正，程杰、王三毛点校：《全芳备祖》，浙江古籍出版社2014年版。

［宋］祝穆：《古今事文类聚》，文渊阁四库全书本。

［宋］张师正：《括异志》，《四部丛刊续编》影宋抄本。

［宋］洪迈撰，何卓点校：《夷坚志》，中华书局 1981 年版。

［宋］谢维新：《古今合璧事类备要》，文渊阁四库全书本。

［元］陶宗仪撰，李梦生点校：《南村辍耕录》，载《宋元笔记小说大观》第 6 册，上海古籍出版社 2007 年版。

［明］凌迪知：《万姓统谱》，文渊阁四库全书本。

［明］赵琦美：《赵氏铁网珊瑚》，文渊阁四库全书本。

［明］汪砢玉：《珊瑚网》，文渊阁四库全书本。

［清］丁传靖辑：《宋人轶事汇编》，中华书局点校本，2003 年第 2 版。

［清］汪灏等：《广群芳谱》，上海书店 1985 年版。

［清］卞永誉：《式古堂书画汇考》，文渊阁四库全书本。

［清］倪涛：《六艺之一录》，文渊阁四库全书本。

3. 集部

［唐］韩愈撰，屈守元、常思春主编：《韩愈全集校注》，四川大学出版社 1996 年版。

［宋］李觏撰，王国轩点校：《李觏集》，中华书局 1981 年版。

［宋］欧阳修：《欧阳文忠公文集》，四部丛刊本。

［宋］欧阳修撰，李逸安点校：《欧阳修全集》，中华书局 1981 年版。

［宋］蔡襄：《蔡忠惠公文集》，《宋集珍本丛刊》影印清雍正甲寅刻本。

［宋］韩琦：《安阳集》，文渊阁四库全书本。

［宋］王安石：《临川先生文集》，《宋集珍本丛刊》影印宋刻、元明递修本。

［宋］王安石：《新刻临川王介甫先生文集》，《宋集珍本丛刊》影印明万历四十年刻本。

［宋］王安石：《临川先生文集》，四部丛刊影印上海涵芬楼藏明嘉靖三十九年抚州刊本。

［宋］司马光：《温国文正司马公文集》，四部丛刊本。

［宋］司马光：《司马温公文集》，丛书集成初编本。

［宋］曾巩撰，陈杏珍、晁继周点校：《曾巩集》，中华书局 1984 年版。

［宋］曾肇撰，［清］曾偀编：《曲阜集》，文渊阁四库全书本。

［宋］苏轼撰，［南宋］郎晔注：《经进东坡文集事略》，四部丛刊本。

［宋］苏辙撰，曾枣庄、马德富点校：《栾城集》，上海古籍出版社 1987 年版。

［宋］陈次升：《党论集》，文渊阁四库全书本。

［宋］苏颂撰，王同策等点校：《苏魏公文集》，中华书局 1988 年版。

［宋］晁补之：《济北晁先生鸡肋集》，四部丛刊本。

［宋］陈师道：《后山居士文集》，《北京图书馆古籍珍本丛刊》影印宋刊本。

［宋］陈师道撰，［清］任渊注：《后山诗注》，四部丛刊本。

［宋］释道潜撰，高慎涛、张昌红编：《参寥子诗集校注》，中州古籍出版社 2014 年版。

［宋］邹浩：《道乡集》，文渊阁四库全书本。

［宋］吴则礼：《北湖集》，文渊阁四库全书本。

［宋］黄庭坚：《山谷集》，文渊阁四库全书本。

［宋］王铚：《四六话》，文渊阁四库全书本。

［宋］翟汝文：《忠惠集》，文渊阁四库全书本。

［宋］李纲：《梁溪集》，文渊阁四库全书本。

［宋］张守：《毘陵集》，文渊阁四库全书本。

［宋］吕祖谦：《皇朝文鉴》，四部丛刊本。

［宋］陈亮撰，邓广铭点校：《陈亮集》，中华书局 1987 年版。

［宋］汪藻：《浮溪集》，文渊阁四库全书本。

［宋］洪适：《盘洲文集》，文渊阁四库全书本。

［宋］赵蕃：《淳熙稿》，文渊阁四库全书本。

［宋］叶适：《水心集》，文渊阁四库全书本。

［宋］楼钥：《攻媿集》，文渊阁四库全书本。

［宋］陆游撰，马亚中校注：《渭南文集校注》，载钱仲联、马亚中主编：《陆游全集校注》，浙江教育出版社 2011 年版。

［宋］孙觌：《鸿庆居士集》，文渊阁四库全书本。

［宋］孙觌：《内简尺牍》，文渊阁四库全书本。

［宋］曾协：《云庄集》，文渊阁四库全书本。

［宋］朱熹：《晦庵集》，文渊阁四库全书本。

［宋］真德秀：《西山文集》，文渊阁四库全书本。

［宋］真德秀：《西山先生真文忠公续文章正宗》，明刻本。

［宋］陈傅良：《止斋先生文集》，景乌程刘氏嘉业堂藏明弘治乙丑刊本。

［宋］林表民编：《天台续集别编》，文渊阁四库全书本。

［宋］林表民编：《赤城集》，文渊阁四库全书本。

［宋］周紫芝：《太仓稊米集》，文渊阁四库全书本。

［宋］罗从彦：《豫章文集》，文渊阁四库全书本。

［宋］马廷鸾：《碧梧玩芳集》，文渊阁四库全书本。

［宋］程俱：《北山集》，文渊阁四库全书本。

［宋］胡仔：《苕溪渔隐丛话》，清海山仙馆丛书本。

［宋］曾季狸：《艇斋诗话》，清琳琅秘室丛书本。

［宋］胡舜陟：《胡少师总集》，清道光十九年金紫家祠刻本。

［宋］方崧卿：《韩集举正》，文渊阁四库全书本。

［宋］陈思编，［元］陈世隆补：《两宋名贤小集》，文渊阁四库全书本。

［元］潘昂霄：《金石例》，文渊阁四库全书本。

［元］方回：《瀛奎律髓》，文渊阁四库全书本。

［元］袁桷：《清容居士集》，四部丛刊本。

［元］虞集：《道园学古录》，四部丛刊本。

［元］陈世隆编，徐敏霞点校：《宋诗拾遗》，辽宁教育出版社 2000 年版。

［元］郭豫亨：《梅花字字香》，文渊阁四库全书本。

［明］宋濂：《宋学士文集》，四部丛刊初编本。

［明］吴澄：《吴文正集》，文渊阁四库全书本。

［明］叶向高：《苍霞草全集》，江苏广陵古籍刻印社据明天启刊本影印，1994 年版。

［清］厉鹗：《宋诗纪事》，上海古籍出版社 2013 年版。

［清］陆心源辑：《宋诗纪事补遗》，清同治光绪刻潜园总集本。

［清］朱彝尊：《词综》，文渊阁四库全书本。

［清］裘君弘：《西江诗话》，清康熙四十二年裘氏妙贯堂刻本。

［清］李明嶅：《乐志堂诗集》，清康熙李宗渭刻本。

［清］刘熙载：《艺概》，清同治刻古桐书屋六种本。

［清］赵执信：《因园集》，文渊阁四库全书本，

［清］赵秋谷：《还山集》，文渊阁四库全书本。

［清］沈叔埏：《颐彩堂文集》，清嘉庆二十三年沈维鐈刻本。

［清］王文诰辑注：《苏文忠公诗编注集成》，清嘉庆二十四年武林王文诰韵山堂刻本。

傅璇琮等主编：《全宋诗》，北京大学出版社 1991–1998 年版。

曾枣庄等主编：《全宋文》第 42、43 册，巴蜀书社 1994 年版。

唐圭璋主编：《全宋词》，中华书局 1999 年版。

曾枣庄、舒大刚主编：《三苏全书》，语文出版社 2001 年版。

4. 方志与族谱

《宋元方志丛刊》，中华书局影印本，1990 年版。

［宋］梁克家纂修：《淳熙三山志》，文渊阁四库全书本。

［明］朱阮、陈均纂修：《和州志》，明正统六年刻本。

［明］李贤等修纂：《大明一统志》，明天顺五年内务府刻本。

［明］陈颀修，劳钺续修，张渊纂：成化《湖州府志》，明成化十一年刊本。

［明］黄仲昭：《八闽通志》，《北京图书馆古籍珍本丛刊》据明弘治四年刻本缩印本。

［明］夏良胜等修纂：《建昌府志》，明正德十二年刻本。

［明］王鏊等修纂：正德《姑苏志》，台湾学生书局 1986 年版。

［明］林庭修，周广纂：《江西通志》，明嘉靖四年刻本。

［明］盛仪辑：《嘉靖惟扬志》，天一阁藏明嘉靖残本。

［明］王玺、程三省等纂修：《南丰县志》，明万历十四年刻本。

［明］黄佑纂修：《万历泰州志》，明万历三十二年刻本。

［明］郭棐纂：《广东通志》，明万历三十年刻本。

［明］杨洵修，徐銮等纂：《扬州府志》，明万历二十九年修三十三年刻本。

［明］林应翔修，叶秉敬纂：《衢州府志》，明天启二年刊本。

［明］董斯张：崇祯《吴兴备志》，文渊阁四库全书本。

［清］张洗易纂修：《康熙新修乳源县志》，清康熙刻本。

［清］王有年辑著：《金溪县志》，清康熙二十一年刻本。

［清］嵇曾筠等修：雍正《浙江通志》，文渊阁四库全书本。

［清］严宗嘉修，李其旋纂：《高阳县志》，清雍正八年刻本。

［清］谢啟昆修，胡虔纂：《广西通志》，《续修四库全书》据华东师范大学图书馆藏清嘉庆六年刻本影印。

［清］孟炤修，黄祐、严洁等纂：《建昌府志》，清乾隆二十四年刻本。

［清］陆尧春纂修：《新喻县志》，清道光五年刻本。

［清］江藩：《道光肇庆府志》，清光绪重刻道光本。

［清］朱澄澜纂修：《抚州府志》，清光绪二年刻本。

［清］李瀚章等编纂：《湖南通志》，清光绪十一年刻本。

［清］徐宝符修，李秾纂：《乐昌县志》，清同治十年刻本。

［清］邵子彝修，鲁琪光纂：《建昌府志》，清同治十一年刻本。

［清］彭润章修：《丽水县志》，清同治十三年刻本。

［民国］包发鸾修，赵惟仁纂：《南丰县志》，中华民国九年刻本。

［民国］詹宣猷修：《民国建瓯县志》，《中国方志集成》本，上海书店2000年版。

《续修曾文定公族谱》，清道光十九年修。

南丰桂华坊《曾氏宗谱》，清道光二十八年修。

《二源曾氏族谱》，民国三十一年修。

《云阳曾氏十四修家乘》，民国三十五年修。

《润城西门外曾氏重修族谱世表》，江苏丹阳曾氏后裔所藏残卷本。

5. 类书

［明］解缙等奉敕纂：《永乐大典》，中华书局2012年3月第2版。

（二）著述

陈垣：《二十史朔闰表》，古籍出版社1956年版。

陈寅恪：《隋唐制度渊源略论稿》，台湾商务印书馆 1966 年版。

柳诒徵：《中国文化史》，台北正中书局 1985 年版。

郑学檬：《中国古代经济重心南移和唐宋江南经济研究》，岳麓书社 1986 年版。

徐邦达编著：《古书画过眼要录》（晋、隋、唐、五代、宋书法），湖南美术出版社 1987 年版。

梁启超：《饮冰室全集》（第七册），中华书局 1989 年版。

王水照主编：《宋代文学通论》，河南大学出版社 1997 年版。

龚延明：《宋代官制词典》，中华书局 1997 年版。

沈松勤：《北宋文人与党争》，人民出版社 1998 年版。

李华瑞：《宋夏关系史》，河北人民出版社 1998 年版。

中国人民政治协商会议江西省南丰县委员会文史资料委员会编：《南丰文史资料（第 9 辑）南丰寺观》，内部资料，2000 年版。

虞云国：《宋代台谏制度研究》，上海社会科学院出版社 2001 年版。

张其凡：《两宋历史文化概论》，广东人民出版社 2002 年版。

余英时：《朱熹的历史世界——宋代士大夫政治文化的研究》，生活·读书·新知三联书店 2004 年版。

许怀林编纂：《江西省行政区划志》，方志出版社 2005 年版。

牟宗三：《政道与治道》，广西师范大学出版社 2006 年版。

邓小南：《祖宗之法：北宋前期政治》，生活·读书·新知三联书店，2006 年版。

许怀林：《江西通史·北宋卷》，江西人民出版社 2008 年版。

郭永利编：《三希堂法帖》，吉林美术出版社 2009 年版。

王瑞来：《宰相政治：士大夫政治下的权力场》，中华书局 2010 年版。

龚延明：《中国古代制度史研究》，浙江大学出版社 2013 年版。

黎清：《宋代江西文学家族研究》，中山大学出版社 2013 年版。

钱穆：《国史大纲》，商务印书馆修订本，2014 年版。

罗伽禄：《曾巩家族》，江西人民出版社 2014 年版。

曾萍编:《曾布研究文萃》，中华传媒出版社 2019 年版。

（三）学位论文

熊鸣琴:《曾布与北宋后期党争》，暨南大学历史学硕士学位论文，2004 年。

王然:《〈墨庄漫录〉研究》，四川师范大学中国古代文学硕士学位论文，2017 年。

（四）期刊论文

刘子健:《王安石曾布与北宋晚期官僚的类型》，载台湾《宋史研究集》（第三辑），台北中华书局 1966 年版。

赵永红:《北宋“积贫”问题初探》，《河南师大学报》（社会科学版），1983 年第 4 期。

张其凡:《吕端与宋初的黄老思想》，载邓广铭等主编:《宋史研究论文集》，河南人民出版社 1984 年版。

程民生:《论北宋财政的特点与积贫的假象》，《中国史研究》，1984 年第 3 期。

张亮采:《宋辽间的榷场贸易》，载《辽金史论文集》，辽宁人民出版社 1985 年版。

王瑞来:《论宋代相权》，《历史研究》，1985 年第 2 期。

俞兆鹏:《论所谓曾布“反对市易法”的问题》，《中国史研究》，1985 年第 4 期。

曾枣庄:《三苏后代考略》，载孙钦善主编:《古籍整理与研究》，上海古籍出版社 1986 年版。

陈植锷:《从党争这一侧面看范仲淹改革的失败》，《北京大学学报》（哲学社会科学版），1986 年第 4 期。

李涵:《从曾布根究市易违法案的纷争看新党内部的矛盾与问题》，载邓广铭等主编:《宋史研究论文集》，浙江人民出版社 1987 年版。

任爽:《唐宋之际统治集团内部矛盾的地域特征》，《历史研究》，1987 年第 2 期。

顾全芳:《曾巩与王安石变法》，《江西社会科学》，1988 年第 5 期。

王瑞来：《论宋代皇权》,《历史研究》，1989 年第 1 期。

王琦珍：《曾巩与王安石变法》,《河南大学学报》（哲学社会科学版），1989 年第 4 期。

裴汝诚、顾宏义：《宋哲宗亲政时期的曾布》，载漆侠、王天顺主编：《宋史研究论文集》，宁夏人民出版社 1999 年版。

程民生：《论宋代士大夫政治对皇权的限制》,《河南大学学报》（社会科学版），1999 年第 3 期。

张其凡：《“皇帝与士大夫共治天下”试析——北宋政治架构探微》,《暨南学报》（哲学社会科学版），2001 年第 5 期。

张邦炜：《关于建中之政》,《四川师范大学学报》（社会科学版），2002 年第 6 期。

罗家祥：《向后垂帘与“建中初政”》，载张其凡主编：《历史文献与传统文化》（第十集），兰州大学出版社 2003 年版。

罗家祥：《曾布与北宋哲宗、徽宗统治时期的政局演变》,《华中科技大学学报》（社会科学版），2003 年第 2 期。

崔英超、张其凡：《宋神宗在熙丰变法中主导权的逐步强化》,《江西社会科学》，2003 年第 5 期。

程郁：《〈曾公遗录〉考略》,《文献》2004 年第 4 期。

李裕民：《宋代“积贫积弱”说商榷》,《陕西师范大学学报》（哲学社会科学版）2004 年第 5 期。

刘复生：《理想与现实之间——宋人的井田梦以及均田、限田和正经界》,《四川大学学报》（哲学社会科学版），2006 年第 6 期。

邓小南：《宋代历史再认识》,《河北学刊》，2007 年第 5 期。

王曾瑜：《正确评价宋朝的历史地位》,《北京日报》2007 年 12 月 10 日第 019 版。

汪天顺:《章惇与曾布、蔡卞交恶及其对绍述政治的影响》,《中国史研究》，2009 年第 1 期。

李裕民:《范仲淹变法新论》, 载氏著:《宋史考论》, 科学出版社 2009 年版。

包伟民:《宋徽宗:“昏庸之君”与他的时代》,《北京大学学报》(哲社版)2009年第2期。

李裕民:《破除偏见,还宋代历史以本来面目》,《求是学刊》,2009年第5期。

王瑞来:《皇权再论》,《史学集刊》,2010年第1期。

吕肖奂:《宋代南丰曾氏家族第三代诗词创作析论》,《淮阴师范学院学报》(哲社版),2010年第1期。

熊鸣琴:《“义利之辨”与北宋新旧党的对立》,《中州学刊》,2010年第3期。

田志光:《北宋中后期“三省一枢密院”运作机制之演变》,《史学月刊》,2012年第3期。

孙健:《家国理念下的政治传统与政局变迁——唐宋时期以山陵使为核心的政治文化考察》,《学术研究》,2013年第1期。

李华瑞:《宋朝“积弱”说再认识》,《文史哲》,2013年第6期。

张劲松、谭本龙:《〈虞美人草行〉作者为许表民考辨》,《毕节学院学报》,2013年第7期。

袁茹:《曾惇知黄州、台州时间考——兼〈宋会要辑稿〉辨误一则》,《黄冈师范学院学报》,2016年第1期。

[日]内藤湖南:《概括的唐宋时代观》,载《日本学者研究中国史论著选译》(第1册),中华书局1992年版。

附录一　曾布家族北宋世系表

第一代　第二代　第三代　第四代　第五代　第六代　第七代　第八代

- 曾洪立
  - 曾延福又名延禱
  - 曾延构又名延铖
  - 曾延铎
    - 曾仁敷
    - 曾仁昭
    - 曾仁嵩
    - 曾仁旺
      - 曾致尧
        - 曾易从
        - 曾易知
        - 曾易直
        - 曾易简
        - 曾易占
          - 曾晔
            - 曾觉 — 修偃
            - 曾黉 — 不详
          - 曾巩
            - 曾绾 — 惁、悬、忈、忲、憇
            - 曾综 — 愈、憲
            - 曾纲 — 慮
          - 曾牟
            - 曾维 — 不详
          - 曾宰
            - 曾经 — 不详
            - 曾绶 — 不详
            - 曾纯 — 不详
            - 曾约 — 不详
          - 曾布
            - 曾綖 — 悠、忱
            - 曾缨 — 恺、愐
            - 曾缲 — 惰、愃、惕、愰、悱、憾、悦
            - 曾纡 — 惇、忻、憕
            - 曾絇 — 怍、愉
            - 曾绂 — 惆
            - 曾绛 — 无子
            - 曾绰 — 怿、憶、惟、悚
            - 曾繂 — 憻
            - 曾绪 — 忱、愧
          - 曾肇
            - 曾绲 — 不详
            - 曾纵 — 恪、慥、悟、怡、恽
            - 曾绚 — 不详
            - 曾统 — 有四子：恂、惕，余者不详
            - 曾緎 — 不详
            - 曾纬 — 不详
            - 曾续 — 不详
            - 曾纁 — 憓、懊、慓、懞、协
        - 曾易丰
        - 曾易持
      - 曾士尧
      - 曾宗尧
      - 曾戴尧
    - 曾仁光

注：本表依据民国《二源曾氏族谱》《云阳曾氏十四修家乘》，并参照曾氏子孙神道碑、墓志铭、行状、传记等制作而成。

附录二　曾布简明年表

曾布（1035—1107），字子宣，北宋建昌军南丰（今江西南丰）人，唐宋八大家之一曾巩之弟。熙宁年间参与王安石变法，是王安石变法的忠实支持者，北宋新旧党争中的新党党魁之一。宋哲宗朝拜知枢密院事，因策立宋徽宗之功拜相。崇宁间，蔡京当权，曾布被贬出朝廷，入元祐党籍；元朝修史官将其列入《宋史·奸臣传》。①

宋仁宗景祐二年，乙亥，1035 年　一岁

是年十月十八日亥时，曾布生于信州玉山县县治之正寝。父曾易占是年为信州玉山令。兄曾晔 27 岁、曾巩 17 岁、曾牟 15 岁、曾宰 14 岁，兄曾晔子曾觉 2 岁。长姐 10 岁、二姐 9 岁。

宋仁宗景祐三年，丙子，1036 年　二岁

曾易占遭人诬陷，失官。

宋仁宗康定元年，庚辰，1040 年　六岁

七妹（讳德克字淑珍）出生。

宋仁宗康定二年（庆历元年），辛巳，1041 年　七岁

是年十一月改元。五月十三日，魏夫人出生。

宋仁宗庆历二年，壬午，1042 年　八岁

八妹（讳德耀字淑明）出生。

① 迄今为止，有关曾布年谱的相关著作，笔者所见有：清杨希闵《曾文定公年谱·附曾文肃曾文昭二公事略》（北京图书馆珍藏年谱丛刊本，第 14 册）、近代周明泰《曾子宣年谱稿》（北京图书馆珍藏年谱丛刊本，第 19 册），本年表即在此基础上，参照其他相关史料制作而成。

宋仁宗庆历四年，甲申，1044 年　十岁

九妹（讳德操字淑文）出生。

宋仁宗庆历七年，丁亥，1047 年　十三岁

弟曾肇出生。父曾易占应诏入京师，九月，至南京病卒。

宋仁宗皇祐五年，癸巳，1053 年　十九岁

兄曾晔卒，时年 45 岁。

宋仁宗皇祐六年（至和元年），甲午，1054 年　二十岁

是年四月改元。兄曾巩居家专以学为事，教抚诸弟。

宋仁宗嘉祐二年，丁酉，1057 年　二十三岁

是年三月，曾布中进士，与其同时中进士第的曾氏子弟还有：兄曾巩、曾牟，从弟曾阜，二姐夫王补之。曾布等南归，长姐与其夫关景晖探视诸兄弟于淮南，不幸染疾，七月，病逝于曾巩舟中，时年 32 岁。曾布回乡待职，期间作《灵泉寺》诗一首。

宋仁宗嘉祐三年，戊戌，1058 年　二十四岁

调宣州司户参军，期间权宣城令，具体时间不详。

宋仁宗嘉祐四年，己亥，1059 年　二十五岁

在宣州任上。从兄曾庠中进士第。五月三日，二姐（嫁王无咎者）卒，时年 33 岁。

宋仁宗嘉祐五年，庚子，1060 年　二十六岁

在宣州任上。七妹德克嫁王无咎。曾布在宣州任上娶魏氏，时间当不晚于是年。

宋仁宗嘉祐六年，辛丑，1061 年　二十七岁

在宣州任上。五月十八日，长子曾綖出生。是年，兄曾宰中进士第。八妹德耀许嫁王幾，未及出嫁，卒，时年 20 岁。

宋仁宗嘉祐七年，壬寅，1062 年　二十八岁

调海州怀仁令。长姐夫关景晖中进士第。

宋仁宗嘉祐八年，癸卯，1063 年　二十九岁

在海州怀仁任上。三月，宋仁宗崩，宋英宗即位，明年改元治平。

宋英宗治平二年，乙巳，1065 年　三十一岁

在海州怀仁任上。是年，母朱氏夫人携二孙从海州怀仁至开封傍依曾巩居住。兄曾晔子曾觉中进士第。五月初四，兄曾牟卒，时年 45 岁。

宋英宗治平三年，丙午，1066 年　三十二岁

在海州怀仁任上。十一月初四日，次子曾缨出生。

宋英宗治平四年，丁未，1067 年　三十三岁

正月，宋英宗崩，宋神宗立，明年改元熙宁。在海州怀仁任上。弟曾肇中进士第。

宋神宗熙宁元年，戊申，1068 年　三十四岁

是年曾布秩满，当改京朝官。举知宿州符离县，待次未赴任。四月，兄曾宰卒，时年 47 岁。

宋神宗熙宁二年，己酉，1069 年　三十五岁

是年兄曾巩通判越州，曾布待次之余，前往越州（今浙江绍兴）依兄居住。其后以韩维、王安石荐，自海州怀仁县令徙开封，监开封府检校库。九

月二十一日转著作佐郎。闰十一月十六日差看详衙司条例。闰十一月，二姐夫王补之卒，时年46岁。

宋神宗熙宁三年，庚戌，1070年 三十六岁

宋神宗召见，论建合意，开始参与王安石变法大事。曾布四月五日差编敕删定官；八月二十四日，差编修中书条例；九月六日，授太子中允、崇政殿说书；九月八日，吕惠卿丁父忧，去职，曾布代替其位，差权同判司农寺，改助役为免役；九月十四日，授集贤校理；九月二十三日，差检正中书户房公事；十月四日，差看详编修中书条例。十一月，兄子曾觉卒，时年37岁。

宋神宗熙宁四年，辛亥，1071年 三十七岁

二月五日，差直舍人院，二月八日，检正中书五房公事，五月三日，差详定编敕，七月十三日，试知制诰。七月十四日，杨绘、刘挚论助役有十害，曾布为文诘之。十二月十七日，三子曾缲出生。

宋神宗熙宁五年，壬子，1072年 三十八岁

是年，吕惠卿复职。九月，曾布以检正中书五房公事，详定天下账籍。十二月，曾布罢知制诰，拜翰林学士。

宋神宗熙宁六年，癸丑，1073年 三十九岁

正月，权知贡举。四月，详定天下账籍成，赐银绢三百。八月十三日，详定编修《三司令式敕》《诸司库务条例》。八月二十七日，上《义勇》《保甲》及《养马条》三卷。九月一日，详定《一州、一县、一司、一务敕》。九月，由右正言迁起居舍人。十二月初四日，四子曾纡出生。

宋神宗熙宁七年，甲寅，1074年 四十岁

正月，兼河北西路察访使。二月，曾布罢同判司农寺，权三司使。三月九日，上《熙宁新编大宗正司敕》，诏付本司施行。三月二十日，曾布论吕

嘉问市易掊克违法事，与吕惠卿同根究市易务。四月，王安石罢相，吕惠卿任参知政事。八月，曾布以根究市易务案得罪，出知饶州。在饶州任上书《与宋亲帖》、作《景疏亭》一诗、释道潜寄《南康与曾子宣内翰》一诗。

是年三月，九妹德操卒，时年 31 岁。八月，三姐夫王安国卒，时年 47 岁。曾布在三司使任上纳妾王氏。

宋神宗熙宁八年，乙卯，1075 年　四十一岁

在饶州任上。是年，受诏徙知江陵，未赴，十二月二十三日，诏改知潭州。

宋神宗熙宁九年，丙辰，1076 年　四十二岁

是年，曾巩知洪州军州事，曾布自饶州移镇潭州，途经洪州，曾肇在中央馆阁任职，假使职至洪州看望母亲朱氏夫人。兄弟三人相聚于洪州，魏夫人口占一联云："金马并游三学士，朱幡相对两诸侯。"七月十三日，五子曾絢出生。十月，从兄曾庠卒，时年 59 岁。

宋神宗熙宁十年，丁巳，1077 年　四十三岁

二月二十三日，受诏复集贤院学士、知广州，兼广东经略安抚使。期间游广州蒲涧寺，作《蒲涧寺》诗一首。

宋神宗元丰元年，戊午，1078 年　四十四岁

正月二十九日，题名于九曜石，在广州广东督学署西北池畔。八月，受诏以起居舍人、龙图阁待制，知桂州；兼广南西路经略安抚使。

宋神宗元丰二年，己未，1079 年　四十五岁

三月初三，题名于广西临桂雉山；四月二十日，题名于广西临桂龙隐岩；五月十日，题名于广西临桂龙隐岩之迴穴；六月初三，题名于广西临桂叠采山风洞，同日，又题名于广西临桂伏波山；八月十五日；题名于广西临桂漓山水月洞。是年，曾布与同僚游临桂七星山，探寻到一处前人尚未发现的新

岩，整葺一番，成为临桂一处新的景胜，州人感其惠民，命名为曾公岩。九月二十六日，刘谊撰《曾公岩记》记其事，曾布与同僚作《曾公岩诗》。

是年，顺州土著首领依志春联合交趾人作乱，曾布平定之，上《贺安南班师表》、《贺安南捷奏表》。又措置广南西路峒丁、进筑城寨、与交趾边境榷场贸易诸事宜，因功受朝廷推恩，十一月，进龙图阁直学士。是年，曾布第五女季仪出生。

宋神宗元丰三年，庚申，1080 年　四十六岁

是年，曾布与同僚游广西融州老君（真仙）岩，作《和刘谊留题融州老君岩诗》。闰九月，受诏徙知秦州，途经湖南永州，十月十三日题名于九龙岩，子綖、缨、缫、纡、絇，婿王良肱，甥王絅、缊侍行。过阙，滞留京师。

宋神宗元丰四年，辛酉，1081 年　四十七岁

正月入对，判将作监。二月，因台谏弹劾，出知陈州。后知蔡州。六月，知成德军。十二月，知庆州，兼环庆路经略使。

宋神宗元丰五年，壬戌，1082 年　四十八岁

在庆州任上。九月，母朱太夫人卒，时年 72 岁。十月，曾布丁母忧，去职回乡服丧。是年，元丰改制，曾布改寄禄官朝奉大夫。

宋神宗元丰六年，癸亥，1083 年　四十九岁

四月，护送朱氏夫人灵柩至江宁，王安石祭奠。兄曾巩病卒于江宁府，时年 65 岁。是年，护送朱氏夫人灵柩归葬南丰。在乡期间作《文肃公题江楼》（《盱江》）。

宋神宗元丰七年，甲子，1084 年　五十岁

六月，曾巩葬南丰从周乡。秋天某月十五日，与弟曾肇，侄曾绾、曾经、曾统，子曾纡游石仙岩，作《题石仙观诗》。十二月，曾布以服丧期满，复

翰林学士。是年，在秋雨堂作《南丰曾氏族谱序》。

宋神宗元丰八年，乙丑，1085 年　五十一岁

是年三月，神宗驾崩，哲宗继位，宣仁太后高氏垂帘听政，起用旧党司马光为相。五月，曾布过京，迁户部尚书。

宋哲宗元祐元年，丙寅，1086 年　五十二岁

司马光令其增损免役法，曾布辞之，复外贬，闰二月，受诏以龙图阁学士知太原府，兼河东经略安抚使，转朝散大夫。告别亲友，苏轼致书曾布，谈论撰写《塔记》与告别之事(《与曾子宣七》《与曾子宣八》《与曾子宣九》)。四月二十九日，曾布至太原视事。七月十三日，率同僚祷雨，题名于山西太原晋祠(《祷雨题记》)。十一月二十日，六子曾绂（绋）出生。

是年曾肇之子曾纵娶苏辙之女,苏轼写信至太原问候曾布(《与曾子宣一》《与曾子宣二》《与曾子宣五》)。

知太原府期间，曾布作大曲《水调歌头》七首。苏轼发书论《塔记》撰写之事(《与曾子宣十》)；求上党、雁门出产的草药长松等，并致谢(《与曾子宣三》、《与曾子宣七》)；致书引荐太原府通判张损(《与曾子宣四》)以及在山西长治任潞州节度使幕僚的亲家柳子良(《与曾子宣十二》)。

宋哲宗元祐三年，戊辰，1088 年　五十四岁

在太原任上。八月十五日,七子曾绑出生。十二月十一日,八子曾绰出生。

宋哲宗元祐四年，己巳，1089 年　五十五岁

三月，受诏知成德军（真定府），转朝请大夫。五月二十二日，率僚吏告违于晋祠之神，题名于山西太原晋祠，五月二十七日，受代而东，子婿吴则礼作《告违题记》。六月二日，过山西太原寿阳方山，谒李长者像，题名。是年曾布已加封鲁郡侯。

宋哲宗元祐五年，庚午，1090 年　五十六岁

正月二十四日，以在太原日，武人宋整有罪当逮自杀，坐夺一官，徙知河阳。五月二十一日，曾布在河南孟州济渎庙题名。十二月二日，知青州。在青州任上复左朝请大夫，作《表海亭》一诗。

宋哲宗元祐六年，辛未，1091 年　五十七岁

在青州任上。闰八月十五日，与同僚游山东青州益都县云门山，题名。

宋哲宗元祐七年，壬申，1092 年　五十八岁

五月，知瀛洲。期间拜会龚夬、龚大壮兄弟（两龚），题诗壁间，云:“南北车书久混同，河间今有楚人风。独惭太守非何武，已见州闾出两龚。”

宋哲宗元祐八年，癸酉，1093 年　五十九岁

在瀛洲任上，转左朝议大夫。九月，太皇太后高氏崩。是年，曾布向朝廷请旨，得以在润州金山寺修建两座宝塔，买田作为给牒度僧之资，以看管塔中香火，追荐曾氏先祖亡灵。

宋哲宗元祐九年（绍圣元年），甲戌，1094 年　六十岁

是年四月改元。二月，弟曾肇自江宁府出知瀛洲，曾布自瀛洲徙江宁，兄弟易地，曾布作诗《布作高阳台众乐园成，被命与金陵易地，兄弟代罪侍从，对更方面，实为私门之庆，走笔寄子开弟》。四月，曾布过京，留为翰林学士。书《向往帖》。除知制诰，迁翰林学士承旨兼侍读。章惇拜相，曾布为之撰写了一篇评价极高的制词。五月，曾布请以《王安石日录》载之《神宗实录》。六月，曾布拜中大夫、同知枢密院事。宋廷特赐南丰七都“禅祖院”作为曾氏家族的功德寺，敕额“崇觉报慈禅院”。润州金山寺两座宝塔修成，朝廷赐额“荐慈塔”，曾布舍建康芦场田地七千亩给金山寺住持僧觉悟。是年，苏轼南迁，曾布通书慰问，苏轼回书致谢（《与曾子宣十三》）。第五女曾季仪嫁进士江褒。

宋哲宗绍圣二年，乙亥，1095 年　六十一岁

是年，与章惇向宋哲宗进对西夏开边大计。十二月，曾布请枢密院与三省同编类元祐臣僚章疏。

宋哲宗绍圣三年，丙子，1096 年　六十二岁

九月，曾布上《劾蔡卞章惇奏》。十月，哲宗废黜孟后，御史董敦逸力争不可，以此得罪，曾布出言相救。

宋哲宗绍圣四年，丁丑，1097 年　六十三岁

二月，曾布反对章惇等人追夺司马光等元祐党人恩例。闰二月，曾布迁大中大夫、知枢密院事。三月，在集英殿讨论殿试进士名次，曾布论先朝法度“固当损益”。四月，曾布上《废马监奏》。提议在王珪追贬诰词中增加四句：“先帝付托，群臣所知；太母睿明，圣德无爽。”八月，章惇等人兴“同文馆之狱”，倡“宣仁之诬”。九月，曾布建议将吕大妨、刘挚等稍迁移近地。十月，荐引旧党陈瓘、张庭坚入枢密院。

是年，曾布封鲁国公。三月初十日，九子曾肂出生。

宋哲宗元符元年，戊寅，1098 年　六十四岁

四月二十九日，曾布上《删修军马敕例》。六月，外甥王斿（三姐与王安国之子）在京任提举榷货务，台谏官以“在京举辟处，不得举执政有服亲”为由暗中攻击曾布，并告发王斿乃苏轼、苏辙门生，王斿罢职，曾布自动引咎辞职，哲宗不允。七月，与章惇在就进驻横山问题上发生争论，曾布满足于控制横山，与西夏画河为界，章惇想以横山为据点，进一步进攻西夏本土。九月，有大臣告发王斻、王斿元祐期间为其父王安国上书昭雪，有“冤抑未除”，“先臣不幸不得出于此时”等大逆不道、诋毁宋神宗之语，王斻、王斿贬官，曾布被迫向宋哲宗辩白自己并不知情。十一月，朝廷议复行保甲法，曾布认为需要缓行，给民众一段适应时间。

宋哲宗元符二年，己卯，1099 年　六十五岁

二月，宋哲宗欲恢复导洛司而不果，曾布在哲宗面前论“市易之害与导洛司无异”，反对恢复市易法。七月，反对宋廷在邈川、青唐设置州郡。十一月二十二日，魏夫人卒，时年五十九岁。是年，以边功进正议大夫。曾布向金山寺施舍田地。

宋哲宗元符三年，庚辰，1100 年　六十六岁

正月十二日，哲宗崩，曾布参与策立大事，支持向太后策立徽宗。正月十三日，曾布定“奏事先奏皇帝，次覆奏太后”。其后以徽宗践祚，进右光禄大夫。四月，曾肇召还。六月，曾布“议以元祐、绍圣均为有失，欲以大公至正消释朋党”。八月，以哲宗祔庙毕，进左光禄大夫。十月四日，韩忠彦拜尚书左仆射兼门下侍郎，十月九日，曾布拜右银青光禄大夫、尚书右仆射兼中书侍郎，曾肇草制词。十一月，宋廷下诏，改明年为建中靖国元年。是年曾布撰《敕赐金山龙游禅寺度僧荐慈塔记》，十二月一日立石。

宋徽宗建中靖国元年，辛巳，1101 年　六十七岁

正月十三日，向太后崩。二月二十六日，章惇贬为雷州司户参军。四月，曾布出任皇太后山陵使。十一月，宋廷下诏，改明年为崇宁元年。是年，曾布书《还朝帖》。

宋徽宗崇宁元年，壬午，1102 年　六十八岁

三月，蔡京入朝。五月六日，韩忠彦罢相。闰六月九日，曾布罢相，为观文殿大学士、出知润州，寻落职，提举亳州明道宫、太平洲居住。九月十五日，治臣僚议复元祐皇后及谋废元符皇后者罪，降韩忠彦、曾布官，曾布降授中大夫守司农卿，分司南京，依旧太平洲居住。九月二十日，曾布坐尝荐叛贼赵谂充学官，贬武泰军节度副使，衡州安置。十二月三日，论弃湟州罪，贬曾布为贺州别驾，依旧衡州安置。

宋徽宗崇宁二年，癸未，1103 年　六十九岁

六月，以诸子受赃之事，贬曾布为廉州司户参军，衡州安置。曾布之子承议郎曾纡特送永州编管，承奉郎曾缲除名。

宋徽宗崇宁三年，甲申，1104 年　七十岁

是年，入元祐党籍。家族中同入党籍者还有曾肇（汀州安置）和曾纡（永州编管）。

宋徽宗崇宁四年，乙酉，1105 年　七十一岁

七月，宋廷收回南丰曾氏家族功德寺“崇觉报慈禅院”，改赐敕额“寿宁禅院”。八月十六日，十子曾绪出生。九月，九鼎制成，大赦天下，曾布从衡州移舒州安置，曾肇从汀州移台州安置，曾纡从永州移和州编管。

宋徽宗崇宁五年，丙戌，1106 年　七十二岁

正月，彗星出西方，太白星昼出，宋廷大赦天下，毁元祐党人碑，稍复元祐党人官职。曾布叙复大中大夫、提举崇福宫。曾肇叙复朝散郎。曾纡叙复承事郎。三月，许大部分元祐党人任意择地居住，曾布与弟曾肇还居润州里第。

宋徽宗大观元年，丁亥，1107 年　七十三岁

八月二日，曾布卒于润州，时年 73 岁。次日，其弟曾肇卒于润州，时年 61 岁。曾布死后一年，宋徽宗大观二年（1108）六月，追复通议大夫、光禄大夫。大观四年（1110），复资政殿学士。政和三年（1113），复观文殿大学士。曾布死后十九年，宋徽宗宣和七年（1125）十月，赠谥曰文肃。

附录三　《云阳曾氏十四修家乘》之《文肃家传》

宋銀青光祿大夫右僕射魯郡公食邑二千一百戶實封三百戶

贈太師魯國公謚文肅家傳

曾氏建昌軍南豐縣人尚書戶部郎中直史館贈諫議大夫曾公之孫諫議生太常太常生六子亥子南豐先生字子固在元豐五年爲中書舍人幼子曲阜公字子開在元符三年爲翰林學士諫議以儒學起家視南豐先生祖孫皆有傳列于國史先公太常之第五子南豐之弟曲阜之兄景祐二年乙亥歲十月十八日亥時生于信州玉山縣縣治之正寢太常時爲縣令也十有三歲而孤學于其兄嘉祐二年偕其三兄擢進士第調宣州司戶參軍娶于魏氏七年代還調海州懷仁令熙寧元年秩滿用舉者改秘書省著作佐郎知宿州符離縣時南豐先生通判越州奉太夫人在焉故歸會稽侍亥二年知開封府韓公維奏辟監本府檢校庫至京師詣闕上書有旨賜對十月得見即日詔書中

云經筵官闕可太子中允崇政殿說書辭未報又兼檢正中書五房公事力辭說書不拜改集賢校理判司農寺兼檢正中書五房公事久之擢修起居注四年召試拜右正言知制誥遂直學士院兼判尚書禮部編勅成轉起居舍人六年入翰林學士七年二月兼權三司使遣河北路察訪使未行八月論三司判官呂嘉問市易掊克之虐事見三朝正綸及文集中坐落職知饒州八年秋徙荆州府未赴屬交人犯邊方遣大將郭逵討之改知潭州以館穀王師十年復集賢院學士七月移知廣州元豐元年正月日復龍圖閣待制九月改知桂州二年邊事平進龍圖閣直學士三年以年老轉尚書禮部郎中九月徙知秦州四年正月過闕入對留判將作監二月出知陳州未幾移蔡州七月改帥真定時慶帥高遵裕方西討命權知慶州未至遵裕已班師乃令赴闕時官制將行議除兵部尚書自登翰苑至是十餘年論者猶以資淺命格不

下遵裕旣貶乃命眞爲慶帥五年官制行易寄祿官爲朝奉大夫中貴人李憲爲經畧安撫制置使請盡發五路兵赴涇原同進有首留敢者師臣當行軍法先公連上疏力陳不便竟留其半不遣而行者亦止于環州故獨環慶一路賴以無虞時南豐先生居披垣曲阜公爲尚書郎典選奉太夫人在京師先公上疏乞賜冠帔上特許之十月丁內艱上深悟環慶之言爲患遣中人郊勞賜白金遂歸南豐營葬八年二月被詔已除翰林學士知制誥俟服闋日赴　闋三月至洪州聞裕陵遺制棄家遵陸奔赴京師四月再入翰苑司馬溫公執政用爲戶部尚書頃在熙寧中初進用時未相知故溫公日錄頗以超踰爲言至是相見大奇之乃留于朝逾年忽使王覿諭意欲令增捐役法先公自以先朝法度如青苗則呂惠卿主之未進用前已推行矣如市易則呂嘉問主之在三司時極論其敝以致貶逐惟免役一事法令纖悉盡出已手若令

竟自改易義不可爲遂懇求外補朝論多其有守元祐元年三月以龍
圖閣學士知太原府井門控制二虜天下根本肆方偃兵息民嚴于自
治雖出守室倚任也以年老轉朝散大夫四年再帥真定以年老轉朝
請大夫五年以在太原日武人宋整有罪當就逮自躑石死坐奪一官
徙知河陽十二月移知青州六年復左朝請大夫七年徙知瀛州八年
以年老轉左朝議大夫九年二月徙知江寧府與曲阜公易地人以爲
榮四月過闕復留翰苑蓋三入玉堂矣紹聖改元遷承旨兼侍讀修國
史六月拜中大夫同知樞密院事四年拜大中大夫知樞密院事凡居
右府七年自初用時即極陳邊事不可不慎當以用兵爲戒以愛惜生
靈爲心西事不可輕幽燕不可取上皆深然之于是力引彭器資汝礪
上官彥衍均龔深甫原及薦用陳瑩中瓘龔彥和夬張才叔庭堅等凡
議論政事進退人才多與三省不合至面詆其過摘發情僞無所回諱

然天意洞照悉見開納故力辨宣仁之謗極論瑶華之獄至于編排章
疏重定辭理遣廣南察訪之類皆再三爭論不遺餘力見于手錄日記
其詳可考也當紹聖初張商英以大臣所引居言路首建議行遣元祐
臣僚其論甚峻至上疏乞毀呂申公司馬溫公之墓哲宗詢諸右府先
公云每聞聖訓以無益之事不必爲此與公家何益詰日三省進呈章
疏乞行上但以無益拒之然猶下所屬磨碑毀樓僅免伐塚斵棺而已
先公復上疏力爭之其言甚切載在文集中蓋自此時已與三省背馳
矣元符二年西邊奏功進左正議大夫三上章乞致仕皆不許三年正
月十二日己卯哲宗升遐先公贊助東朝預定大策 道君踐祚進右
光祿大夫 哲宗祔廟畢進左光祿大夫十月九日壬寅降制拜右銀
青光祿大夫守尚書右僕射兼中書侍郎曲阜公實爲丙相當制自國
朝以來弟草兄制獨韓黃門與曾氏而已先公每以謂政事無今昔惟

是之從人材無彼此惟賢之用故在熙寧則深陳市易之害在元祐則不肯增損役法在紹聖則嘗救士夫竄謫之禍以至言導洛司不可行大理獄不當復八路差官及陝西鹽鐵錢法皆不及元祐時又言先朝法度當條具精講可行者行可止者止不可聽蔡卞意立王安石爲準的以羅織士類則最害政况安石之所是非與先帝不同者非一豈可但以安石爲據蓋天資直諒平心審事不以偏私害公道故其初進也則爲馮當世韓柱國諸公所深知及貶饒州曾宣靖公親書送之曰塞翁失馬今不足悲楚相斷蛇後必有福其平生操論素定至于遇道君初政首陳建中靖國之説既更紹聖元符之後而言建中者乃欲引用背時廢放之人而已故嘗奏對曰　陛下踐祚以來收用韓忠彥中外翕然慰悦是時雖范忠宣召至穎昌寢疾殞謝而善人君子自兹接踵兼進如元祐舊人外貶南荒者内徙收召無遺矣然此説者有益于國

不利于身蓋自王荆公執政以來分旣向背于是士大夫各守其所見各覩其所與相視如冰炭勢不並立至紹聖用事之臣一切甘心快意遂爲深仇始有黨人之名先公獨操中論事問是非人問賢否審民情從公議苟利社稷無所嫌畏不敢萌私意擇禍福任好惡以爲去取故凡事報復規進用者多所不便莫不深思熟計而逐先公公去則此論立熄而人得自逞矣故曰有益於國而不利於身也先公旣相首逐蔡京自翰林學士承旨補外纔出國門遂落職宮觀京方密結閹宦以圖大用其勢頗張衆人莫敢仰視先公獨以身任之建中靖國元年五月忽中批以太學博士范致虛爲右正言外間莫知所自蓋致虛以謂非用蔡京不能有爲初就職乃乞收用安惇蹇序辰上疏云惇二臣之罪不除則兩朝之謗終在朝論駭之出通判郢州六月太常少卿鄧洵武進一圖名曰愛莫助之圖謂 皇上方欲紹述朝中無人助之者分其

右序曰元祐則舉朝士大夫皆在焉其首乃韓丞相及先公也其左序曰紹述人甚少執政官但有一温益而已又別以片紙書蔡京二字而注其下曰若欲紹述先烈非相此人不可先公力請罷免又乞致仕皆不允温益乃請籍記異論之人于是决意用蔡京矣未幾復京侍制守北門過闕遂留是時大臣乃有顧後患而密薦京爲代者矣明年改元崇寧五月退韓丞相閏六月先公罷政制授觀文殿大學士知潤州内翰郭知章受上旨草制其中云從容應物有王佐之才慷慨立朝得仁者之勇蔡京大怒知章由是罷黜蓋先公自紹聖以來力排蔡京蔡卞謂其懷奸害正不容善類義不與之並立若不斥逐朝廷無緣清明又云京卞氣焰薰與太盛恐上累聖政此臣所不能自已故蓄怨至深報之最酷驟興大捕繫諸子煅煉無所得閲二百餘日不能决乃下令凡獄詞連及者但令承伏有之皆貰其罪特免逮証如敢不承則逮詣詔

獄於是肆所欲言士大夫悉自誣有之莫敢辨者然諸所坐如分取曾
誠梨花及其妻叔以幣帛二端與新生嬰兒皆爲賊也自能相後凡五
貶九月落職以本官提舉亳州太清宫太平州居住十月除授中大夫
守司農卿分司南京十二月責授武泰軍節度副使衡州安置郎日南
行二年二月責授賀州別駕六月責授廉州司戶叅軍同時宰執雖皆
被謫然或止於濟州懷州居住者皆得便相善地惟先公暮年遠徙又
拘囚諸子使其獨去以爲殺之之計故先公謝上表曰伶仃諸子悉拘
囚于囹圄之間羸老一身獨奔竄于瀟湘之外五貶之後又追取拜相
誥命毁之蓋蔡京方快恩仇自有厚薄不同也先是蔡京初相欲甘心
讐怨之時意不至此蓋嘗使潤州人劉銑創爲惡言誣曾氏卜葬下鼻
塒有讖銑撰其辭白之猶以爲輕復加竄改欲遂赤其族既遣官按驗
鄉民父老不肯曰未嘗聞之近有此語乃自城中出衆口一辭無異者

曾氏家乘　卷之一

京恐民言不從終㦖其詐上意必不以爲然遂寢不復問然劉鋭始終出力爲多事雖不遂猶自小官擢焉發運使劉何丹徒縣官蔣員實任其責使鄉民之言不壅于上聞者二公之德也曾氏不復葬下鼻後有葬師見其地咸謂主山無後葬者必絶而當時不根之言乃至此吁可畏哉葬地之禍僅而獲免京意殊不快又欲因獄決擇其愛子杖黥配隸之賴士論洶洶乃亦僅免京度終不逞故黽勉但已皆止于免官遣徙蓋是時京執政方踰年民言士論猶未盡廢也 天子以仁聖在上哀矜庶獄其下則公論尚在內人未得大肆所以三朝故老不至寃死於炎荒百年德門不以非語而見滅豈非幸歟如其不然禍可既哉自獄事漸解保無他而愛子貶永州寔出上恩釋道過衡陽而最相近者使其經由相見聲問日通故恃此頗敢安居然杜門不敢接賓客者三年惟日夕誦佛書不輟四年十月恩移舒州逾曲阜公於湖口五年十

月長星見甄敘貶者三月授大中大夫提舉西京嵩山崇福宮復上柱國魯郡開國公食邑五千八百戶實封一千八百戶遂同曲阜公還居京口大觀元年七月屬疾南荒癘氣作也曲阜公以汀州瘴氣先亦伏枕月晦先公稍間中夜曲阜公忽然氣絕有哭者先公聞之太息流涕曰老兄弟不一相見而去哽塞呻吟久之曲阜公復甦先公由此益困八月甲寅朔疾革乙卯公薨曲阜知丞相之沒也涕泣不食翼日亦殁二年以星變再復通議大夫　天子受八寶又復光祿大夫初贈官名去左右字乃銀青也四年秋子紡上書天子方有事于南郊夜宿齋宮有　詔復職時宰張商英猶以紹聖中庇護元祐臣僚及建中靖國引用黨人爲言頗上意主之得追復資政殿學士政和三年郊恩乃復觀文殿大學士諸子終喪之後始有通籍于朝者屢遇郊恩贈至太師魯國公宣和六年上念先朝故臣有翊戴之勞遣命定謚而先公捐館舍

時蔡京方竊㐫還欲氣談薰灼可畏十餘年間老成行輩相繼下世門生故吏零落殆盡故埋銘行述無敢爲者有司但以大節鉅論世所共聞者謚曰文肅而已子男十人綖纓繰紆絇絺絣綧繂緒有文集藏于家在政府八年有手錄日記八冊皆朝廷大議所載甚詳政和初子絣爲馮䎸酒官攜一冊入關後以京尹王革與之友連久假不歸今存七冊已裳　朝廷取付史官傳在秘閣矣若撮其旨要又有諸子所纂三朝正論上下二卷合五十有二篇鏤板行于世至於仕宦歲月前後之序進退出處之由久或忘之宜有記錄使後世子孫預聞焉若夫右府深忤三省之端平生取怒二蔡之故與夫建中靖國論之意皆以父兄遺文餘論可驗者質之以告後人非小子敢自謂能述其先人盛德之萬一也紹興六年歲次丙辰八月丁酉第九子緯泣血書

附录四 《曾巩诸妹婿名实考辨》

曾巩之父曾易占生有十女，一女早夭，[①] 其余九女在曾易占去世时皆未出嫁，诸妹适时婚配的重任就落到了曾巩身上。现存史料对曾易占诸女的婚配情况记载不一，宋人陈师道（1053—1102）是曾巩的门生，受曾氏家族委托为曾易占撰写神道碑，说曾易占“女嫁承议郎关景晖，南康主簿王无咎，秘阁校理王安国，江宁府教授朱景略，祕书丞李中，承议郎王幾，宣德郎周彭孺，一卒于家，一再适王无咎，凡女九人”。[②] 同治《南丰县志》卷46引《琴城稗记》则云：曾易占诸女，“长适山阴关景晖，次适南城王无咎，三适临川王安国，四适会稽关景宣，五适福州王彦深，六适侯官王深甫，七又适王补之，八适江都王幾，九未适而卒。诸婿皆进士，为海内名人，可谓极一时之盛。”两者记载出入颇大，值得辨析。

本文结合现存史料，考证出其中确定无疑为曾巩妹婿者四人：关景晖（宣）、王无咎、王安国、王幾，并对余者一一辨正。

一、曾巩长妹配钱塘关景晖（宣）

据《曾巩集》卷46《郓州平阴县主簿关君妻曾氏墓表》云：“郓州平阴县主簿关景晖妻，姓曾氏，建昌南丰人……巩之长妹也。”由此可以确定，曾巩长妹嫁给了关景晖。墓表又载，嘉祐二年（1057），曾巩与诸弟、妹婿多人中进士第，关景晖夫妻北上庆贺，双方相聚于淮南，行至真州（今江苏征仪），曾巩长妹不幸染疾，病逝于曾巩行舟之中，时年32岁。六年之后（嘉祐八年［1063］），关景晖中进士第。

同治《南丰县志》卷46，引《琴城稗记》载曾巩诸妹：“长适山阴关景晖……四适会稽关景宣。”据《曾巩集》卷45《福昌县君傅氏墓志铭》云：“福昌县

---

① ［宋］曾巩撰，陈杏珍、晁继周点校：《曾巩集》卷46《仙源县君曾氏墓志铭》，中华书局1984年版，第636页。

② ［宋］陈师道：《后山居士文集》卷18《光禄曾公神道碑》，《北京图书馆古籍珍本丛刊》影印宋刊本，第88册，第525页。

君姓傅氏，会稽人。尚书职方员外郎霖之女，同郡尚书职方员外郎关公鲁之妻……子男八人，景棻、景元、景仁、希声、杞、景山、景宣、景良……景宣，予妹婿也，宜为铭。”据此，曾巩确实还有妹婿名关景宣，会稽人，父亲为职方员外郎关鲁，母亲傅氏封福昌县君，有兄弟八人。曾巩曾经作《祭关职方文》，其中有云：“公出公休，八子侍侧……拜公以晚，见托以姻。书犹在几，讣已及门。”① 与《福昌县君傅氏墓志铭》对应可知，这里祭奠的关职方就是关景宣之父关鲁，关氏与曾氏的联姻应该是关鲁生前缔结的，没来得及实施，关鲁便去世了。曾巩与关景宣家族的交往颇为密切，曾巩给关景宣之兄关景仁夫人周氏撰写过墓志铭，见于《曾巩集》卷45《夫人周氏墓志铭》；曾肇则为关景仁撰写过《承议关君墓志》。②

仔细检索现存史料，笔者发现关景晖与关景宣的信息高度重合，实为同一人。首先，关景宣是会稽（今浙江省绍兴市）人，《曾巩集》卷46《郓州平阴县主簿关君妻曾氏墓表》虽然记载关景晖是越州山阴人，但越州是古地名，别名越中、会稽、山阴、绍兴等。此外，关景晖，字彦远，其友晁补之有《送会稽关彦远罢官河北》③ 一诗，因而，关景晖也可以说是会稽人。

其次，据《咸淳临安志》卷66记载，关鲁八子：“景棻、景元、景仁、希声、杞、景山、景宣、景良，皆学行修立。以进士同升者三人：景棻、希声、杞是也。其后相继第进士者又三人，景仁其一也，余二人非旧名，不可考。”④ 这里透露出一个信息，关鲁六子登科，其中有二子改过名字。查，《咸淳临安志》卷61《国朝进士表》“皇祐元年冯京榜”条下有“关杞、关景棻、关希声”三人，“嘉祐四年刘煇榜”条下有“关景仁”一人，与上述信息吻合。另，

① 《曾巩集》卷38《祭关职方文》，第534页。

② ［宋］潜说友纂修：《咸淳临安志》卷66《人物七·关鲁传》，中华书局1990年影印《宋元方志丛刊》本，第4册，第3957页。曾肇《曲阜集》散佚，今存《四库全书》《豫章丛书》收录《曲阜集》四卷残本，辑录了一些墓志铭，但关景仁《承议关君墓志》不在其中。

③ ［宋］晁补之：《济北晁先生鸡肋集》卷16《送会稽关彦远罢官河北》，四部丛刊本。按，《济北晁先生鸡肋集》卷9有《和缙云守关彦远浮山作》，可知关彦远曾经知缙云（今浙江丽水），而据清彭润章修同治《丽水县志》（同治十三年刻本）卷3载：“宋元祐七年，州守关景晖患渠水势盛，或溃岸，命尉姚希筑叶穴，旁洩之。”同治《丽水县志》卷6亦载：“少微阁，在旧州治后厅西，郡守关景晖建。”可知关彦远即关景晖。

④ 《咸淳临安志》卷66《人物七·关鲁传》，《宋元方志丛刊》本，第4册，第3956页。

《宝庆会稽续志》卷6《进士》“嘉祐八年许将榜”条下有:进士“关景晖(景仁弟)”,[1]而《曾巩集》卷46《郓州平阴县主簿关君妻曾氏墓表》记载关景晖“王考讳某，考讳某，皆尚书职方员外郎”，亦与关鲁职方员外郎的身份相吻合，由此可以确定，关鲁登科六子中有一人改名关景晖。同是关鲁之子，又同是曾巩的妹婿，还改过名字，关景晖无疑就是关景宣。《曾巩集》卷45《福昌县君傅氏墓志铭》载关景宣之母傅氏“至和三年(1056)二月丙申卒于家”，此时关景宣应该已经迎娶曾巩长妹，其后才改名关景晖。至于其具体何时因何改名，则存疑待考。

同治《南丰县志》卷46所引《琴城稗记》将关景晖、关景宣判定为两个人，肯定是错误的。两相比较，宋人陈师道《光禄曾公神道碑》关于曾巩妹婿的记载要可靠得多，学界也一般公认，墓志铭、神道碑之类的资料是判定人物身份、家族信息的第一史源，而且陈师道与曾氏、关氏家族的交游都非常密切，与关氏兄弟也有不少的诗文唱酬，[2]不可能弄错曾、关两家的联姻情况。

二、曾巩二妹、七妹配南城王无咎

《曾巩集》卷46《江都县主簿王君夫人曾氏墓志》载:“试校书郎、扬州江都县主簿王无咎妻曾氏，建昌南丰人，先君博士第二女也……年三十有三，嘉祐四年五月三日以疾卒。”《曾巩集》卷18《与王深父书》又云:“去年第二妹嫁王补之者，不幸疾不起。以二女甥之失其所依，而补之欲继旧好，遂以七妹归之，此月初亦已成姻。”由此可知，曾巩二妹、七妹嫁王无咎。王无咎(1024—1069)，字补之，南城(今江西省抚州市南城县)人，嘉祐二年(1057)与曾巩兄弟同登进士第,《宋史》卷444有传。王无咎曾一度弃官从学于王安石，以“才行该备，守道安贫”知名海内,《曾巩集》卷46《江都县主簿王君夫人曾氏墓志》云“先君选其婿于里中，以归王氏”，可见曾易占生前就非常看好王无咎，缔结了这门亲事。

三、曾巩三妹配临川王安国

① [宋]张淏纂修:《宝庆会稽续志》卷6《进士》,《宋元方志丛刊》本，第7册，第7156页。

② 见《后山居士文集》卷2《古怨赠关彦长》《赠关彦长》《贺关彦长生日》，以上赠关景仁;同书卷2《送鄜州关司法》，赠关杞，同书卷6《和彦詹题远轩》，赠关景山;同书卷14《二亭记》，二亭在钱塘关宅中。

王安国（1028—1074），字平甫，临川（今江西临川）人，王安石同母弟，文才出众，宋神宗熙宁初赐进士及第，《宋史》卷327有传。宋人韩淲《涧泉日记》云："王平甫乃曾南丰妹婿。"[①]王安石《临川先生文集》卷91《王平甫墓志》亦载王安国"妻曾氏"，《曾巩集》卷38《祭王平甫文》又云："念昔相逢，我壮子稚，间托婚姻，相期道义。"又据陈师道《后山居士文集》卷18《光禄曾公神道碑》、同治《南丰县志》卷46引《琴城稗记》记载，嫁给王安国的应该是曾巩三妹。

南丰曾氏与王安石家族临川王氏之间的姻亲关系可以追溯到曾致尧一辈，当时，临川王氏与南丰曾氏都与金溪吴氏联姻。抚州金溪吴氏是一个有着浓郁的文化氛围的诗书衣冠之家。吴氏家族之吴德筠在宋初官至尚书屯田员外郎，德筠之子吴敏是淳化三年（992）进士，官至尚书都官员外郎。吴敏四子：长子吴芮，天圣二年（1024）进士，官至秘书丞学士；次子吴蕡，以荫入官，官至江宁录事参军；三子吴蕃未出仕；四子吴蒙，宝元元年（1038）进士，官至濠州司户参军。[②]曾氏与吴氏在曾致尧与吴德筠这一代开始联姻：曾致尧之女嫁与吴敏，[③]吴德筠之女（即曾巩之母）是曾易占的第二任夫人。[④]而王益、王安石两父子均为吴家之婿，王益之妻为吴敏之弟吴畋之女，[⑤]王安石之妻则为吴敏之子吴芮（非曾致尧之女曾氏所生）之女。[⑥]从这层关系上讲，曾布兄弟比王安石要长一辈，但实际上他们以平辈交往，而且，最终曾巩的三妹又嫁给了王安石之弟王安国，属于亲上加亲。为方便起见，兹列一表，以显示曾氏、吴氏与王氏之间的联姻概况：

① ［宋］韩淲撰，孙菊园点校：《涧泉日记》卷中，上海古籍出版社1993年版，第21页。

② ［清］朱澄澜纂修：《抚州府志》卷63《人物·孝友·吴敏》、卷59《人物·文苑·吴蕃》，清光绪二年刻本。

③ ［宋］王安石：《临川先生文集》卷100《河东县太君曾氏墓志铭》，《宋集珍本丛刊》影印宋刻、元明递修本。

④ 《临川先生文集》卷100《曾公夫人吴氏墓志铭》。

⑤ 《曾巩集》卷45《仁寿太君吴氏墓志铭》，第610页。

⑥ 光绪《抚州府志》卷63《人物·孝友·吴敏》。

南丰曾氏、抚州金溪吴氏、临川王氏联姻概况表

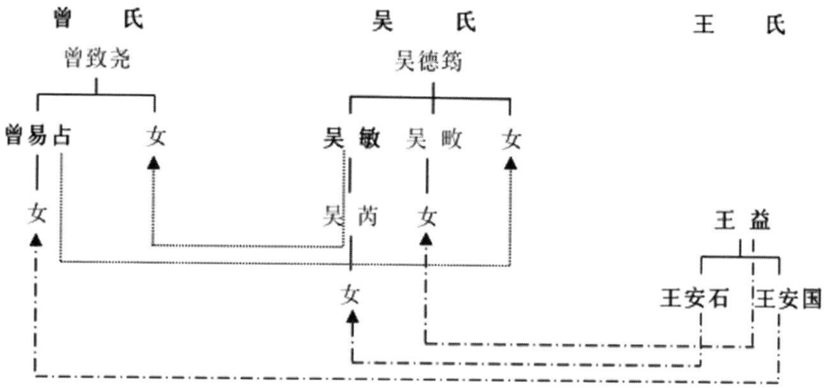

南丰曾氏与临川王氏有累世联姻的传统。曾巩之弟曾布第四子曾纡后来又娶了王安国之女为妻，据宋人汪藻《浮溪集》卷 28《右中大夫直宝文阁知衢州曾公（纡）墓志铭》云："令人王氏祔，令人秘阁校勘安国之女，先公卒四年。"

四、曾巩八妹、九妹配江都王幾

《曾巩集》卷 44《殿中丞致仕王君墓志铭》称墓主王君为江都（今江苏扬州）人，有子"曰幾，大理寺丞"，"寺丞娶余之仲妹"，由此可知，曾巩有妹嫁江都王幾，这里的仲妹不能理解为二妹，据前文考证，曾巩二妹嫁给了南城王无咎。《曾巩集》卷 46《曾氏女墓志铭》（写于熙宁十年［1077］）又云曾易占第八女，"讳德耀，字淑明"，"生二十岁，许嫁大理寺丞王幾"，"嘉祐六年（1061）九月戊寅以疾卒于京师"，也就是说，曾巩八妹二十岁时许嫁王幾，未及出嫁便病逝。曾巩后来将九妹嫁给了王幾，据《曾巩集》卷 46《仙源县君曾氏墓志铭》（写于元丰四年［1081］）载："讳德操字淑文者，吾之第九妹也，嫁江都王氏"，"殿中丞幾之妻，封仙源县君。"曾巩九妹于熙宁七年（1074）三月病逝，葬于扬州江都县东兴乡。值得注意的是，曾易占第三任夫人（曾布、曾肇之母）朱氏家族，也是出自扬州江都[①]，王氏与曾氏的婚姻或与此有关。

① ［明］盛仪辑：《嘉靖惟扬志》卷 19《人物志上・宋进士》载曾布堂舅朱明之"江都人"，天一阁藏明嘉靖残本。

宋人王明清《挥麈录》后录卷之6载《曾氏一门六人同榜及第》:“嘉祐初,(曾巩)与长弟及次弟牟、文肃公、妹婿王补之无咎、王彦深幾,一门六人俱列乡荐。既将入都赴省试,子婿拜别朱夫人于堂下。夫人叹曰:‘是中得一人登名,吾无憾矣。’榜出唱第,皆在上列,无有遗者。”王明清(1128—1214)的母亲是曾布第四子曾纡之女,按道理对外家曾氏的逸闻记载是比较可信的,但以上关于王幾的记载却存在疏漏与疑点。

首先,王明清说“王彦深幾”,但明正德《姑苏志》卷41、明《嘉靖惟扬志》卷22、明隆庆《长洲县志》卷3、清康熙《江都县志》卷20皆载:“王幾,字彦成,江都人……仕至大理寺丞。”[①] 由此可知,“王彦深幾”应改为“王彦成幾”。在江西南丰方言中,成、深二字发音接近,这应该是导致王明清记载错误的主要原因。同治《南丰县志》卷46引《琴城稗记》却说曾易占诸女,“五适福州王彦深”,“八适江都王幾”,很可能是发现了《挥麈录》这一记载的错误,进而将一人分作两人,导致错上加错。

其次,据前引《曾巩集》卷46《曾氏女墓志铭》,王幾与曾氏的婚姻是在嘉祐六年(1061)曾巩八妹二十岁时缔结的。嘉祐二年(1057),曾巩八妹尚未许嫁王幾。[②] 而王幾是扬州江都人,宋代科举乡荐是有地域性的,他也不可能与曾巩、王无咎(建昌军南城人)等人同列抚州建昌军的乡荐,至于同时拜别朱氏夫人等情节更应是虚构。此外,康熙《江都县志》卷6《选举表》将王幾列入“辟荐”,只有王幾中制科的记载,扬州、江都等地其他现存方志中也都没有王幾中进士科的记录。综上所论,笔者认为“嘉祐二年曾氏一门六进士”或确有其事,但王明清将王幾列入其中则是有疑问的。

五、曾巩妹婿李中、周彭孺、朱景略

陈师道《后山居士文集》卷18《光禄曾公神道碑》云曾巩妹婿还有:“江宁府教授朱景略,祕书丞李中,宣德郎周彭孺。”

李中是北宋临江军清江县(今江西省宜春市清江县)人,清陆心源《宋

① [明]王鏊等修纂:正德《姑苏志》卷41《宦迹六》,台湾学生书局1986年版,第567页。

② 又,据《曾巩集》卷46《江都县主簿王君夫人曾氏墓志》载,曾巩二妹嫁王无咎,在“嘉祐四年五月三日以疾卒。”嘉祐五年,曾巩再将七妹嫁给王无咎,见《曾巩集》卷18《与王深父书》。由上可知,嘉祐二年,曾巩七妹尚且未定亲,按照常理,亦不可能先许嫁更小的八妹。

诗纪事补遗》卷14收录其诗，云:“中字至之，清江人，博学多闻，与曾子固、新淦三孔善。嘉祐二年进士，宣朝奉郎，致仕归。”《宋诗纪事补遗》说李中与曾巩交游密切，现存曾巩文集中也有两次提到他，皆缘于李中托曾巩为其故友撰写墓志铭，一见于《曾巩集》卷43《库部员外郎知临江军范君墓志铭》云：“其孤嘱君之故人李中考次君之官次邑里，与其功行之实为状，授使者，使告于巩曰……”二见于《曾巩集》卷43《秘书丞知成都府双流县事周君墓志铭》云:“清江李中为之具丧事所须。”李中撰写过《严矩妻钱氏墓志铭》(熙宁六年十月),落款称“承事郎、守秘书省著作郎、知开封府韦城县事李中撰”,[①]这与陈师道《后山居士文集》卷18《光禄曾公神道碑》所载“祕书丞李中”的职官信息相吻合。李中于嘉祐二年（1057）中进士第，亦可见于同治《临江府志》卷12《选举志上·进士》、光绪《江西通志》卷21《选举表·宋进士》,他是曾巩的妹婿，故“嘉祐二年曾氏一门六进士榜”应排除王幾，列入李中。

曾巩另一妹婿周彭孺，籍贯生平不详。《宋会要辑稿》选举10之4载熙宁三年（1070）五月二十一日诏书，云：“前权知漳州军事判官周彭孺……等十三人，宜并与家便或先次指射差遣。”这里记载的漳州军事判官周彭孺与曾巩是同一时代的人物，是否就是曾巩的妹婿呢？又，宋人强至（1022—1076)《祠部集》卷35《桂州司法参军赠太子中允叶公墓志铭》云墓主“三女，长适漳州判官周彭孺”，则漳州判官周彭孺娶妻叶氏，曾巩妹婿或是同名同姓的另一人？或这个周彭孺先娶妻叶氏，其妻亡故之后续娶曾氏？姑且存疑待考。

除陈师道《后山居士文集》卷18《光禄曾公神道碑》外，笔者尚未见到现存文献中关于曾巩妹婿“朱景略”的记载，姑且存疑待考。

六、侯官王深甫非曾巩妹婿辨析

同治《南丰县志》卷46引《琴城稗记》又云:曾易占女,“六适侯官王深甫。”王深甫，名王回，字深甫（又作深父),北宋福州侯官（治今福建省福州市与部分闽侯县）人,《宋史》卷432有传。王安石为其撰写《王深父墓志铭》,

① 陈柏泉编著：《江西出土墓志选编》，江西教育出版社1991年版，第24页。

载王回“卒以治平二年七月二十八日，年四十三……夫人曾氏，先若干日卒”。[①]明黄仲昭《八闽通志》卷46《选举·科第·福州府》载王回中嘉祐二年进士第。那么，王回是不是曾巩妹婿？应列入“嘉祐二年曾氏进士榜”吗？答案是否定的。《王深父墓志铭》载王回夫人曾氏卒于治平二年（1065），曾巩于元丰四年（1081）为九妹撰写《仙源县君曾氏墓志铭》，云诸妹“十余年间，死者四人”，[②]曾巩为这四位妹妹都撰写过墓志铭，她们分别是：长妹嫁给关景晖，病逝于嘉祐二年（1057）；[③]二妹嫁给王无咎，病逝于嘉祐四年（1059）；[④]八妹许嫁王幾，病逝于嘉祐六年（1061）；[⑤]九妹嫁给王幾，于熙宁七年（1074）三月病逝。[⑥]由是可知，元丰年间曾巩其他妹妹还尚在人世，王回夫人曾氏不是曾巩之妹，王回自然也不是曾巩妹婿。

此外，王回是曾巩挚友，二人之间有书信往来；[⑦]曾巩与王回诸弟的交游也颇为密切，曾经为王回诸弟的文集作序，并为王氏家族撰写过墓志铭，[⑧]但这些文献中却从来没有透露出两家有姻亲关系。如，王回去世后，曾巩为其文集作序，开篇仅云：“深父，吾友也。”[⑨]元丰年间，曾巩为王回之母曾氏撰写墓志铭，也只是说：“余实与其子游最旧，乃不辞而为铭。”[⑩]这些从另一个侧面说明王回并不是曾巩的妹婿，同治《南丰县志》卷46引《琴城稗记》的记载是错误的。

七、结论

以上利用现存文献，对曾巩诸妹婿之名实作了一番考辨。笔者认为，陈师道《光禄曾公神道碑》的相关记载基本可信。曾巩诸妹婿的身份大致可以

---

① 《临川先生文集》卷93《王深父墓志铭》。

② 《曾巩集》卷46《仙源县君曾氏墓志铭》，第636页。

③ 《曾巩集》卷46《郓州平阴县主簿关君妻曾氏墓表》，第638页。

④ 《曾巩集》卷46《江都县主簿王君夫人曾氏墓志》，第626页。

⑤ 《曾巩集》卷46《曾氏女墓志铭》，第635页。

⑥ 《曾巩集》卷46《仙源县君曾氏墓志铭》，第637页。

⑦ 《曾巩集》卷16《与王深父书》，第263–264页；同书卷16《答王深父论杨雄书》，第265–266页。

⑧ 见《曾巩集》卷12《王子直文集序》、《王容季文集序》，第197–199页；《曾巩集》卷42《王容季墓志铭》，第578–579页。

⑨ 《曾巩集》卷12《王深父文集序》，第194页。

⑩ 《曾巩集》卷45《金华县君曾氏墓志铭》，第607页。

分为三类：其一，原姻亲关系基础上的累世联姻，如临川王安国。其二，乡里贤才，如南城王无咎。以上两类都没有脱离抚州地域。其三，以交游为纽带缔结的姻亲关系，比较明显的是会稽关景晖（宣）、清江李中。这两门婚姻都是在嘉祐二年（1057）曾巩中进士第之前缔结的，此时虽是曾氏家道中落之时，但曾巩以文才名闻四方，交游颇广，联姻遂突破了抚州地域的局限。曾巩诸妹婿出身大多门第不显，家境贫寒，如《曾巩集》卷 46《郓州平阴县主簿关君妻曾氏墓表》云长妹“在父母及夫之家，或蔬食不给，处之晏然”;《曾巩集》卷 46《仙源县君曾氏墓志铭》云九妹夫家“王氏故贫”，但他们都出生于从事科举事业的诗书之家，拥有无限的潜力，后来也大多中进士第。其中，关景晖（宣）家族钱塘关氏略有声名，但家族发展远远比不上南丰曾氏。

附录五 《〈全宋诗〉曾布诗订补》

傅璇琮主编《全宋诗》第13册卷782辑录了曾布诗十首，残诗六句。笔者考证出其中有误收两则，又据现存史料补全所收残句两首，增补新诗三首、残诗两句，并对史籍所载其诗其事存疑之处辩误四则，并将《全宋诗》所录曾布诗无误者附于其后。

一、误收两则

其一，《全宋诗》卷782收录曾布《真仙岩》一首："凿成岩穴鬼工难，中有神仙自往还。不见桃花开落处，秪随流水到人间。"下注据"清谢啟昆嘉庆《广西通志》卷一六"收录。此条为误收，该诗实为宋人刘谊所作。

真仙岩又称老君岩，在广西融州（今广西柳州融水县）。曾布于宋神宗元丰元年（1078）知桂州（今广西），[①] 在任期间曾经与同僚同游真仙岩，作诗唱和。据谢啟昆（1737—1802）《粤西金石略》卷4《真仙岩诗》记载，其时同僚刘谊作《留题融州老君岩》二首，其一："谩说人间假像真，老君形相亦虚言。岩前瑞气归宸翰，佛子年年□国恩。"其二："凿成岩穴鬼工难，中有神仙自往还。不见桃花开落处，秪随流水到人间。"曾布步原韵和之，其一："神仙遗像出天真，造化胚浑岂易言。访古寻幽空有意，白头轩冕感君恩。"其二："鹿龙高蹑九霄难，共驾仙车去不还。遗迹至今空有桧，不知蝉蜕此山间。"同游者还有陈倩、彭次云、齐谌三人，各有诗相和，五人共作诗十诗。[②] 清陆增祥（1816—1882）《八琼室金石补正》卷86亦记载其事，与上相同。[③] 再查谢啟昆修嘉庆《广西通志》卷16，其卷目为《职官表四·唐二五代》，并无曾布《真仙岩》诗

---

① ［宋］李焘：《续资治通鉴长编》（下简称《长编》）卷291，元丰元年八月壬子条，中华书局点校本，1979年版，第7115页。

② ［清］谢啟昆：《粤西金石略》卷4《真仙岩诗》，《宋代石刻文献全编》影印清嘉庆六年（1801）铜鼓亭刻本，2003年版，第4册，第227页。

③ ［清］陆增祥：《八琼室金石补正》卷86，《宋代石刻文献全编》影印民国十四年（1925）希古楼刻本，2003年版，第1册，第74–75页。

的记载。同书卷218《金石略四·宋三》则收录了曾布等人《真仙岩诗》十首，与谢啟昆《粤西金石略》卷4记载相同。[1] 由是可知《全宋诗》卷782该条收录之乖谬。而《全宋诗》第14册卷814又收录了刘谊《留题融州老君岩》二首，其中一首的内容与卷782曾布《真仙岩》诗相同，属于同一首诗重复著录在两位作者名下，应将其从《全宋诗》曾布诗中删除。

值得一提的是，清王锦修、吴光升纂乾隆《柳州府志》卷38《艺文》亦收录了《真仙岩诗》七首，第一首为："凿成岩穴鬼工难，中有神仙自往还。不见桃花开落处，秖随流水到人间。"其下标著为曾布之作，亦误。对照《粤西金石略》卷4可知，乾隆《柳州府志》卷38收录有所残缺，一是无石刻开头刘谊题名及其所作的第一首诗，二是无石刻末尾本为齐谌的两首和诗。而《柳州府志》的编纂者没有详查，将各诗的作者张冠李戴，全部按顺序往前推移，刘谊之诗被误为曾布之作，曾布原诗则被标著为陈倩所作。清陆心源《宋诗纪事补遗》卷22"曾布"条亦收录了这首《真仙岩》，下注出自"《广西通志·山川》"，皆误。

其二，《全宋诗》据宋人陈景沂《全芳备祖》前集卷1辑录了曾布梅花诗残句六联："惊嗟怪怪文人奇，缟衣蓝缕冰断肌。莓苔雪片冻不飞，玉饰其末玑衡攲。藐姑之仙下缥缈，苍虬为驾羽葆希。"此条也是误收，实为宋人陈傅良所作。

景乌程刘氏嘉业堂藏明弘治乙丑刊本陈傅良《止斋先生文集》卷1《和孟皋老梅韵》云："朝游山南莫北隅，修竹之下手所披。五步一顾立不趍，柔枝弱干千万余。粲然笑倩多新奇，岁寒安用众穉为？惊嗟怪怪丈人行，缟衣篮缕冰斳肌。莓苔雪片冻不飞，玉饰其末玑衡欹。藐姑之仙下缥缈，苍虬为驾羽葆希。三闾大夫从女须，枯槁婵娟却并驰。张子爱之亦既痴，人不得觑以我归。我生自视梅孰如，沧江独立儿女嗤。年来稍稍学折枝，奈何复与此老期。"《全宋诗》第47册卷2527亦收录了陈傅良《和孟皋老梅韵》，可知《全宋诗》辑录的曾布梅花诗六联是陈傅良诗的残句。查陈景沂编《全芳备祖》

① ［清］谢啟昆修，胡虔纂：《(嘉庆)广西通志》卷218，《续修四库全书》据华东师范大学图书馆藏清嘉庆六年（1801）刻本影印，第680册，第149–150页。

前集卷 1,虽收录了此六联梅花诗,但并没有署名作者为谁,该书其后紧随“海边憔悴多情客”两联,署名曾文肃(即曾布),[①]《全宋诗》的辑录者不及详察,遂将前者亦误归为曾布所作。

二、补全残句两首

其一,《全宋诗》据明正德《建昌府志》卷 11 收录了曾布诗《盱江》:“军山流泉初滥觞,缭绕东山为盱江。峰峦隐映渊源长,地灵物秀雄吾邦。麻源三谷神仙乡,高林远岫长相望。岿然飞观临沧浪,凝岚净练罗轩窗。”该诗实为残句,全文可见于南丰曾氏后人家传清道光二十八年修《曾氏宗谱》,题名为《文肃公题江楼》:

> 军山流泉初滥觞,缭绕东山为盱江。峰峦隐映渊源长,地灵物秀雄吾邦。麻源三谷神仙乡,高林远岫长相望。岿然飞观临沧浪,凝岚净练罗轩窗。太师起家兰省郎,声名藉甚倾四方。剖符持节辞未央,江边往往维归艎。醉洒墨翰留篇章,文字星斗垂光芒。曾孙力学志自强,得此遗搆斯肯堂。探讨古今练缣缃,徙依不复论行藏。一枝敛翼聊徊翔,扶摇有路终骞扬。吾哀两鬓成秋霜,坐视迅景驰飞黄。龙池故原幽径荒,手栽松柏今苍苍。乞身行欲委轩裳,画舸南沂乘风樯。扫洒茔域开庄康,投闲辄静百忧忘。杖履登眺成相将,归与此乐何相当。

史载,曾布之母朱氏夫人于元丰五年(1082)九月病逝,曾布兄弟去职回乡服丧。[②]这首诗应该就是曾布在南丰为母服丧期间所作,“龙池故原幽径荒”,龙池原正是曾氏家人坟茔安葬之所[③],诗中亦有“扫洒茔域开庄康”之语。《盱江》原本是这首《题江楼》长诗的残句,今赖《曾氏宗谱》得以补全。

---

① [宋]陈景沂编,祝穆订正,程杰、王三毛点校:《全芳备祖》前集卷 1《梅花》,浙江古籍出版社 2014 年版,第 29 页。

② [宋]曾肇撰,[清]曾俨编:《曲阜集》卷 4 曾肇《神道碑》云:“元丰五年九月,母丧去位。”文渊阁四库全书本。

③ 参见[宋]曾巩撰,陈杏珍、晁继周点校:《曾巩集》卷 46《亡妻宜兴县君文柔晁氏墓志铭》、《亡弟湘潭县主簿子翊墓志铭》,中华书局 1984 年版,第 624、635 页。

其二，《全宋诗》据宋吴曾《能改斋漫录》卷 11 收录曾布残诗一句："自惭太守非何武，得向河间见两龚。"全诗可见于清严宗嘉修、李其旋纂雍正《高阳县志》卷 5，题名曾布《高阳诗》："南北车书久混同，河间今有楚人风。独惭太守非何武，已见州闾出两龚。"[①] 其中某些文字在流传期间略有出入。

南宋王应麟《困学纪闻》卷 18 亦记载了该诗，却认为是曾布之弟曾肇（谥文昭）所作："曾文昭公《河间诗》云：'南北车书久混同，河间今有楚人风。独惭太守非何武，已见州闾出两龚。'谓彦和兄弟也。《童蒙训》以为曾子宣作，恐误。"[②] 查，南宋吕本中（1084—1145）明刊本《童蒙训》卷上记载："龚殿院彦和夬，清介自立，少有重名，元祐间佥判瀛洲，与弟大壮同行。大壮尤特立不群，曾子宣帅瀛，欲见不可得，一日，径过彦和，邀其弟出，不可辞也，遂出相见。即为置酒，从容终日乃去，因题诗壁间，其两句云：'自惭太守非何武，得向河间见两龚。'"吴曾《能改斋漫录》卷 11 所载即来源于此。文中所言龚夬，字彦和，北宋瀛洲（宋代又称河间，今河北高阳）人，《宋史》卷 346 有传。吕本中《童蒙训》卷上又载："东莱公交游则李君行、田明之、田诚伯、吴坦求、陈端诚、田承君、陈莹中、张才叔、龚彦和及彦和之弟大壮也。"东莱公即吕本中之父吕好问，由此可知，龚夬兄弟与吕氏家族交游颇为密切，吕本中的记载应该有一定的依据。

龚夬与曾布的关系非常密切。宋哲宗元祐三年（1088），龚夬中进士第，初仕为承事郎、签书河阳节度判官厅公事，[③] 曾布则在元祐五年（1090）知河阳[④]，成为龚夬的上属。元祐七年（1092），曾布知瀛洲，[⑤] 龚夬又从之签判瀛洲。绍圣元年（1094），曾肇自江宁府出知瀛洲，曾布自瀛洲徙江宁，兄弟易地而守，是年四月，曾布在过京入朝谢恩时留阙，六月，拜同知枢密院事。[⑥]《宋史·龚

① ［清］严宗嘉修，李其旋纂：《高阳县志》卷 5《遗文》，清雍正八年（1730）刻本。

② ［宋］王应麟著，［清］翁元圻辑注，孙海通点校：《困学纪闻注》卷 18《评诗》，中华书局 2016 年版，第 7 册，第 2151 页。

③ 《长编》卷 410，元祐三年五月丙辰条，第 9994 页。

④ 《长编》卷 437，元祐五年正月庚寅条，第 10547 页。

⑤ 《长编》卷 473，元祐七年五月甲辰条，第 1128 页 7。

⑥ ［清］黄以周等辑注，顾吉辰点校：《续资治通鉴长编拾补》卷 9，绍圣元年四月庚戌条；同书卷 10，绍圣元年六月癸未条；中华书局 2004 年版，第 400-401、426 页。

夬传》则言绍圣初，龚夬擢监察御史。这一系列记载表明，龚夬自河阳入仕以来，一直是曾布的僚属，受其提拔。而曾肇到任瀛洲应在绍圣元年四月之后,龚夬或已跟随曾布入职中央,曾肇何以亲见“两龚”？现存曾肇《曲阜集》残本四卷，也没有收录该诗。姑从《童蒙训》，将该诗系于曾布名下。

三、增补诗三首、残诗两句

其一,清陆尧春纂修道光《新喻县志》卷14记载了曾布《景疏亭》一诗:“广受投冠事隐沦，省郎景慕出天真。当年祖帐成陈迹，今日虚亭继后尘。歌枕绦纱闲白昼,栽花移竹续青春。归来啸傲非无趣,回谢钟鸣漏直人。”其下又云:“《明一统志》:（景疏亭）‘在县西十里，宋欧阳国华致仕，归慕二疏而作。’宋尚书右仆射曾方铭，学士徐君平记，其碑流落于山寺中，至治辛酉，南丰李仁寿寻幽至寺，得之蔓草中，白太守庾尧夫迁置学宫，今亡。”[①] 二疏指汉宣帝时名臣疏广、疏受叔侄。疏广为太傅，疏受为少傅，同时以年老乞致仕，时人贤之。归日，送者车数百辆，设祖道，供帐东都门外。欧阳国华约活动于宋仁宗朝前后；[②] 徐君平，江宁（今江苏南京）人，主要活动于宋神宗哲宗朝，曾从王安石学，元祐五年（1090）以苏辙荐自大宗正丞除监察御史。[③] 北宋后期无宰相名曾方,上文“宋尚书右仆射曾方”应为“宋尚书右仆射曾布”之误。曾布所作的《景疏亭碑铭》已佚，只留下《景疏亭》诗。新喻，即今江西新余市，该诗或为熙宁七年（1074）至熙宁八年（1075）曾布知饶州[④] 期间游历周边山水之作。

其二,明李贤等修纂《明一统志》卷79《蒲涧寺》收录了曾布诗一首:“路入青松十里深，涧蒲春水洗尘心。欲寻九节和金鼎，更上千岑听玉音。”该诗应为曾布熙宁末知广州[⑤] 时游历禅寺之作。

其三,明夏良胜等修纂正德《建昌府志》卷19《仙释·南丰县》有曾布《题

① ［清］陆尧春纂修：《新喻县志》卷14《古迹》，清道光五年（1825）刻本。

② 据［清］毛德琦:《庐山志》卷4载,庐山栗里之北虎爪崖下濯缨池南渊明醉石旁崖上有题名:“欧阳国华、李升华皇祐□年同游。”共十三字。清康熙五十九年（1720）顺德堂刻本。皇祐为宋仁宗年号，1049–1054年，共计六年。

③ 《长编》卷449，元祐五年十月己酉条，第10794页。

④ 《长编》卷255，熙宁七年八月壬午条，第6237页。

⑤ 《长编》卷280，熙宁十年二月丙午条，第6869页。

石仙观诗》:“古木苍苔翠雨颜，仙厓咫尺近乡关。人随天上玉棺去，云掩洞中丹竈闲。禄养不容乌反哺，君恩何似雀衔环。北山猿鹤真吾侣，盍卜幽栖谢往还。”民国三十一年（1942）修《二源曾氏族谱》卷首《列祖名迹》亦收录了此诗，并注云:“元丰七年秋望与弟子开，侄绾、经、统，男纡同游，刻石岩上。”《题石仙观诗》应是元丰七年（1084）八月十五日，曾布在南丰为母服丧期间所作。

其四,宋胡舜陟《胡少师总集》附录《宫词集句》集录了曾布残诗一句:“共听鸣鞘云外过。”

其五，元郭豫亨《梅花字字香》后集集录了曾布残诗一句:“坐掩柴扉绿竹斜。”

四、其他辩误四则

其一,《全宋诗》据宋陈景沂《全芳备祖》辑录了曾布残句两联:“海边憔悴多情客，想见一枝寒玉色。愿君攀折赠余香，勿使随风自狼藉。”清汪灏等《广群芳谱》卷23《花谱二·梅花》亦辑录了该诗，却署名“曾巩”。[①]恐误，曾巩遗留文集《元丰类稿》等保存得相当完整，并无此诗，姑从宋人陈景沂之说。

其二,清刘玉瓒修康熙《抚州府志》卷35《艺文·诗》收录了曾布《灵泉寺》一首:“儒兴往事亦难明,对景思人想独清。黄绢异时留好语,幽泉千古擅佳名。五星巧作联珠势,一派尝闻泻玉声。他日相逢如话旧,也曾到此会簪缨。”误，该诗非曾布作品。元陈世隆《宋诗拾遗》卷11,清王有年纂修康熙《金溪县志》卷12亦收录了该诗，作者均署名为宋人楼鐩，姑从元人陈世隆之说。

其三,雍正《高阳县志》卷5《遗文》还收录了曾布《高阳诗》一首:“公事无多使客稀，雨时衙退吏人归。沉烟一炷春阴重，画角三声晚照微。桑雉未驯惭报政，海鸥相近信忘机。只将宴坐收心念，懒向人间问是非。”误，该诗为曾肇所作。曾肇《曲阜集》卷3，元人方回《瀛奎律髓》卷6署名曾肇皆收录了该诗，题名《海陵春雨日》。海陵是北宋泰州（今江苏泰州市）

① 上海书店1985年版，第567页。

辖地，该诗应为曾肇宋哲宗绍圣年间知泰州[①]期间所作，曾布的仕宦履历则与泰州无关联。

其四，宋人方崧卿《韩集举正》卷2“感春五首”条下注曰：“曾子宣诗亦有‘辛夷吐高花，卫公曾手植’。”然据宋人谢维新《古今合璧事类备要》别集卷31《花卉门·辛夷花》记载，该诗句为宋人韩琦（谥忠献）所作：“辛夷吐高花，卫公曾手植。根洗今已非，不改旧时色。平泉几易主，况乃刺史宅。韩忠献。”宋人陈景沂《全芳备祖》前集卷19记载与此同。

《古今合璧事类备要》《全芳备祖》虽然比《韩集举正》多辑录出两句，但仍然是不完整的残诗。诗中的“平泉”指的是唐代宰相李德裕（封卫国公）在河南洛阳的别庄平泉庄，据唐康骈《剧谈录》卷下《李相国宅》记载:“平泉庄，去洛城三十里。”唐段成式《酉阳杂俎》续集卷9又云:“卫公平泉庄有黄辛夷、紫丁香。”宋祝穆《古今事文类聚》前集卷14则载：“李德裕《平泉山居戒子孙记》曰:‘鬻平泉者，非吾子孙也。以平泉一树一石与人者，非佳子弟也。’”又，元人潘昂霄《金石例》卷1《碑碣之始》“墓图”条载：“南阳宗资墓，前人有得古花头瓦，其花头刻云：‘宗氏千秋。’今石刻在中州刺史宅。”宗资，东汉南阳安众（今河南邓州市附近）人，《东观汉记》卷21有传；中州即洛阳。所谓“平泉几易主，况乃刺史宅”，这首诗的作者显然是在借助辛夷花感叹世事无常，非人力所能期。该诗必然是作者游历洛阳中州刺史宅时所作。

曾布生平履历与洛阳素无瓜葛。韩琦虽然是河南相州（今河南安阳）人，却曾居洛阳，在洛中有宅邸，并留下了不少与洛阳相关的诗歌，如，韩琦《安阳集》卷8《送张吉甫寺丞归洛》:“洛中平日是吾家，时节芳菲正可夸。”《安阳集》卷14《再答二阕》：“邺台将卜全身退，洛宅先输任意闲。”《安阳集》卷12又有《戊申西洛中秋对月》，卷14《中秋席上》又称:“去年西洛过中秋。”综上，应从《古今合璧事类备要》《全芳备祖》，将“辛夷吐高花”诗句系于韩琦名下。

五、《全宋诗》收录曾布诗无误者

其一，《二月》:“二月春华已半归，江天况值雨垂垂。山梅倏忽花经眼，

---

① 曾肇知泰州之事，见于《曲阜集》卷4曾肇《行状》。

园杏须臾子满枝。”（宋刘克庄《后村千家诗》卷 1）

其二,《诗一首》:“晓出东郊信马蹄，青梅墙角两三枝。竹鸡啼罢雨来急，杜宇声乾月落迟。山店煮烟缫丝日，野田锄水插秧时。农桑劝课非无力，为报新安太守知。”（宋《锦绣万花谷》前集卷 13）

其三,《表海亭》:“表海风流旧所闻，青冥飞观一番新。山河十二名空在，簪履三千迹已陈。极目烟岚九霄近，满洲楼阁万家春。由来兴废南柯梦，且喜登临属后人。”（宋孙宗鉴《东皋杂录》）

其四,《布作高阳台众乐园成被命与金陵易地兄弟待罪侍从对更方面实为私门之庆走笔记子开弟》：“楼台丹碧照天涯，塞北江南未足诗。十里烟波新种柳，万株桃李未开花。一麾同下西清路，两镇高迎上将牙。回首林塘莫留恋，风光还属阿连家。”（元刘埙《隐居通议》卷 7 ;《江西诗徵》卷 8 作千里烟波方）

其五,《灵泉寺》:“一掬寒泉照眼明，冰霜凛凛坐中清。生刍想见当时客，华屋空留后世名。晓日净涵金碧影，秋风暗动佩环声。他年卜筑南山下，白首何人共濯缨。”（元陈世隆《宋诗拾遗》卷 22）

其六,《和陈倩游曾公岩韵》：“从事区区厌独贤，寻幽深入翠微间。旋开榛莽东郊路，偶得神仙旧隐山。都峤三天临瘴水，灵岩十里接溪蛮。何如咫尺邻风穴，杖履时时一往还。”（清陆增祥《八琼室金石补正》卷 86）

其七,《和刘谊留题融州老君岩》两首 :“神仙遗像出天真，造化胚浑岂易言。访古寻幽空有意,白头轩冕感君恩。”“鹿龙高蹑九霄难,共驾仙车去不还。遗迹至今空有桧，不知蝉蜕此山间。（清陆增祥《八琼室金石补正》卷 86）

其八,《梅花》残句 :“海边憔悴多情客，想见一枝寒玉色。愿君攀折赠余香，勿使随风自狼藉。”（陈景沂《全芳备祖》前集卷 1）

其九,《五州山》残句两则 :“天际林峦压寿邱，夹江旁瞰两三州。”“海门西北起崇邱，极目参差见五州。”（宋史弥坚《嘉定镇江志》卷 6）

其十,《千石泉》残句:“家住城南千石泉。”(《舆地纪胜》卷 7《两浙西路·镇江府》)

后 记

与“曾布研究”结缘，始于我在广州暨南大学古籍所攻读历史学硕士学位期间。2001 年秋，我负笈岭南投在宋史名家张其凡先生门下研读宋史，至硕士学位论文选题时，听从张其凡老师的建议：初涉研究者从人物史入手比较容易把握历史脉络，最终把目标锁定在故乡先贤“南丰三曾”之一——曾布身上，撰写了《曾布与北宋后期党争》一文，并于 2005 年收入张其凡老师主编的《北宋中后期政治探索》一书中。

本以为相关研究已经完结，2015 年前后，南丰县地方文化研究中心的学者却辗转与我取得联系。他们一直致力于扩充南丰地方史研究队伍，希望将曾氏家族与南丰地方文化推向全国，而我身为南丰人，能为家乡文化尽一份力，自然是义不容辞且深感荣幸，于是欣然接受了撰写曾布专著的任务。其后去广州探望师友之时，我把这一消息告诉了张其凡老师。张老师很高兴，他认为我那篇学士论文主要侧重曾布政治生活层面，本身就有很大的扩展空间，而且十多年过去了，对某些问题的认识可能会更深入。正如张老师所洞见，书稿完成之后，篇幅超过原学位论文两倍有余，不仅新增了曾布学术、交游、子孙姻亲与身后是非等章节，而且利用学界最新研究成果，修正了对某些问题的认识。本书付梓在即，张老师却于三年前离世，痛悼之情无以言表，谨以此书献给我的导师张其凡先生！张师安息千古！

2019 年是曾巩诞辰一千周年，本书付梓得以列入《曾巩文化丛书》，得到江西省南丰县委、南丰县人民政府资助。感谢南丰县地方文化研究中心的夏老长主任、陈飞龙书记，正是在他们的邀请与建议下，我才有了这次后续写作与出版的机会。感谢南丰县地方文化研究中心与曾巩纪念馆的彭晓华、王永明等诸位老师，他们在南丰曾氏族谱及当地考察信息收集上给予了不少帮助;尤其要感谢曾布后裔江苏丹阳地方学者曾萍老师,她无私地提供了“云阳曾氏家乘”等珍贵的一手资料,助益良多。感谢地方审稿专家提供的修改意见。江西省人民出版社的王一木老师在本书出版上付出了辛勤劳作,在此一并表示衷心的感谢!

南丰曾氏是宋代江西最负盛名的衣冠望族之一,其中以“南丰三曾”为著。以往“南丰三曾”研究多集中于曾巩,关注曾布其人其事者不多。事实上,曾布在南丰曾氏崛起过程中所起的作用不在其兄曾巩之下,而且一度身居“枢密”、“宰相”等高官要职,在北宋后期政坛上的影响力也不容小觑。他生活在北宋党争最激烈的时期,其政治上的波折和性格中的多面性颇具典型意义,折射出一场时代与个人的双重悲剧,值得历史研究者去大力探讨。希望借此小书为家乡(南丰)地方史研究略尽绵薄之力,为宋史相关领域的研究添砖加瓦。期待读者的批评与指正!

熊鸣琴

2019 年 4 月于南昌瑶湖书斋